Practical Korean 3
实用生活韩国语3
Intermediate

Practical Korean 3 实用生活韩国语 3 **Intermediate**

著作者	赵恒录、李淑
翻译	金英子
初版发行	2015年 4月
发行人	郑圭道
编辑	李淑姬、孙如蓝、白多辉
封面设计	曹华延
内部设计	金娜敬、曹华延、咸东春
校对	卢鸿金
插图	Wishingstar
配音	辛昭玧、金来焕、于海峰

DARAKWON DARAKWON独家授权出版。

地址：韩国京畿道坡州市文发路 211，邮编：413-120
电话：02-736-2031，传真：02-732-2037
(销售部 分机：250~252，编辑部 分机：420~426)

Copyrights © 2015, 赵恒录、李淑

定价　21,000 元
(组成：实用生活韩国语3练习册 ＋ MP3光盘1张)

ISBN: 978-89-277-3138-2 18710
　　　 978-89-277-3133-7 (set)

http://www.darakwon.co.kr
http://www.darakwon.co.kr/koreanbooks
可登录DARAKWON网站查阅其他出版品及书籍介绍，附上的CD光盘可下载MP3。

全面涵盖韩国语日常生活用语!

Practical Korean

实用生活韩国语 3

赵恒录、李淑 著
金英子 译

Intermediate

3

DARAKWON

저자 서문

국제 사회에서 한국어 학습에 대한 열기가 뜨겁다. 한국의 경제가 발전하고 한류의 확산이 지속되면서 한국어와 한국 문화에 대한 관심이 높아졌기 때문이다. 이제 한국어 사용자는 문화적으로 남다른 욕구를 충족받을 수 있고 경제적으로도 자신의 이익을 실현할 수 있는 시대가 오고 있다. 그만큼 한국어 학습 시장은 전과는 비교할 수 없을 정도로 커졌다.

그럼에도 불구하고 아직도 한국어가 배우기 어려운 언어로 인식되고 있음은 안타깝다. 한국어가 갖고 있는 고도의 규칙성은 한국어를 처음 배우는 사람에게 높은 문턱을 실감하게 한다. 한국어에 내포되어 있고 한국어 사용 상황에서 필연적으로 뒤따르는 한국 문화 요소는 한국어 학습자를 괴롭히기도 한다.

하지만 달리 생각하면 한국어 학습은 일정 시간이 지나면 효율성이 높은 활동이다. 고도의 규칙성으로 이루어진 장벽을 잘 넘어가면 학습자는 한국어로 펼쳐지는 세계가 매우 평탄하고 광활함을 느끼게 된다. 한국어 학습이 재미있고 순탄해진다. 그리고 한국어 학습과 한국어 사용 상황에서 접하는 한국 문화는 힘든 것이 아니라 흥미를 돋우는 역할을 한다.

이 책은 한국어 학습의 어려운 문턱을 넘어가는 마지막 단계의 책이라고 볼 수 있다. 초급 단계에서 고도의 규칙성을 경험하면서 한국어에 대한 지식을 갖추고 일상생활과 관련한 기본적인 표현과 이해 능력을 갖춘 이가 중급 단계에 접어들면서 공부하는 책이다. 즉 어려운 문턱을 거의 다 넘었음을 확인하고 이제 한국어 사용 현장에서 자신의 의사를 표현하고 한국 사람의 메시지를 쉽게 수용할 수 있는 단계에서 학습하는 책이다. 학습자가 이 책을 성공적으로 공부한다면 일상생활에 대하여 한국인과 자연스럽고 유창하게 소통할 수 있다. 그리고 직장 생활 등 사회적 영역에서의 기초적인 소통이 가능할 것이다. 즉 이 책은 일상생활에서의 어려움을 해소한 학습자들이 사회생활에서의 기초적인 생활이 가능함을 목표로 집필되었다.

이러한 집필 목적을 달성하기 위하여 이 책에서는 기본 대화를 매 단원에 두 개씩 넣었고 문법도 네 개를 포함하여 학습 강도를 높였다. 그리고 〈Practical Expressions〉를 신설하여 좀 더 실제적인 언어 사용 능력을 키우고자 하였으며 과제와 문화 요소의 선정에서 일상생활과 공적 영역에서의 생활을 두루 다루도록 하였다.

이 책에는 오랜 기간 한국어 교육에 몸 담아온 저자들의 한국어 교육에 대한 열정과 사명감이 담겨 있다. 이 책이 한국어 학습에 대한 진정성과 지속성을 가진 외국인에게 유용하게 사용되기를 간절히 기원한다.

이 책의 집필에 도움을 준 분들이 많다. 우선 한국어 학습과 관련하여 수준 높은 책을 개발하여 보급하고자 하는 다락원의 정규도 사장님의 의지가 이 책의 출판을 가능하게 하였음을 밝히고 싶다. 그리고 한양대학교 국제어학원의 채윤미 선생님은 저자들이 이 책을 집필하는 동안 내내 곁에서 많은 도움을 주었다. 또한 전주대학교 송지영, 조서현 선생님은 워크북 집필 과정에서 큰 힘을 보태 주었다. 마지막으로 기획과 출판 과정에서 많은 의견을 주고받은 다락원의 이숙희 차장님께 감사를 드리고 출판 과정에서 궂은 일을 맡아 주신 한국어 출판부의 손여람 선생님과 백다흰 선생님에게도 감사의 마음을 전한다.

2015년 4월
조항록, 이 숙

前言

　　现在国际上学习韩国语的势头高涨。这是因为随着韩国经济的持续发展和韩流的广泛传播，引发了人们对韩国语和韩国文化的关注。现在使用韩国语，不仅能够满足文化生活的需求，还可以得到经济上的收益。这正说明韩国语学习已经发展到了一个前所未有的阶段。

　　但很遗憾，至今还有人认为韩国语是一门难学的语言。因为韩国语所具有的高度规律性使很多初学者望而却步，生活当中韩国语自身内含的韩国文化要素也在困扰着他们。

　　但是，如果长期坚持学习韩国语的话，一定会有很好的效果。经过了高度系统性的学习，才可以感受到无比广阔坦荡的韩国语世界，学习也会变得更有乐趣更加顺利，而学习生活中涉及的韩国文化也就不再深奥难懂，反而会使学习妙趣横生。

　　此书可以看作是韩国语入门的最后阶段用书。在初级阶段，经过集中系统的学习，我们掌握了韩国语基本知识，有了一定实际表达和理解能力，而此书正是帮助大家从初级向中级过渡的必备书籍。此书适用于有一定基础，希望在生活中能够准确表达自身想法、与韩国人进行深层沟通的人。学完此书，就可以在日常生活中与韩国人自然流畅地进行交流，也可在工作中做到基本沟通。亦即本书是以在日常生活中较无困难的学习者能进行基础社会生活为目标编写的。

　　为了实现这一目标，本书每课都安排了两段基本对话和四个语法以提高学习强度；为了能够真正提高语言实际应用能力还新增了[惯用表现]，选择了与日常生活和工作生活相关的一些课题和文化要素。

　　此书蕴含着多年从事韩国语教育的编写者们对于韩国语教育的热情与使命感。真诚期望此书能成为对坚持潜心攻读韩国语的外国人有用的学习工具。

　　这本书从编写到出版得到了多方人士的帮助，在此向各位表达最衷心的感谢！此书能够得以出版，首先要感谢致力于开发高水平韩国语学习用书籍的多乐园郑圭道社长给予的鼓励与支持；还要感谢汉阳大学国际语学院的蔡允美老师在此书的编写过程中自始至终给予的大力协助；感谢全州大学的宋智荣，赵书贤老师为编写练习册付出的辛勤工作。最后感谢负责此书设计和出版的多乐园韩国语出版部的李淑姬次长，并对孙如蓝先生及白多辉先生所付出的努力表达谢意。

2015年 4月

赵恒录，李淑

使用说明

　　《实用生活韩国语3》是针对国内外中级韩国语学习者而编写的。帮助学生掌握韩语的基本结构和常用表达方式，了解语言交流中的韩国文化内涵，培养学生有效地进行沟通的能力是本教材的目的所在。

　　《实用生活韩国语3》依据最新外语教学法和教材开发基本原理，注重以学生为中心、围绕课题展开、结合实际情况、注重过程演练，进行集四种语言技能为一体的综合教育，同时还注重将语言与文化合二为一的教育模式。本书专为正规教育机构的系统性教学而设计，同时也为方便自学作了相应的编排。本教材对词汇，语法，课题，主题排列及构成标准作了详尽的阶段等级化设置，每个阶段都设有自我测试，用大量图片和语音资料辅助学习，并附加了练习册以扩大学习效果。

　　《实用生活韩国语3》由15课构成。其中第5课，第10课，第15课分别是对前面四课内容的复习和总结。整体上以话题为中心构成，每课都安排了相应的词汇和语法、课题和语言技能、文化等内容。每课由"导入"，"扩展词汇"，"对话"，"语法"，"作业：口语、听力、写作、阅读技能"，"惯用表现"，"韩国文化之窗"等七个部分组成，与此同时在每一页右边都有"生词"注释。

　　"导入" 部分采用图片，提问等方式引出各单元的学习目标，激发学习兴趣。

　　"扩展词汇" 部分展示了与主题相关的必备词汇，这不仅可以帮助学习者学习本课内容，同时有助于词汇量的积累。

　　"对话" 部分与第一册和第二册不同，每课安排两段对话。对话将每课的目标词汇、语法、课题和语言技能融汇到设定的实际对话场景里，以提高应对和灵活使用的能力。不仅可以使学习者熟悉实际表达方式，还可以让学习者自己确认学习目标。

　　"语法" 部分提示了本课上应该学的4个重点语法项目，以意思、技能学习、例句、习题的方式构成。为有助于语法内容的理解，还配有图片和例句。

"作业"部分，为了培养学生在实际生活中的语言应用能力，引入了多种多样的课题，通过引导丰富的课堂活动，提高学生的学习效果，同时提供了必要的语音资料。

"惯用表现"部分可使学习者学习并掌握如何将那些具有文化背景的词汇或表达方式运用于实际生活，通过学习惯用语及俗谈，提高实际语言表达能力。

"韩国文化之窗"介绍了与本课主题相关的基本文化信息，以此帮助学习者提高实际语言交流能力，与文化信息一同还指出了课题，引导学习者参与，创造活跃的学习气氛。

《实用生活韩国语3》还在ＣＤ中配有课文、语言技能训练、发音练习部分的必要语音资料，弥补了文字教材的缺陷，有效地运用语音资料一定会收到更好的效果。另外向学习者推荐使用本教材的配套练习册，练习册中设置了充足的练习题和课题，使学习者充分地理解与掌握本教材的教学内容，达到立竿见影的学习效果。

目录

教材结构表

课	主题	题目	扩展词汇	语法	作业	惯用表现	韩国文化之窗
1	饮食 3	한국 음식도 만들 줄 아세요?	与烹调相关的词汇 烹调法与饮食名称 烹调器具	-(으)ㄹ 건가요? -(으)ㄹ 줄 알다 -아/어/여 놓다 -지요?	• 谈论烹调法 • 谈论有益健康的饮食	손맛	参鸡汤
2	购物 3	한 치수 큰 걸로 보여 드릴게요.	与服装相关的词汇 与购物相关的词汇	에 비해서 -(으)ㄹ게요 -(으)ㄹ 테니까 르 불규칙 (르不规则)	• 熟悉挑选商品时的用语 • 搜集有名购物场所信息	장날	传统市场
3	问路 2	저기 여행사 간판이 보여요.	交通工具 与交通相关的词汇 移动方向	피동 (被动) 인지/-(으)ㄴ지/는지 알다/모르다 -(으)면 되다 -는 중이다	• 熟悉乘车用语 • 熟悉问路用语	발	交通卡
4	约定 2	마이클 씨한테 미안하다고 전해 주세요.	与场所相关的词汇 与聚会相关的词汇 与约定相关的词汇	-아/어/여하다 간접화법 '-다고' (间接引语-다고) 이/가 되다 으 불규칙 (으不规则)	• 熟悉约定用语 • 熟悉拒绝用语	입이 무겁다	表示拒绝时需要的礼仪
5	复习 1~4						
6	电话 2	민준 씨에게 들어오는 대로 전화해 달라고 전해 주세요.	与电话相关的词汇	(이)라고 하다 -ㄴ/는다고 하다 -는 대로 -아/어/여 주라고 /달라고 하다	• 熟悉电话应答用语 • 熟悉拜托用语	말	易于记忆的电话号码
7	天气 2	맑다가 저녁부터 비가 내리기 시작하겠습니다.	与天气相关的词汇 与季节、气温相关的词汇 与天气预报相关的词汇	-기 -고 나다 ㅅ 불규칙 (ㅅ不规则) -다가	• 熟悉天气用语 • 理解天气预报	금강산도 식후경	韩国的二十四节气

课	主题	题目	扩展词汇	语法	作业	惯用表现	韩国文化之窗
8	银行	여권은 있는데 도장을 안 가지고 왔는데요.	与银行相关的词汇 与银行业务相关的词汇	(아마) -(으)ㄹ거예요 -고 -(으)ㄴ/는데요 -(으)ㄴ가요?/-나요?	• 熟悉利用银行用语 • 理解介绍韩国货币的文章	티끌 모아 태산	韩国的银行
9	家务	먼지를 떨고 청소기를 돌리도록 하세요.	与清扫相关的词汇 与洗衣服相关的词汇 与其它家务事相关的词汇	-는/(으)ㄴ 편이다 -도록 하다 -아/어/여지다 -자마자	• 熟悉家务事用语 • 阅读并理解介绍家务事的文章	손	家务分担
10			复习 6~9				
11	要求、拒绝	부산으로 출장을 가게 되었거든요.	与公司相关的词汇 与部门、级别相关的词汇 与工作相关的词汇	-게 되다 -아/어/여 버리다 -아/어/여 주시겠어요? -거든요	• 熟悉职场生活用语 • 熟悉拜托和拒绝用语	눈이 높다	与语言相关的俗谈
12	感情	안색이 안 좋아 보여요.	与情感相关的词汇 感情表现词汇 与人际关系相关的词汇	-어/아/여 보이다 -(으)려고 처럼 -게	• 熟悉有关健康的用语 • 熟悉情感表达用语	웃다	感情表达
13	电子商务	주문 시간이 10분밖에 안 남았습니다.	与购物相关的词汇 与退换货物相关的词汇	밖에 -는 대신에 ㅎ 불규칙 (ㅎ不规则) -지 말고	• 熟悉电子商务用语 • 熟悉退换商品用语	국수(를) 먹다	电视购物
14	搬家	책상은 저쪽으로 옮겨 주세요.	与搬家相关的词汇 与住居形态相关的词汇 与房屋设施相关的词汇	사동(使动态) -(으)ㄴ/(으)ㄹ 줄 알다/모르다 -느라고 -(으니)냐고 하다/묻다/질문하다	• 熟悉住居生活用语 • 熟悉搬家用语	친구	搬家的好日子
15			复习 11~14				

实用生活韩国语3
— 中级篇

한국 음식도 만들 줄 아세요?

- 두 사람은 지금 무엇을 하고 있습니까? 这两个人在做什么?

- 여러분은 음식을 만든 적이 있습니까? 你做过饭吗?

扩展词汇

요리 관련 표현 与烹调相关的词汇

자르다	剪切	젓다	搅
썰다	切	섞다	混合、搅拌
깎다	削	비비다	拌
(껍질을) 벗기다	剥(皮)	찍다	叉
다지다	剁	(N¹을/를 N²에) 담그다	将N¹浸泡N²里
넣다	放进	(김치를) 담그다	腌制(泡菜)
		익히다	熟

조리법과 음식 이름 烹调法与饮食名称

찌다
蒸、炖

찜 (생선찜, 갈비찜)
蒸炖品 (蒸鱼、炖排骨)

굽다
烤

구이 (생선구이, 오리구이)
烧烤 (烤鱼、烤鸭)

조리다
熬、酱

조림 (장조림, 감자조림)
酱品 (酱牛肉、酱土豆)

볶다
炒

볶음 (볶음밥, 김치볶음)
炒菜 (炒饭、炒泡菜)

튀기다
油炸

튀김 (야채 튀김, 오징어 튀김)
油炸食品 (炸蔬菜、炸鱿鱼)

조리 기구 烹调器具

칼	刀	프라이팬	平底煎锅
도마	砧板	주걱	饭勺
냄비	汤锅	국자	汤勺
솥	铁锅	집게	夹子

메이	고향 친구가 한국으로 유학을 와서 이번 주말에 우리 집에서 환영회를 하려고 하는데 오시겠어요?
민준	고마워요. 그런데 무슨 음식을 준비하실 건가요?
메이	중국 음식을 준비하고 싶지만 재료를 구하기가 어려워서 한국 음식을 만들려고요.
민준	어떻게 한국 음식도 만들 줄 아세요? 혹시 요리 학원에 다니셨어요?
메이	아니요, 텔레비전의 요리 프로그램을 몇 번 봤어요. 이번에는 요리책을 보면서 해 보려고 어제 서점에서 요리책을 한 권 샀어요.
민준	저도 요리책을 보면서 음식을 만든 적이 있는데 재미있었어요. 잘 못하지만 제가 좀 일찍 가서 도와 드릴게요.

生词

준비하다	准备
재료	材料
구하다	求、找
혹시	或许
요리 학원	烹饪学院
요리 프로그램	烹饪节目
요리책	烹饪书

민준	메이 씨, 음식 재료를 많이 준비하셨군요. 오늘 무슨 음식을 만드실 건가요?
메이	잡채와 불고기를 만들려고 해요. 먼저 잡채를 만들어 볼까요?
민준	그런데 불고기를 만들려면 1시간 정도 고기에 양념을 해 놓아야 하니까 불고기 양념장을 먼저 만들기로 하지요.
메이	아, 그렇군요. 양념은 어떻게 만들지요?
민준	우선 간장에 설탕, 다진 파, 마늘, 참기름, 깨소금 등을 넣으세요. 배가 있으면 즙을 내어 함께 넣으면 더 좋고요. 양념장은 너무 짜지 않게 만드는 것이 좋아요.
메이	한국 음식은 손맛이라고 하던데 정말 손이 많이 가는 것 같아요. 여러 가지 양념을 적당하게 넣는 게 중요하네요.

生词

정도 程度
양념 佐料
우선 首先
간장 酱油
파 葱
참기름 香油
깨소금 芝麻盐
즙을 내다 榨汁
손맛 手味、手上的功夫
손이 가다 动手、费功夫
적당하다 适当

–(으)ㄹ 건가요?

实为–(으)ㄹ 것和ㄴ가요？结合后的–(으)ㄹ 것인가요?的缩略型，用于向主体(听者)委婉地询问要做何事的时候。词干以元音结束时接–ㄹ 건가요?，以ㄹ以外的辅音结束时接–을 건가요?，以ㄹ结束时用건가요? 回应时通常使用 –(으)ㄹ 거예요。

- 오늘 저녁에는 무슨 음식을 드실 건가요? 今天晚上准备吃什么?

- 대학 졸업 후에 무엇을 하실 건가요? 大学毕业后想做什么?

- 가 친구를 만나면 뭘 하실 건가요? 见到朋友后想干什么?
  나 놀이공원에 갈 거예요. 要去游乐场。

练习

1 〈보기〉와 같이 문장을 완성하십시오.

> 〈보기〉 주말에 시간이 있으면 무엇을 하시겠습니까?
> → 주말에 시간이 있으면 무엇을 하실 건가요?

(1) 모르는 것이 있으면 어떻게 하시겠습니까?
→ ___________________________

(2) 친구 집을 방문할 때 무엇을 사 가지고 가겠습니까?
→ ___________________________

(3) 친구 결혼식에 갈 때 무슨 옷을 입겠습니까?
→ ___________________________

2 다음 대화를 완성하십시오.

(1) 가 오늘 저녁엔 고향 음식을 만들 건가요?
나 네, ___________________________

(2) 가 비가 오면 약속 시간을 바꿀 건가요?
나 네, ___________________________

(3) 가 ___________________________
나 네, 모르는 것이 있으면 친구에게 물어볼 거예요.

–(으)ㄹ 줄 알다

接于动词词干后，表示知道要做的行动或方法。即：表示知道做某事所必需的方法，也表示具有做某事的能力。词干以元音结束时接–ㄹ 줄 알다，以ㄹ以外的辅音结束时接–을 줄 알다，以ㄹ结束时接 –줄 알다。

- 저는 요리를 할 줄 압니다. 我会做饭。

- 이제는 사전에서 단어를 찾을 줄 압니다. 现在知道怎么用词典查生词了。

- 가 메이 씨 동생은 한국어를 할 줄 알아요? 美伊，你妹妹会说韩国语吗？

  나 아니요, 제 동생은 한국어를 할 줄 몰라요. 하지만 일본어는 할 줄 알아요.
  不会，我妹妹不会说韩国语，但是会说日语。

 **‘–(으)ㄹ 줄 알다’와 ‘–(으)ㄹ 수 있다’**

–(으)ㄹ 줄 알다主要用于表示知道和具有做某事的方法或能力。–(으)ㄹ 수 있다用于具有一般性的能力或表示许可时。有时两种方式都可以使用，但要考虑话者想要表达的着重点有所选择地使用。

- 저는 자동차를 운전할 줄 알아요. (○) 我会开车。
- 저는 자동차를 운전할 수 있어요. (○) 我能开车。
- 저는 지금 술을 마시지 않아서 자동차를 운전할 수 있어요. (○) 我没喝酒，现在能开车。
- 저는 지금 술을 마시지 않아서 자동차를 운전할 줄 알아요. (✕) 我没喝酒，现在会开车。

练习

다음 대화를 완성하십시오.

(1) 가 불고기를 만들 줄 아십니까?
    나 네, ______________________________

(2) 가 테니스를 칠 줄 압니까?
    나 네, ______________________________

(3) 가 ______________________________
    나 아니요, 태권도를 할 줄 몰라요.

–아/어/여 놓다

接于动词或形容词词干后，表示某一行为结束后状态的持续，或对前面持续状态进行强调。

- 식사 시간이 다 됐는데 상을 차려 놓을까요? 吃饭时间已经到了，把饭菜摆好怎么样?

- 문을 열어 놓으니까 시원한 바람이 들어와서 좋습니다. 打开门，就有凉风吹进来，真好。

- 가 이 그림을 어떻게 할까요? 这幅画怎么办?
  나 저쪽 벽에 걸어 놓는 게 좋겠어요. 挂在那边墙上会很好。

'–아/어/여 놓다'와 '–아/어/여 있다'

–아/어/여 놓다和–아/어/여 있다都用来表示某一动作结束时状态的持续，但前者为主动行为，后者则为被动行为，因此多与动词被动态一起使用。但自动词除外。

- **동생이 문을 열어 놓았어요.** 弟弟(妹妹)把门打开了。
- **문이 열려 있어요.** 门开着。
- **친구가 앉아 있어요.** 朋友坐着。

练习

〈보기〉와 같이 문장을 완성하십시오.

> 〈보기〉 가 요리를 시작할까요? 무엇부터 할까요?
>
> 나 <u>냉장고에서 재료를 꺼내 놓으세요.</u> (냉장고에서 재료를 꺼내다)

(1) 가 이 재료가 너무 딱딱한데 어떻게 해야 하나요?
    나 ＿＿＿＿＿＿＿＿＿＿＿＿＿ (물에 잠깐 담그다)

(2) 가 친구에게 전화를 했는데 안 받네요.
    나 ＿＿＿＿＿＿＿＿＿＿＿＿＿ (메시지를 남기다)

(3) 가 국을 끓이는데 냄비가 넘치고 있어요.
    나 ＿＿＿＿＿＿＿＿＿＿＿＿＿ (뚜껑을 잠깐 열다)

–지요?

用婉转的口吻向听者询问含有疑问词在内的内容时使用。即：与格式体 –ㅂ/습니까和非格式体 –아/어/여요?的问句形式相比，用–지요?更能表示对对方的尊重。通常也可使用缩略型–죠?。

- 이 음식은 어떻게 먹는 거지요? 这个菜怎么吃?

- 한국 음식 요리 방법을 어디에서 배우셨지요? 韩国菜的做法是在哪里学的?

- 가 내일은 오랜만에 고등학교 친구들을 만납니다. 明天要和久别的高中同学聚会。
  나 고등학교 친구들을 만나면 보통 무엇을 하시지요? 高中同学聚会一般都干什么?

 **확인 질문 표현의 '–지요?'와 부드러운 질문 표현인 '–지요?'**

–지요?也用于话者将自己所想的向听者进行确认的时候，此时没有疑问的含义。但是这里的–지요?没有确认的含义，只是使含有疑问词的单纯问句显得更加婉转而已。

- 한국 음식이 참 맵지요? 韩国菜很辣吧?
- 오늘 일이 끝난 후에 무엇을 하시지요? 今天工作结束后干什么?

 练习

〈보기〉와 같이 문장을 완성하십시오.

〈보기〉 이 음식은 처음 보는 음식인데 어떻게 먹습니까?

　→ 이 음식은 처음 보는 음식인데 어떻게 먹지요?

(1) 잡채를 어떻게 만들 거예요?

　→ ________________________________

(2) 요즘 음식값이 많이 올랐는데 왜 그렇습니까?

　→ ________________________________

(3) 주말에 시간이 있을 땐 무엇을 하십니까?

　→ ________________________________

1 다음을 듣고 질문에 답하십시오.

(1) 다음에서 미역국을 끓일 때 필요한 재료를 모두 고르십시오.

> ㉠ 미역　　　　㉡ 쇠고기　　　　㉢ 마늘　　　　㉣ 파　　　　㉤ 참기름

ⓐ ㉠, ㉡, ㉢

ⓑ ㉠, ㉡, ㉣, ㉤

ⓒ ㉠, ㉡, ㉢, ㉣

ⓓ ㉠, ㉡, ㉢, ㉤

(2) 다음을 보고 미역국을 만드는 방법을 순서대로 쓴 것을 고르십시오.

> ㉠ 미역을 넣고 볶습니다.
> ㉡ 재료에 물을 넣고 끓입니다.
> ㉢ 미역을 물에 넣고 10분쯤 기다립니다.
> ㉣ 쇠고기와 다진 마늘, 간장, 참기름을 넣고 볶습니다.

ⓐ ㉢ – ㉣ – ㉠ – ㉡

ⓑ ㉢ – ㉠ – ㉡ – ㉣

ⓒ ㉢ – ㉠ – ㉣ – ㉡

ⓓ ㉢ – ㉡ – ㉠ – ㉣

2 다음을 듣고 질문에 답하십시오.

(1) 무엇에 대한 이야기입니까?
ⓐ 만두를 먹는 이유
ⓑ 만두를 만드는 방법
ⓒ 만두와 함께 먹는 음식
ⓓ 만두와 김치를 만드는 방법

(2) 다음을 듣고 맞으면 ○, 틀리면 × 하십시오.
- 만두는 간단하게 만들 수 있는 음식입니다.　　　　　　　(　)
- 만두를 만들 때에는 밀가루와 김치, 돼지고기, 두부가 필요합니다.　　　　(　)
- 만두를 만들 때에는 먼저 만두소를 만들고 다음에 만두피를 만듭니다.　　　(　)

● 다음의 빈칸을 채우고 〈보기〉와 같이 음식 만드는 법을 이야기해 보십시오.

〈보기〉	마리아	마이클 씨, 할 줄 아는 한국 요리가 있어요?
	마이클	네, 김치볶음밥을 만들 줄 알아요.
	마리아	그래요? 그럼 만드는 방법 좀 가르쳐 주세요.
	마이클	네, 가르쳐 드릴게요.
	마리아	필요한 재료가 뭐예요?
	마이클	필요한 재료는 김치하고 밥, 식용유, 참깨예요. 참치나 햄이 있으면 더 좋아요.
	마리아	그럼, 어떻게 만들어요?
	마이클	김치를 잘게 썬 후에 프라이팬에 넣어서 볶으세요. 김치가 반쯤 익으면 참치나 햄을 넣고 볶으세요. 그리고 잠시 후에 밥을 넣고 조금 더 볶아서 참기름과 참깨를 넣으면 완성이에요.

(1) 먼저 아래의 표에 맞추어 이야기할 것을 정리해 보십시오.

음식 종류	한국 음식	
음식 이름	김치볶음밥	
재료	김치, 밥, 식용유, 참깨, 참치나 햄	
만드는 방법	① 김치를 잘게 썰다 ② 프라이팬에 넣어서 볶다 ③ 참치나 햄을 넣고 볶다 ④ 밥을 넣고 조금 더 볶다 ⑤ 참기름과 참깨를 넣다	

(2) 위에 정리한 표를 바탕으로 친구와 같이 요리 방법에 대하여 이야기해 보십시오.

1 다음 글을 읽고 질문에 답하십시오.

　최근 한국에서는 사람들이 건강과 다이어트를 위해 '건강주스'를 만들어 먹는 것이 화제가 되고 있습니다. 이 건강주스는 여러 가지 야채를 삶아서 갈아 마시는 것을 말합니다. 사실 예전부터 건강을 생각하는 사람이나 채식주의자, 변비 환자 사이에서는 잘 알려져 있었지만 최근 유명 연예인들이 마시면서 건강주스가 새롭게 관심을 받고 있습니다.

　건강주스에는 여섯 가지의 야채가 들어가는데 만드는 방법은 어렵지 않습니다. 먼저 양배추, 토마토, 당근, 브로콜리를 깨끗하게 씻어서 손질해야 합니다. 다음에 손질한 재료를 물에 넣고 끓여야 합니다. ㉠ 이 네 가지 야채들은 물에 끓여서 먹으면 영양의 효과가 훨씬 더 크게 나타나기 때문입니다. ㉡ 이렇게 야채를 15분 정도 끓인 후에 꺼내서 식혀야 합니다. ㉢ 야채와 야채를 끓인 물이 충분히 식으면 믹서기에 바나나와 사과를 넣고 함께 갈아 줍니다. ㉣ 야채의 쓴 맛을 싫어하거나 단맛을 좋아하면 주스나 요거트를 넣어도 됩니다. 이렇게 만든 건강주스를 하루에 한두 잔 마시면 건강에 좋은데 다이어트를 위해서는 아침이나 저녁 대신 먹거나 식사를 하기 전에 먹으면 좋습니다. 건강주스는 다이어트를 위해 마시는 것도 좋지만 피부 미용과 변비에 효과가 크다고 합니다. 무엇보다도 야채를 자주 섭취할 수 없는 현대인들에게 충분한 야채 섭취를 할 수 있도록 한다는 것이 가장 큰 장점입니다.

(1) 이 글에서 말하지 <u>않은</u> 것을 고르십시오.
　　ⓐ 건강주스의 역사　　　　　　ⓑ 건강주스의 재료
　　ⓒ 건강주스를 만드는 방법　　　ⓓ 건강주스의 효과

(2) 다음의 문장이 들어가기 적절한 곳을 고르십시오.

이때 야채를 끓인 물은 버리지 말고 따로 식힙니다.

    ⓐ ㉠   ⓑ ㉡   ⓒ ㉢   ⓓ ㉣

(3) 건강주스에 대한 설명으로 알맞은 것을 고르십시오.

    ⓐ 양배추, 토마토, 브로콜리, 양파가 필요합니다.

    ⓑ 물에 야채를 넣고 10분 정도 끓인 후에 바로 갈아야 합니다.

    ⓒ 다이어트를 원하는 사람과 변비 환자들에게 효과가 있습니다.

    ⓓ 건강주스는 채식주의자들 때문에 최근 다시 관심을 받기 시작했습니다.

(4) 건강주스 만드는 방법을 정리해 봅시다.

> 건강주스를 만들려면 (　　　　　　　　)를 준비해서 깨끗하게 손질해야 합니다. 다음에 손질한 재료를 (　　　　　　　　)어/아야 합니다. (　　)분 동안 끓인 후에 (　　　　　　　　). 다음에 식은 재료를 믹서기에 (　　　　　　　　)을/를 넣고 함께 갈아 줍니다. 단맛을 좋아하면 (　　　　　　　　)을/를 넣어도 됩니다.

2　여러분 나라에도 건강이나 다이어트를 위해 만들어 먹는 음식이 있습니까? 만드는 방법과 어떤 효과가 있는지 써 보십시오.

〈써 보기〉

◉ 다음 그림과 글을 보면서 아래의 질문에 대답해 봅시다.

● **손맛**

　여러분은 한국 음식의 맛에 대하여 어떤 생각을 갖고 계세요? 매운맛을 제일 먼저 떠올리는 분이 많을 것 같아요. 가장 대표적인 음식인 김치를 비롯하여 여러 음식에 고추가 들어가서 한국 음식은 보통 맵다고 생각하기 쉽지요. 그렇다면 혹시 '손맛'이라는 표현을 들어본 적 있나요? 이것은 매운맛, 짠맛과 같은 실제 음식 맛을 말하는 것이 아니고, 한국 음식은 손이 많이 가는 음식이기 때문에 특별한 맛을 내는 경우가 많다는 뜻입니다. 찌개를 끓일 때 음식 재료와 함께 간장, 고추장, 고춧가루, 참기름, 파, 후추, 마늘 등 양념이 많이 들어가지요. 이렇게 양념을 넣으려면 여러 차례 손을 써야 하기 때문에 손이 많이 간다고 하고 거기에서 나오는 맛을 손맛이라고 해요.

1　여러분은 한국 음식을 먹을 때 실제로 손맛을 느낄 수 있습니까? 그 맛이 어떻습니까?

2　여러분 나라에는 음식의 맛과 관련한 재미있는 표현이 있습니까?

삼계탕 参鸡汤

差不多每个国家都有其应季的特殊饮食。韩国也有在不同季节人们要争相享用的具有特殊意义的饮食，这样的饮食在天气炎热的夏季最多。众所周知参鸡汤和冷面、豆浆面、狗肉汤一样尽管在其它季节也可以吃，但更是夏季的必享饮食。

参鸡汤是由对身体有益的鸡、糯米、人参、大枣、蒜、栗子等原料做成的。因为是将鸡和这些对身体有益的原料放在一起煮，所以营养成分及其丰富。另外食材间的相宜作用更使得它们效果倍增。

为什么要在夏季吃参鸡汤呢？理由之一就在于它的滚热。因为在炎热的夏季，挥汗进食，可使体内的暑热随汗排出，从而感觉倍加凉爽。

您附近有参鸡汤店吗？那就去品尝品尝吧。如果有准备好的食材，也不妨在家里做参鸡汤来吃。也就是说，附近没有参鸡汤店也不要紧，夏季到来的时候，就在家里试试身手。怎么样？挑战一下健康美味的韩国料理吧！

1 삼계탕이 몸에 좋은 이유는 무엇인가요? 그리고 왜 여름에 많이 먹나요?
参鸡汤为什么对身体有益？为什么要在夏季吃？

2 여러분 나라에도 어떤 계절에 먹는 특별한 음식이 있습니까? 그 음식에 대해 이야기해 봅시다.
你们国家有哪些应季的特殊饮食？请你介绍一下儿。

한 치수 큰 걸로 보여 드릴게요.

- 다른 디자인이나 사이즈를 부탁할 때 어떻게 말할까요?
  需要其它样式或号码时该怎样表达？

- 여러분은 물건을 사고 마음에 안 들어서 교환이나 환불해 본 적이 있습니까?
  买来的商品不称心，您去退换过吗？

扩展词汇

티셔츠
T恤衫

반바지
短裤

남방
衬衫

긴 바지
长裤

반팔
短袖衫

잠바
夹克衫

긴팔
长袖衫

코트
大衣

패딩 점퍼
棉夹克、
羽绒服

쇼핑 관련 어휘 与购物相关的词汇

치수·사이즈	尺寸、大小	세일 기간·바겐세일	打折期间、甩卖
모양·디자인	样子、样式	계산서·영수증	账单、收据
무늬·패턴	花纹、纹路	계산하다·지불하다	计算、支付
값·가격	价格	깎다·할인하다	砍(价)、削价
할부/일시불	分期付款/一次性支付	주문하다	订货

对话1

민준	아주머니, 여기 아동용 티셔츠 좀 보여 주세요.
아주머니	이쪽에 사이즈별로 다 있으니까 들어와서 골라 보세요. 몇 살짜리 옷 찾으세요?
민준	열 살짜리 조카한테 입히려고요.
아주머니	이 티셔츠 어떠세요? 반바지랑 세트로 나왔는데 같이 입으면 잘 어울릴 거예요.
민준	사이즈가 좀 작지 않을까요? 아이들은 하루가 다르게 크더라고요. 제 조카아이도 작년에 비해서 얼마나 많이 컸는데요.
아주머니	그럼 한 치수 큰 걸로 드릴게요. 입혀 보시고 잘 안 맞으면 교환하러 오세요.

生词

조카 侄子
세트 套
하루가 다르게 日渐不同
잘 맞다 很合适
교환하다 交换
환불하다 退款

메이	넥타이 좀 보여 주시겠어요?
점원	선물하실 거예요?
메이	네, 친척 어른께 생신 선물로 드리려고요. 연세가 많으시니까 좀 점잖은 걸로 골라 주세요.
점원	그럼 이건 어때요? 요즘 유행하는 디자인인데 색깔은 좀 밝지만 무늬가 화려하지 않아서 손님들이 많이 찾으세요.
메이	좋아요. 잘 어울리실 것 같은데 그걸로 포장해 주세요. 참, 교환은 되지요?
점원	그럼요, 포장할 때 교환권도 같이 넣어 드릴 테니까 혹시 마음에 안 드시면 언제든지 교환하러 오세요.

生词

넥타이　领带
점잖다　稳重、庄重
화려하다　华丽
포장하다　包装
교환권　交换券

에 비해서

接在名词后，使其作为被比较的对象或评价的标准。**비해서**是助词**에**和动词**비하다**活用型的结合形式。

- 장마 때문에 작년에 비해서 채소값이 많이 올랐어요. 因为是雨季，蔬菜的价格和去年比涨了很多。

- 선생님은 나이에 비해서 젊어 보이십니다. 和年龄比，老师看上去更年轻。

- 가 메이 씨, 남대문시장에 자주 가요? 美伊，你常去南大门市场吗?

  나 네, 값에 비해서 질 좋은 물건들이 많기 때문에 자주 가요.
  是的，跟价格比，质量好的东西很多，所以常去。

 **'보다'**

보다接于名词后构成副词成分，是表示比较对象的助词。

- 이 치마가 저 치마보다 더 비싸다. 这条裙子比那条裙子还贵。
- 지하철이 버스보다 빠르다. 地铁比公共汽车快。

练习

〈보기〉와 같이 문장을 완성하십시오.

〈보기〉 시골 / 도시 / 공기가 좋다

→ 시골이 도시에 비해서 공기가 좋아요.

(1) 우리 회사 / 다른 회사 / 근무 환경이 좋다

→ ________________________

(2) 쓰기 시험 / 말하기 시험 / 어려운 편이다

→ ________________________

(3) 서울 / 고향 / 물가가 비싸다

→ ________________________

–(으)ㄹ게요

与动词词干结合，表示话者对未来将出现事实的意志，誓言或约定，多用于口语，主语只限于第一人称。很多人在书写时会按照发音错误地写成 –을께，这一点要特别注意。

- 학교 앞에서 기다릴게요. 我在学校门前等吧。

- 처음 오셨으니까 이번만 깎아 드릴게요. 您第一次来，所以就让利一次。

- 가 내일은 누가 발표를 하겠어요? 明天谁发表？
  나 제가 할게요. 我来吧。

小贴士 '–(으)ㄹ게요'와 '–(으)ㄹ 거예요'

–(으)ㄹ 거예요用来表示某种计划或意志，而–(으)ㄹ게요多用于表示意志或约定。并且
–(으)ㄹ게요还用来表示话者的决心。

- 이번 방학에는 책을 많이 읽을 거예요. 这个假期我要多看书。
- 다음부터는 그렇게 할게요. 下次开始一定那么做。

练习

〈보기〉와 같이 대화를 완성하십시오.

〈보기〉 메이 씨를 찾아야 돼요.

　→ 제가 찾을게요.

(1) 가 비행기 표를 알아봐야 합니다.
　　나 ______________________________

(2) 가 누가 선물을 준비할 거예요?
　　나 ______________________________

(3) 가 이사를 해야 하는데 혼자서는 힘들 것 같아요.
　　나 ______________________________

–(으)ㄹ 테니까

表示话者的意志、打算或推测。 即：以前句内容作为出现后句结果的理由。后句多使用共动句或命令句。

〈주어가 1인칭인 경우〉主语为第一人称时

- 천천히 읽을 테니까 잘 들으십시오. 我会慢慢地读，请听好。

- 또 올 테니까 좀 깎아 주세요. 还会再来的，就便宜点吧。

- 가 몇 시쯤 출발할까요? 大概几点出发？
  나 2시쯤 제가 전화할 테니까 그때 출발하세요. 2点左右我给你打电话，那时候出发吧！

〈주어가 3인칭이거나 화자의 추측을 나타내는 경우〉主语为第三人称或表示话者的推测时

- 곧 손님이 오실 테니까 청소 좀 합시다. 很快客人就要来了，打扫一下吧！

- 기차가 예정대로 출발할 테니까 일찍 나오세요. 火车会按计划出发的，早点出来。

练习

〈보기〉와 같이 문장을 완성하십시오.

> 〈보기〉 배달해 드리다
>
> → 배달해 드릴 테니까 언제든지 전화만 주세요.

(1) 제가 도와 드리다

→ ________________________________ 걱정하지 마세요.

(2) 음료수는 마이클 씨가 준비하다

→ ________________________________ 민준 씨는 케이크를 사면 좋겠어요.

(3) 오후에 비가 오다

→ ________________________________ 우산을 가져 가세요.

르 불규칙 (르不规则)

以르结尾的动词或形容词次干遇到元音时，ㅡ 脱落，添加一个ㄹ， 变成ㄹㄹ的形态。

- 한국과 미국은 음식 문화가 달라요. 韩国和美国的饮食文化不同。

- 지하철이 버스보다 빨라서 출근할 때는 지하철을 탑니다.
  因为地铁比公交车快，所以上班时坐地铁去。

- 가 다른 무늬 티셔츠는 없어요? 没有其它花色的T恤衫吗？
  나 저쪽에 여러 종류가 있으니까 골라 보세요. 那边有很多种，挑挑看吧。

小贴士 **'르 규칙'**

르 规则动词和形容词不用添加ㄹ，只将 ㅡ 脱落即可。如：들르다、따르다、치르다等。

- 음료수를 사려고 가게에 들렀습니다. 为买饮料去了趟小卖店。
- 찻잔에 차를 따랐어요. 往茶杯里倒了茶。

练习

〈보기〉와 같이 '–었/았습니다'를 이용해서 문장을 완성하십시오.

〈보기〉 운동을 많이 해서 목이 <u>말랐습니다</u>. (마르다)

(1) 한국에 처음 왔을 때 한국말을 하나도 __________________ (모르다)

(2) 친구에게 줄 생일 선물을 __________________ (고르다)

(3) 저는 어렸을 때 집에서 고양이 두 마리를 __________________ (기르다)

(4) 친구들과 노래방에 가서 한국 노래를 __________________ (부르다)

1 다음을 듣고 질문에 답하십시오.

(1) 들은 이야기와 같은 것을 고르십시오.

ⓐ 참외는 세 개에 육천 원입니다.

ⓑ 작년에 비해서 과일값이 쌉니다.

ⓒ 메이 씨는 수박과 참외를 샀습니다.

ⓓ 올해는 아직 장마가 오지 않았습니다.

(2) 메이 씨는 얼마를 내야 합니까?

ⓐ 만 칠천 원   ⓑ 이만 원

ⓒ 이만 이천 원   ⓓ 이만 오천 원

2 다음을 듣고 질문에 답하십시오.

(1) 마이클이 찾는 기능이 <u>아닌</u> 것을 고르십시오.

ⓐ 녹음 기능

ⓑ 메모 기능

ⓒ 회화 반복 기능

ⓓ 한국어–영어 사전 기능

(2) 잘 듣고 들은 내용과 같으면 ○, 다르면 × 하십시오.

• 마이클은 카드로 계산을 했습니다.   (   )

• 마이클이 산 전자사전은 무겁습니다.   (   )

• 보증서가 없으면 사전을 수리할 수 없습니다. (   )

◉ 대화 내용을 바꿔서 〈보기〉와 같이 옆 사람과 대화해 봅시다.

〈보기〉	가	어서 오세요. 뭘 찾으세요?
	나	휴대전화 좀 보여 주세요.
	가	이 두 제품이 요즘 제일 잘 나가는 건데 어떠세요?
	나	가볍고 좀 얇으면 좋겠어요.
	가	그래요? 그럼 이걸로 하세요.
		다른 제품에 비해서 가볍고 얇거든요.
	나	지금 개통되지요?
	가	그럼요. 지금 개통해 드릴게요.
		계산은 어떻게 하시겠어요?
	나	현금(으)로 하겠습니다.

(1)	(2)	(3)
디지털 카메라	전자사전	텔레비전
메모리가 용량이 크다	단어 수가 많다	화면이 더 선명하다
포장	포장	배달
2개월 카드 할부	카드 일시불	6개월 카드 할부

1   다음 글을 읽고 질문에 답하십시오.

여러분은 인사동을 아십니까?

인사동은 한국을 대표하는 문화관광중심지입니다. 인사동이 다른 거리에 비해서 더 유명한 이유는 한국의 전통 문화를 체험할 수 있기 때문입니다. 한국의 전통 물건을 구경하거나 살 수 있고, 사물놀이 같은 전통 문화 공연도 볼 수 있습니다. 또 한국의 전통 음식이나 유명한 지역 음식도 맛볼 수 있습니다.

인사동은 서울 종로구에 있는데 지하철 3호선 안국역이나 종로 3가역에 내려서 걸어갈 수 있습니다. 주말에는 관광객들을 위해서 인사동 거리에 차가 다니지 않습니다. 그래서 거리 곳곳에서 자유롭게 공연하는 것을 볼 수 있습니다. 사람들은 길을 걷다가 자연스럽게 공연을 구경하며 같이 박수를 치거나 따라 하기도 합니다.

그리고 인사동에는 전통 물건을 파는 가게가 많습니다. 현대식 디자인의 한복부터 한국의 옛날 그림, 옛날 필통, 부채, 붓과 같은 기념품까지 다양하게 있습니다. 외국인 관광객들도 이곳에서 고향 친구들에게 줄 기념 선물을 많이 사 갑니다.

또 전통 식당과 찻집도 많이 있습니다. 한옥 찻집에 들어가서 한국의 전통차를 마시면 인사동의 분위기를 잘 느낄 수 있습니다. 길거리에서 파는 엿이나 떡과 같은 간식도 외국인들에게 인기가 많습니다.

여러분도 인사동으로 구경 오세요.

(1) 이 글의 제목으로 가장 알맞은 것을 고르십시오.

    ⓐ 한국의 전통 문화   ⓑ 전통의 거리 인사동

    ⓒ 인사동의 전통 공연   ⓓ 한국의 전통 기념품

(2) 인사동이 유명한 이유가 <u>아닌</u> 것을 고르십시오.

    ⓐ 전통 찻집이 많습니다.

    ⓑ 거리에서 전통 공연을 볼 수 있습니다.

    ⓒ 한국의 옛날 물건을 구경할 수 있습니다.

    ⓓ 다양한 나라의 음식을 맛볼 수 있습니다.

2 여러분 나라에는 유명한 쇼핑 장소가 있습니까? 그곳은 무엇으로 유명한지 정리하고 소개하는 글을 써 보십시오.

〈개요 정리하기〉

장소 이름	
위치	
유명한 이유	
특징	

〈소개하기〉

____

____

____

____

____

____

____

◉ 다음 그림과 글을 보면서 아래의 질문에 대답해 봅시다.

● 장날

　　여러분은 '장날'이라는 말을 들은 적이 있어요? 장날은 한국의 전통 시장이 열리는 날인데 옛날에는 5일이나 7일마다 많은 사람들이 모이는 곳에서 물건을 사고팔았어요. 그래서 '5일장'이나 '7일장'이라고 불렀는데 장날에는 물건을 사고파는 것뿐만 아니라 자주 만나지 못한 사람도 만나서 이야기도 하고 맛있는 음식도 먹었어요. 지역마다 다른 문화도 즐길 수 있고요.

　　또 '가는 날이 장날이다'라는 속담이 있는데 이 말은 계획한 일을 하려고 할 때 갑자기 무슨 일이 생기는 것을 말해요. 옛날에 5일마다 장이 열릴 때는 사람들이 장날만을 기다렸는데 마침 그날 비가 와서 장에 못 가거나 하면 "가는 날이 장날이네요."라고 말했어요.

1　여러분 나라의 전통 시장은 어떻습니까? 전통 시장이 지금도 있습니까?

2　'가는 날이 장날이다'라는 말은 언제 쓸까요? 상황을 이야기해 봅시다.

재래시장 传统市场

你听说过"덤"、"에누리"和"단골손님"这样的韩国话吗？韩国虽然有很多大型超市和便利店，在社区村落还有很多传统市场。大型超市的商品洁净、包装完整，在一处还可以买到各种不同的商品；与此相反，在传统市场购买货物的时候，你却可以感受到在大型超市里感受不到的韩国人的质朴与人情。

在商店和超市里的所有商品都是定价，你只要选好商品直接去交款台付款即可。然而在传统市场却可以讨价还价。在买卖过程中你就可以听到"덤"或"에누리"这样的话。"에누리"是指：让价的意思，人们常用"에누리 좀 해 주세요.", "에누리 해 주시면 다음에 또 올게요."来表示"再便宜一点吧！"，"这次给我好价格，下次还来你这儿。"的意思。"덤"是指：认可这个价，但再多给点儿的意思。如果你在传统市场卖10

个橘子，那主人就可能会多拿一、两个给你，这就是"덤"。"에누리"和"덤"体现的是一种韩国的文化，也就是韩国人的"情"，正是因为这种"情"，也就有了客人们喜欢去的店家，而常去的客人也就成了这家的回头客"단골손님"。

随着生活节奏的加快，现实中网上购物、电视购物、大型超市成了购物的主要形式，而传统市场却在慢慢地消失。因此为了不使韩国人的这种质朴与人情淡漠，为了保护小市场商人的权益，很多人都在为保留传统市场做着不懈的努力。

1 여러분 나라에는 마트나 시장이 있습니까? 각각의 풍경을 이야기해 봅시다.
你们国家有商店或市场吗？请讲述一下它们各自的特点。

2 재래시장을 지키기 위한 노력에는 어떤 것들이 있을까요?
为了守住传统市场应该做哪些努力？

저기 여행사 간판이 보여요.

- **메이 씨는 뭐라고 길을 물어볼까요?**
  美伊是怎么问路的?

- **여러분은 택시 기사에게 목적지를 설명해 본 적이 있습니까?**
  你向出租车司机讲过你要去的地方吗?

扩展词汇

교통수단 交通工具

일반 택시
普通出租车

고속버스
高速长途车

모범택시
模范出租车

마을버스
社区小巴

시내버스
市内公交车

셔틀버스
免费班车

시외버스
市外公交车

콜택시
콜밴
电召出租车
电召厢型车

교통 관련 어휘 与交通相关的词汇

-행
开往-

버스 전용 차선
公交专用线

환승역/갈아타는 곳
换乘站/换成地点

골목
胡同

나가는 곳
出口

건널목
人行横道

교통 카드
交通卡

삼거리
丁字路口

노선도
路线图

사거리
十字路口

방향 이동 移动方向

오른쪽으로 가다·우회전하다	朝右走、向右转	건너가다	穿过、越过
왼쪽으로 가다·좌회전하다	朝左走、向左转	지나가다	路过
똑바로 가다·직진하다	直走	돌아가다	回去
곧장 가다·쭉 가다	直走	유턴하다	调头

메이   저기요 기사님, 조계사에 가려면 어디에서 내려야
돼요?

기사   이 버스는 조계사 쪽으로 안 갑니다.

메이   어? 이 버스 광화문으로 가는 거 아니에요?

기사   광화문에서 조계사까지는 한참 걸어야 해요. 다음
정류장에서 내려서 조계사 가는 버스로 환승하세요.

메이   네, 그런데 몇 번 버스를 타야 하는지 모르겠어요.

기사   정류장마다 버스 노선도가 붙어 있으니까 내려서
조계사에 가는 버스를 찾아보시면 돼요.

生词

환승하다 换乘

기사	손님. 서울광장에 다 왔는데 어디에 세워 드릴까요?
마이클	한국여행사를 찾는 중인데 어디에 있는지 아세요? 제가 이쪽 길은 처음이어서요.
기사	글쎄요. 한국여행사는 처음 들어 보는데요. 혹시 거기 약도나 주소 가지고 계세요?
마이클	네, 여기 여행사 명함 뒤에 주소가 쓰여 있어요.
기사	아, 여기군요. 이쪽은 서울광장 반대편이에요. 바로 는 갈 수 없고 유턴을 해야겠네요.
마이클	그렇군요. 아, 저기 여행사 간판이 보여요!

生词

서울광장 首尔广场

명함 名片

간판 招牌

피동 (被动)

主动态指主语的行动是由自己的力量支配实施的。被动态则指主语的行动是由他人的行动导致的。根据实际状况某一行动可以用主动态也可能用被动态。特别想强调被动对象时就使用有被动词的被动句。被动词多以部分动词后接이/히/리/기或동사 + 아/어/여지다的形态构成。

- 고양이가 쥐를 잡았다. (능동) 猫抓住了老鼠。(主动态)
- 쥐가 고양이에게 잡혔다. (피동) 老鼠被猫抓住了。(被动态)

-이-	-히-	-리-	-기-
놓다 → 놓이다 보다 → 보이다 쓰다 → 쓰이다 바꾸다 → 바뀌다 잠그다 → 잠기다	잡다 → 잡히다 읽다 → 읽히다 먹다 → 먹히다 막다 → 막히다	팔다 → 팔리다 열다 → 열리다 듣다 → 들리다 걸다 → 걸리다	쫓다 → 쫓기다 안다 → 안기다 끊다 → 끊기다

- 여행사 간판이 보여요. 看见旅行社的招牌了。
- 출퇴근 시간에는 길이 많이 막히니까 지하철을 타세요. 上下班时间路很堵，坐地铁吧。
- 가 메이 씨, 왜 밖에 서 있어요? 美伊，怎么站在外面?
  나 교실 문이 잠겨 있어요. 教室的门锁着呢。

练习

〈보기〉와 같이 피동문으로 바꾸십시오.

> 〈보기〉 전화번호를 바꾸었습니다.
>
> → 전화번호가 바뀌었습니다.

(1) 문을 열었어요.

→ _______________________

(2) 음악 소리를 들어요.

→ _______________________

(3) 어머니가 아기를 안았어요.

→ _______________________

인지/-(으)ㄴ지/는지 알다/모르다

名词与인지结合，动词与-는지结合可使他们变成名词成分，其后通常使用：알다、모르다、기억하다、이해하다、잊어버리다等与事实相关的动词做谓语。

	동사	형용사
현재	-는지	-(으)ㄴ지
미래, 추정	-(으)ㄹ지	
과거, 완료	-었/았/였는지	

- 저 사람이 누구인지 아세요? 知道那个人是谁吗?
- 메이 씨가 언제 올지 몰라요. 不知道美伊什么时候来。
- 가 한국대학교에 어떻게 가는지 아세요? 知道韩国大学怎么走吗?

  나 길 건너서 왼쪽으로 죽 가시면 돼요. 过马路往左一直走就行。

얼마나 -(으)ㄴ지/는지 모르다

얼마나 -(으)ㄴ지/는지 모르다可与形容词/动词一起使用，表示非常~的意思。

- 요즘 얼마나 바쁜지 모릅니다. 最近别提多忙了。
- 우리 아기가 말을 얼마나 잘하는지 몰라요. 我们孩子说话说得别提多好了。

练习

〈보기〉와 같이 문장을 완성하십시오.

〈보기〉 (몇 번 버스 / 알다)

→ 몇 번 버스인지 알아요.

(1) (몇 시에 모이다 / 모르다)

→ _______________

(2) (어디에서 출발하다 / 기억하다)

→ _______________

(3) (어떻게 가다 / 잊어버리다)

→ _______________

–(으)면 되다

이다/아니다, 있다/없다与一般动词等一起使用，表示某种条件或状况可以轻易得到解决。

- 설탕은 이만큼이면 돼요. 糖有这么多就行。

- 인사동에 가려면 지하철 3호선을 타고 안국역에서 내리면 됩니다.
  要去仁寺洞，坐地铁三号线，在安国站下车就行。

- 가 근처에 지하철역이 어디에 있는지 아세요? 知道这附近哪儿有地铁站吗?
  나 네, 여기에서 멀지 않아요. 5분만 걸어가면 돼요. 知道。离这儿不远，走五分钟就行。

练习

1 〈보기〉와 같이 대화를 완성하십시오.

> 〈보기〉 가 버스 노선도는 어디에 있어요?
> 나 인터넷에서 찾으면 돼요. (인터넷에서 찾다)

(1) 가 교통 카드는 어디에서 사야 해요?
　　나 _______________________ (지하철역이나 편의점에서 사다)

(2) 가 대사관 전화번호는 어떻게 알 수 있지요?
　　나 _______________________ (114에 전화해서 물어보다)

2 〈보기〉와 같이 문장을 만드십시오.

> 〈보기〉 (한국어 듣기를 잘하고 싶다 / 한국 드라마를 자주 보다)
> → 한국어 듣기를 잘하고 싶으면 한국 드라마를 자주 보면 됩니다.

(1) (모르는 문제가 있다 / 선생님께 물어보다)
　　→ _______________________

(2) (인천공항에 가다 / 공항버스를 타다)
　　→ _______________________

–는 중이다

名词后接중이다；动词后接–는 중이다，表示正在做某一动作的过程中。

- 교통사고가 왜 났는지 조사하는 중입니다. 发生交通事故的原因正在调查之中。
- 학생들이 공부하는 중이니까 조용히 해 주십시오. 学生们正在学习，请安静。
- 가 채 선생님 좀 바꿔 주세요. 请蔡老师接下电话。
  나 선생님께서는 지금 회의 중이세요. 老师正在开会。

练习

1 〈보기〉와 같이 대화를 완성하십시오.

> 〈보기〉 가 과장님 계십니까? (회의)
> 나 과장님은 지금 회의 중이니까 나중에 다시 전화해 주세요.

(1) 가 김 선생님 계십니까? (강의)
　　나 ______________________________

(2) 가 사장님 좀 부탁합니다. (휴가)
　　나 ______________________________

2 〈보기〉와 같이 대화를 완성하십시오

> 〈보기〉 가 지금 뭐 하고 있어요?
> 나 지갑을 놓고 와서 다시 집으로 돌아가는 중입니다.
> (지갑을 놓고 오다 / 다시 집으로 돌아가다)

(1) 가 메이 씨, 지금 어디예요?
　　나 ______________________________ (문제가 생기다 / 학교 사무실에 가다)

(2) 가 버스로 오고 있어요?
　　나 ______________________________ (길이 막히다 / 지하철로 환승하다)

1 다음을 듣고 질문에 답하십시오.

(1) 민준 씨가 찾는 곳은 어디입니까?

   ⓐ 하나병원   ⓑ 서울은행

   ⓒ 슈퍼마켓   ⓓ 지하철역 4번 출구

(2) 들은 이야기와 <u>다른</u> 것을 고르십시오.

   ⓐ 민준 씨는 약도를 가지고 있습니다.

   ⓑ 민준 씨는 지금 사거리에 있습니다.

   ⓒ 병원과 슈퍼마켓은 같은 건물에 있습니다.

   ⓓ 5분 안에 민준 씨는 병원을 찾을 수 있습니다.

2 다음을 듣고 질문에 답하십시오.

(1) 들은 내용과 같으면 ○, 다르면 × 하십시오.

   • 메이는 이 동네에서 오래 살았습니다.   (　　)

   • 메이는 맛나분식에 가서 떡볶이를 사려고 합니다.   (　　)

   • 떡볶이 가게는 학교 건너편에 있습니다.   (　　)

(2) 그림에서 서점하고 떡볶이 가게는 어디에 있습니까? 번호를 쓰십시오.

   • 서점   (　　)

   • 떡볶이 가게   (　　)

◉ 대화 내용을 바꿔서 〈보기〉와 같이 옆 사람과 대화해 보십시오.

목적지	서울서점
가는 방법	학교 앞에서 702번 버스를 타다 → 종각역에서 내리다 / 길을 건너서 왼쪽으로 20m 더 걸어가다
가는 시간	차가 안 막히다 / 40분 정도

〈보기〉
메이 민준 씨, 서울서점에 어떻게 가는지 아세요?

민준 네, 학교 앞에서 702번 버스를 타세요. 그리고 종각역에서 내리면 돼요.

메이 그러면 바로 서점이 나와요?

민준 아니요, 거기에서 길을 건너서 왼쪽으로 20m쯤 더 걸어가면 서점 건물이 보일 거예요.

메이 그렇군요. 서점까지는 얼마나 걸릴까요?

민준 차가 안 막히면 40분 정도면 돼요.

(1)

목적지	한국 대사관
가는 방법	학교 앞 건널목에서 길을 건너다 → 다음 사거리에서 좌회전하다 / 좌회전해서 죽 가다
가는 시간	출퇴근 시간이 아니다 / 한 시간 정도

(2)

목적지	나라백화점
가는 방법	지하철 2호선을 타다 → 을지로입구역에서 내려서 3번 출구로 나오다 / 나온 방향으로 걸어가다가 첫 번째 골목으로 들어가다
가는 시간	지하철로 가다 / 30분쯤

1 다음 글을 읽고 질문에 답하십시오.

보낸 날짜	2014년 6월 25일(수) 12:08
받은 날짜	2014년 6월 25일(수) 12:10
받는 사람	jordan@abcd.net
보내는 사람	yunmitree@abcd.com

마이클 씨 안녕하세요? 저 메이예요. 잘 지내고 있지요?

이번 주 29일 일요일이 민준 씨 생일이어서 친구들이 깜짝 생일 파티를 해 주기로 했어요. 물론 비밀이기 때문에 민준 씨는 우리가 파티를 준비하는지 몰라요. 몰래 준비를 해서 깜짝 놀라게 해 주려고요.

어제 친구들하고 계획을 세웠는데 마리아 씨가 케이크를 만들고, 혜란 씨가 잡채와 김밥을 만들어 오기로 했어요. 윤아 씨와 봉 씨는 같이 기타를 치고 노래를 하기로 했어요. 저는 민준 씨에게 주려고 생일 카드를 만드는 중이에요. 그리고 채 선생님도 오시는데 선생님은 과자와 음료수를 준비하실 거예요. 마이클 씨는 사진을 잘 찍으니까 그날 사진을 찍어 주면 어때요?

일요일 5시에 우리가 먼저 파티 장소에 가서 준비하면 6시에 민준 씨가 올 거예요. 제가 민준 씨에게 6시에 등산 모임이 있다고 했어요. 민준 씨가 알면 깜짝 놀라겠지요? ^^

파티 장소는 학교 근처에 있는 제이카페예요. 마이클 씨, 제이카페가 어디인지 알아요?

학교 정문 앞에서 길 건너편을 보면 꽃집이 있어요. 꽃집 옆에 골목이 있는데 그 골목으로 들어가서 10m쯤 걸어가면 작은 삼거리가 나와요. 거기에서 왼쪽으로 가면 입구에 편의점이 보일 거예요. 그 편의점 옆이에요. 어렵지 않지요?

카페 전화번호가 765-4321이니까, 잘 모르겠으면 전화해서 물어보면 돼요.

그럼 금요일에 파티 장소에서 만나요.

(1) 메이는 이 메일을 왜 썼습니까?

ⓐ 마이클 씨의 생일을 축하해 주려고

ⓑ 메이 씨의 생일 파티에 초대하려고

ⓒ 민준 씨와 함께 등산 모임에 가고 싶어서

ⓓ 마이클 씨에게 파티 준비 일정과 장소를 알려 주려고

(2) 파티를 준비하는 사람과 준비하는 것을 알맞게 연결하십시오.

ⓐ 봉　　　　·　　　　　· ⓐ 케이크

ⓑ 메이　　　·　　　　　· ⓑ 음료수

ⓒ 마리아　　·　　　　　· ⓒ 노래

ⓓ 채 선생님 ·　　　　　· ⓓ 생일 카드

(3) 위 내용과 같으면 O, 다르면 X 하십시오.

- 민준 씨의 생일은 6월 29일입니다.　　　　　　　　　　　　　( )
- 민준 씨는 일요일에 생일 파티를 하는지 모릅니다.　　　　　　( )
- 일요일 6시에 제이카페에서 등산 모임이 있습니다.　　　　　( )
- 민준 씨와 친구들은 5시에 제이카페에서 만나기로 했습니다.　( )

2　여러분도 집들이나 생일 파티 초대 메일을 쓰고 장소의 위치를 설명해 보십시오.

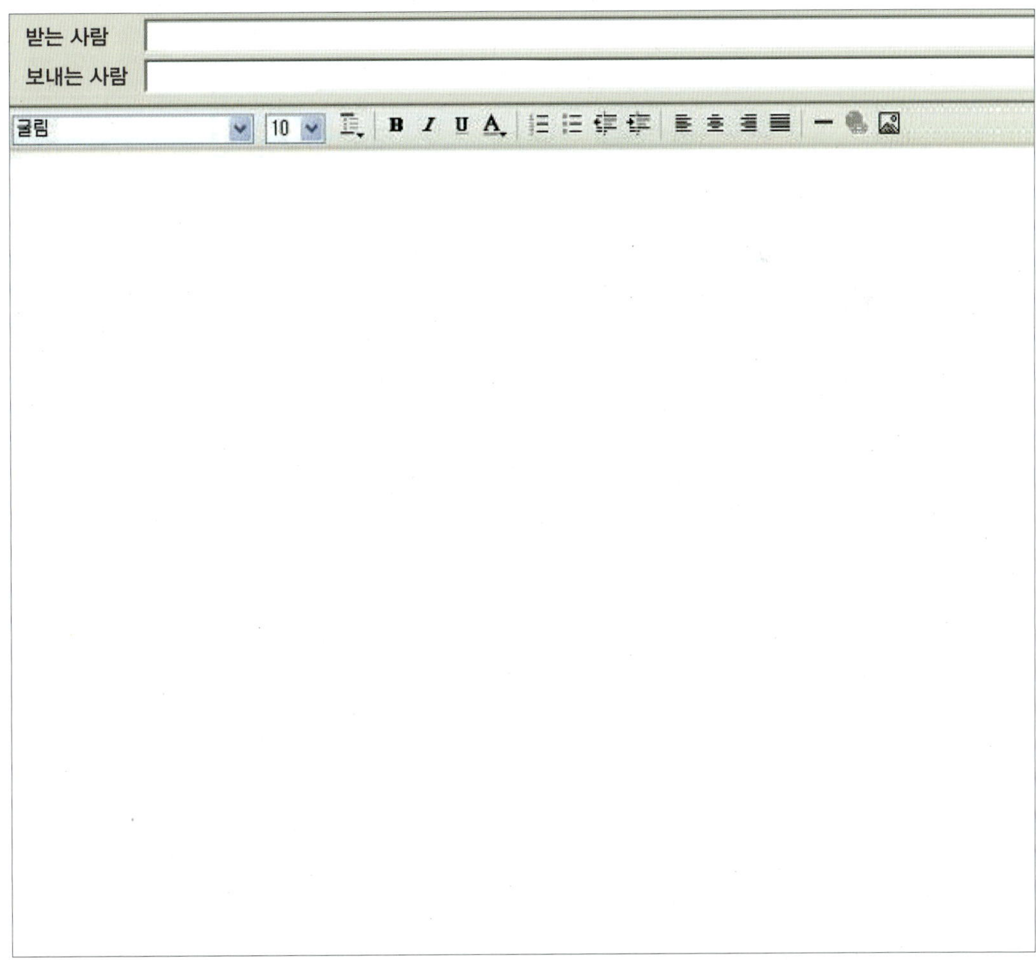

◉ 다음 그림과 글을 보면서 아래의 질문에 답해 보십시오.

발

한국에는 발에 관한 표현이 많습니다. 발로 걷고 이동하기 때문에 이와 관련한 표현이 있는데요. 가장 많이 쓰는 말로 '발이 넓다'라는 표현이 있습니다. 이 표현은 알고 지내는 사람이 많다는 뜻으로 "발이 넓어서 모르는 사람이 없어요.", "친구가 발이 넓어서 사람을 찾아 주었어요."처럼 쓰입니다. 또 '발을 끊다'라는 말은 서로 오고 가지 않거나 관계를 끊는다는 것을 뜻하는데 "이제 그 사람을 안 만나요. 발 끊은 지 1년이나 되었어요."처럼 쓰입니다. 또 몹시 안타까울 때 '발을 구르다'라고 하는데 정도에 따라서 '발을 동동 구르다'라고도 합니다.

1   여러분 근처에는 발이 넓은 사람이 있습니까?

2   여러분 나라에는 발과 관련한 표현이 있습니까?

교통 카드 交通卡

你们国家也有交通卡吗？交通卡是用来支付公共交通费或收费公路使用费的一种常见的电子货币，有了它，人们出门可以不带现金，并且交通卡的携带和使用也极为方便。

在韩国人们乘坐公共交通工具时尽管可以支付现金，但更多的人喜欢使用交通卡。每个地区虽然稍有不同，但在首尔和首都周边地区乘坐公共交通时，最好还是持有一张交通卡。因为有了它可以享受乘车优惠和换乘优惠。

首先，使用交通卡乘坐市内公交车或地铁，十公里以内可以比现金票价节省100元，超过十公里时，每五公里追加100元，与现金计价法相同。

使用交通卡还可以享受换乘优惠。换乘优惠是指公共汽车间换乘、公共汽车和地铁间换乘是不需要再次支付费用的制度。从公共汽车或地铁下车后，三十分钟之内换乘其它公共交通工具时，只需要支付追加费用，并且可以连续换乘四次。近来适用于换乘的幅度也在不断扩大，首都地区和其它城市的公交车之间也可以享受换乘时的优惠。但是同一线路间换乘、或下车后超过三十分钟，则无法享受这种优惠。

交通卡的形状很多，有可以放在钱包里的交通卡和装饰手机的手机链型的、手链型的、手表型的等各式各样的交通卡，这些通常可以在地铁站，或大型文具店或便利店里买到。

购买到交通卡后，需要给卡里充值才能使用。所有的地铁站售票处或挂有交通卡标志的便利店、超市都可以进行充值。近来具有交通卡功能的信用卡也很多，这样一来就可以免去充值的繁琐，因此使用的人很多。

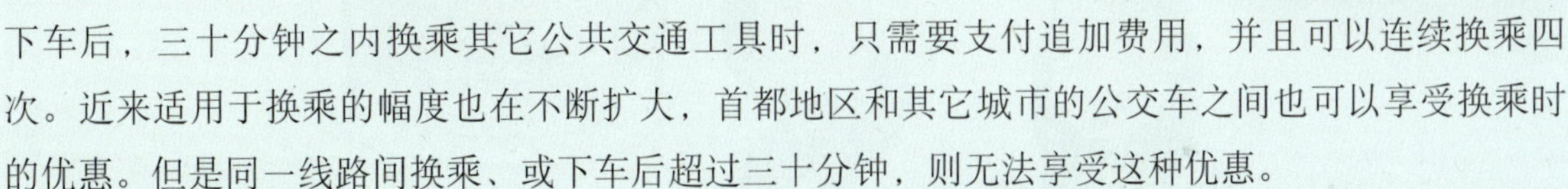

1 여러분 나라에는 어떤 대중교통이 있습니까? 교통 카드가 있습니까?
你们国家有哪些交通工具？有交通卡吗？

2 여러분 나라의 교통 운임 방식을 이야기해 봅시다.
请讲述一下你们国家的交通运营方式。

第4课

你有没有取消过约会或变更过约会的时间和场所？这一课我们学习与约会相关的表达方法。

마이클 씨한테 미안하다고 전해 주세요.

- **민준 씨는 뭐라고 사과할까요?**
  民俊该怎样道歉呢？

- **여러분은 실수를 하거나 약속을 못 지켜서 사과할 때 어떻게 말합니까?**
  当你们出现失误或没能守约的时候怎么道歉呢？

장소 관련 어휘 与场所相关的词汇

커피숍
咖啡厅

안내 데스크
服务台

만남의 광장
见面的广场

정류장
汽车站

백화점
百货商店

로비
大厅

모임 관련 어휘 与聚会相关的词汇

동창회
同窓会

환영회
欢迎会

송별회
欢送会

집들이
乔迁宴

약속 관련 어휘 与约定相关的词汇

약속하다	约定	사정·급한 일이 생기다	发生情况、出急事
약속을 정하다	订约	선약이 있다	有约在先
약속을 지키다	守约	연락하다	联系
약속을 어기다	违约	메시지를 남기다·전하다	留言、转达信息
약속을 취소하다	取消约定	메모를 남기다·전하다	留便条、转达便条
약속을 변경하다	变更约定		

메이	민준 씨, 오늘 마이클 씨 생일 파티에 갈 거지요? 생일 선물도 사야 하니까 이따가 만나서 같이 갈까요?
민준	죄송한데 저는 오늘 파티에 못 가겠어요.
메이	무슨 일 있어요?
민준	고향 후배가 오늘 갑자기 한국에 온다고 해서 저녁에 공항으로 마중을 나가야 해요.
메이	어쩔 수 없지요. 그런데 마리아 씨도 오늘 급한 일이 생겨서 못 간다고 했어요. 두 사람 다 못 가서 마이클 씨가 많이 섭섭해 하겠어요.
민준	어떡하지요? 마이클 씨한테 정말 미안하네요. 이따가 마이클 씨한테 미안하다고 전해 주세요.

生词

모임 聚会

후배 晚辈、学弟学妹
(선배 前辈, 동창 同窗)

마중을 나가다/나오다
去接人 ↔ 来接人

(배웅을 나가다/나오다
去送人 ↔ 来送人)

급하다 急

섭섭하다 遗憾、难过
(아쉽다 惋惜)

병원 직원	안녕하십니까? 하나치과입니다.
마리아	안녕하세요. 오늘 예약한 마리아라고 하는데요. 예약 시간 좀 변경할 수 있을까요?
병원 직원	잠시만 기다려 주세요. 마리아 씨, 오늘 오후 2시에 예약하셨지요?
마리아	네, 맞아요. 그런데 오늘은 좀 바빠서 예약 시간을 내일 오후로 미루려고요.
병원 직원	그럼 내일 오후 2시는 어떠세요?
마리아	좋아요. 그럼 변경해 주세요.
병원 직원	네, 내일 오후 2시로 다시 예약했으니까 시간 맞춰서 와 주세요.

生词

변경하다　变更
미루다·연기하다
推迟、延期
시간　时间 (날짜　日期)
시간을 맞추다　按时

–아/어/여하다

接于形容词后使之变成动词。并不适用于所有形容词，多用于表现人心理状态的形容词后。

좋다 → 좋아하다 기쁘다 → 기뻐하다 어렵다 → 어려워하다 무섭다 → 무서워하다	싫다 → 싫어하다 슬프다 → 슬퍼하다 춥다 → 추워하다 부끄럽다 → 부끄러워하다

- 그 소식을 듣고 모두 슬퍼했어요. 听到那个消息大家都很难过。

- 메이 씨가 문법을 어려워해서 제가 가르쳐 주기로 했어요. 美伊觉得语法很难，我说好去教她。

- 가 민준 씨 생일 선물로 뭐가 좋을까요? 拿什么作民俊的生日礼物好呢?

  나 민준 씨는 책을 좋아하니까 책을 선물하면 좋을 거예요.
  民俊喜欢书，送书作礼物送书作礼物应该不错。

练习

〈보기〉와 같이 대화를 완성하십시오.

> 〈보기〉 메이 씨, 주말에 친구들하고 등산을 했지요? 친구들이 재미있어했어요?
>
> → 저는 괜찮았는데 3시간이나 걸으니까 친구들이 힘들어했어요.
> (3시간이나 걷다 / 힘들다)

(1) 동생이 선물을 받고 화를 풀었어요?
→ 네, ______________________________
(선물을 주다 / 기쁘다)

(2) 학생들이 모두 숙제를 안 해서 선생님께서 화를 내셨지요?
→ 네, ______________________________
(화를 내다 / 무섭다)

(3) 민준 씨가 이번에 장학금을 받았지요? 민준 씨에게 축하해 주셨어요?
→ 네, ______________________________
(축하하다 / 부끄럽다)

간접화법 -다고 (间接引语 – 다고)

形容词与-았-和-겠-连接使用，通常用于转述从别人那里听来的内容或陈述主语自己的想法及主张时。通常与语尾-다和表示引用的고一起使用。

- 하숙집 아주머니가 말씀하셨습니다. "이 방이 제일 좋아요." 寄宿的大婶说："这间房最好。"
  → 하숙집 아주머니가 이 방이 제일 좋다고 하셨습니다. 寄宿的大婶说了这间房最好。

- 뉴스에서 전했습니다. "내일 비가 오겠습니다." 新闻里说："明天有雨。"
  → 뉴스에서 내일 비가 오겠다고 전했습니다. 新闻里报了明天要下雨。

- 가 오늘 회식에 갈 거지요? 今天去聚餐吧?
  나 갑자기 일이 생겨서 못 가요. 죄송하다고 전해 주세요.
  突然出了点儿事不能去了，告诉他们很抱歉。

练习

1 〈보기〉와 같이 문장을 완성하십시오.

> 〈보기〉 한국 친구가 말했어요. "제주도는 겨울에도 날씨가 따뜻해요."
> → 한국 친구가 제주도는 겨울에도 날씨가 따뜻하다고 말했어요.

(1) 김 선생님께서 말씀하셨어요. "우리 반이 1등을 했어요."
→ ________________________________

(2) 민준 씨가 말했어요. "올해는 꼭 담배를 끊겠어요."
→ ________________________________

2 '-다고'를 이용해서 〈보기〉와 같이 대화를 완성하십시오.

> 〈보기〉 가 오늘 일기예보에서 뭐라고 했어요?
> 나 오후부터 눈이 오겠다고 했어요.

(1) 가 왜 파티에 못 갔다고 했어요?
나 ________________________________

(2) 가 언제 고향에 돌아온다고 했어요?
나 ________________________________

이/가 되다

表示主语要成为什么样。谓语**되다**前一般使用-이/가。

- 봄이 되어서 꽃이 많이 피었습니다. 春天到了，花开了很多。
- 작년에 본 할머니 댁 송아지가 큰 소가 되었어요. 去年在奶奶家看到的小牛犊已经长成大牛了。
- 가 조카가 벌써 이렇게 컸어요? 侄子已经长这么大了？
  나 그럼요. 내년에 중학생이 될 거예요. 可不是，明年就要成中学生了。

练习

1 〈보기〉와 같이 문장을 완성하십시오.

> 〈보기〉 (대학생이 되다 / 바빠지다)
>
> → 대학생이 되어서 바빠졌어요.

(1) (겨울이 되다 / 날씨가 추워지다)

→ ___________________________

(2) (냉장고가 고장 나다 / 얼음이 물이 되다)

→ ___________________________

(3) (문제가 생기다 / 회의 장소가 변경이 되다)

→ ___________________________

2 '이/가 되다'를 이용해서 다음 대화를 완성하십시오.

(1) 가 ___________________________ ?
  나 저는 나중에 어려운 사람을 도와주는 사람이 되고 싶어요.

(2) 가 ___________________________ ?
  나 겨울이 되면 스키를 배울 거예요.

(3) 가 ___________________________ ?
  나 부자가 되면 세계 여행을 할 겁니다.

으 불규칙 (으不规则)

动词或形容词以 ㅡ 结尾的词干后与由元音开始的语尾相接时，则 ㅡ 脱落。

쓰(다) + 었습니다 → 썼습니다
기쁘(다) + 어서 → 기뻐서
아프(다) + 아서 → 아파서

'으' 동사	'으' 형용사	
끄다	쓰다	크다
쓰다	기쁘다	나쁘다
모으다	예쁘다	바쁘다
	배고프다	아프다

- 영화가 아주 슬펐습니다. 电影很伤感。

- 일이 바빠서 약속을 지킬 수 없을 것 같아요. 工作太忙。好像守不了约了。

- 가 어제 환영회에 왜 안 왔어요? 昨天的欢迎会怎么没来？
  나 몸이 많이 아파서 갈 수 없었어요. 身体太不舒服了，没去成。

练习

〈보기〉와 같이 '-었/았습니다'를 이용해서 문장을 완성하십시오.

〈보기〉 그 약은 아주 <u>썼습니다</u>. (쓰다)

(1) 오늘 아침에는 날씨가 너무 ______________________ (나쁘다)

(2) 외출할 때 불을 ______________________ (끄다)

(3) 시험에 합격해서 ______________________ (기쁘다)

(4) 열심히 일해서 돈을 많이 ______________________ (모으다)

1 다음을 듣고 질문에 답하십시오.

(1) 남자하고 여자는 내일 같이 무엇을 할 겁니까?

ⓐ 시험을 볼 겁니다.　　　　　　ⓑ 등산을 갈 겁니다.

ⓒ 수업을 들을 겁니다.　　　　　ⓓ 등산 계획을 짤 겁니다.

(2) 들은 내용과 같은 것을 고르십시오.

ⓐ 여자는 일이 있어서 등산을 갈 수 없습니다.

ⓑ 남자는 몇 시에 만나서 등산을 가는지 모릅니다.

ⓒ 여자는 내일 11시까지 학교 앞 커피숍에 갈 겁니다.

ⓓ 남자는 등산 계획에 대해서 오늘 처음 이야기를 들었습니다.

2 다음을 듣고 질문에 답하십시오.

(1) 남자에 대한 설명으로 알맞지 <u>않은</u> 것을 고르십시오.

ⓐ 비행기 출발 시간을 연기했습니다.

ⓑ 서울에 내일 밤 11시에 도착할 겁니다.

ⓒ 내일 저녁 비행기로 서울에 갈 겁니다.

ⓓ 여자에게 공항으로 와 달라고 했습니다.

(2) 메시지를 듣고 여자가 해야 할 일을 고르십시오.

ⓐ 이메일을 확인해야 합니다.

ⓑ 비행기 표를 취소해야 합니다.

ⓒ 공항에 마중을 나가야 합니다.

ⓓ 남자에게 서류를 미리 보내야 합니다.

● 다음의 빈칸을 채우고 〈보기〉와 같이 약속 장소나 시간을 바꿔서 대화해 보십시오.

〈보기〉

마이클 메이 씨, <u>스승의 날에 김 선생님을 찾아뵈러 가</u>기로 한 거 잊지 않았지요?

메이 그럼요. 그런데 김 선생님을 다른 날 봬야겠어요.

마이클 왜요?

메이 어제 선생님께 전화를 드렸는데 선생님께서 <u>그날은 학교에 행사가 있어서 바쁘다</u>고 하셨어요.

마이클 그럼 언제 만나지요?

메이 선생님께서 <u>이번 주 토요일에는 시간이 있다</u>고 하셨는데 마이클 씨는 토요일 오후에 시간이 돼요?

마이클 네, 괜찮아요. 대학생이 된 후에 한 번도 찾아뵌 적이 없는데 이번에는 꼭 가야지요.

메이 네, 우리가 가면 선생님도 기뻐하실 거예요. 그럼 이번 주 토요일에 뵙겠다고 선생님께 제가 전화 드릴게요.

만나는 이유	스승의 날에 김 선생님을 찾아뵈러 가다
바꿔야 하는 것	☑ 시간　　□ 장소　　□ 기타 (　　　　　　　　)
같이 만날 사람	김 선생님
그 사람이 한 이야기	스승의 날에 학교에 행사가 있어서 바쁘다 이번 주 토요일에는 시간이 있다

만나는 이유	
바꿔야 하는 것	□ 시간　　　□ 장소　　　□ 기타 (　　　　　　　　)
같이 만날 사람	
그 사람이 한 이야기	

1 다음 글을 읽고 질문에 답하십시오.

보낸 사람	jshan@abcd.net
받는 사람	mjpark@abcd.com
보낸 날짜	5월 16일(수) 17:00
제 목	동창회 장소 변경

한국고등학교 졸업생 여러분, 안녕하십니까?

33회 졸업생 대표 한진수입니다.

이번 주 토요일 낮 12시 동창회 장소가 변경되었습니다.

주말 비 소식 때문에 모임 장소를 남산공원에서 한국호텔로 변경했습니다.

시간은 똑같이 토요일 12시입니다.

점심 식사를 준비해야 하니까 모임에 오실 수 있는지 미리 알려 주시기 바랍니다.

그럼 안녕히 계십시오.

동창회 대표 한진수 드림

(1) 위 내용과 같으면 O, 다르면 X 하십시오.

- 동창회 시간이 변경되었습니다.　　　　　　　　(　)
- 이번 동창회 장소는 한국호텔입니다.　　　　　　(　)
- 이번 주 토요일에 비가 온다고 했습니다.　　　　(　)

(2) 위 내용과 같은 것을 고르십시오.

ⓐ 이 모임에서 저녁을 먹을 겁니다.

ⓑ 한진수 씨는 한국고등학교 학생입니다.

ⓒ 동창회의 처음 약속 장소는 남산공원이었습니다.

ⓓ 졸업생들은 한진수 씨에게 처음 이메일을 받았습니다.

2 다음 중 하나를 골라 한진수 씨의 이메일에 답장을 써 보십시오.

상황	이유
동창회에 갈 수 없다	갑자기 출장을 가야 하다
	회사 일이 바쁘다
	( )

보낸 사람	mjpark@abcd.net
받는 사람	jshan@abcd.com
보낸 날짜	5월 16일(수) 19:00
제 목	[답장]동창회 장소 변경

◉ 다음 그림과 글을 보면서 아래의 질문에 대답해 봅시다.

● 입이 무겁다

여러분은 다른 사람에게 비밀을 잘 말하는 편이에요? 아니면 다른 사람이 여러분에게 비밀을 자주 말하는 편인가요?

친구가 여러분에게 비밀을 말했다면 그 친구는 여러분이 비밀을 잘 지킬 거라고 믿었을 거예요. 한국에서는 비밀을 잘 지키는 사람을 '입이 무거운 사람'이라고 하는데 입이 무거워서 말을 쉽게 하지 않는다는 것을 말해요.

반대로 말을 쉽게 하거나 비밀을 잘 지키지 않은 것을 '입이 가볍다'라고 해요. 입이 가벼운 사람에게는 아무도 비밀을 말하지 않을 거예요. 다른 사람이 나의 비밀을 잘 지켜 주기를 원한다면 나부터 입이 무거운 사람이 되어야겠지요?

1　여러분은 누구에게 비밀을 말합니까? 왜 그 사람에게 비밀을 말합니까?

2　여러분 나라에는 '입'에 대한 어떤 표현이 있습니까?

거절에 필요한 예절 表示拒绝时需要的礼仪

在日常生活中我们常常会遇到需要拒绝他人之托、取消或变更约定的事情发生。当有事需要拜托他人的时候我们会考虑再三谨慎行事，同样在拒绝别人的时候也有需要讲究的礼仪。

首先要拒绝他人之托时该怎么做呢？既要表示出无法助一臂之力的愧疚还要用谦卑的语气表示拒绝。比如用"미안합니다. 저도 도와드리고 싶지만……."或"어쩌지요? 죄송하지만 저도……."这样的说法，即表示了对对方处境的理解，又表明了自己的状况实在是爱莫能助。表示拒绝的时候如果不加注意，很容易伤害对方的感情造成很深的误解。

再就是当情况有变需要变更或取消约定的时候，一定要尽早通知对方。同样最好先向对方表示不能守约时的歉意，然后再用"제가 사정이 생겨서……."或"제가 갑자기 급한 일 때문에……."这样的话告知自己不能守约的理由。而当需要变更约会场所或时间时，则要先求得对方的谅解才行。

1　여러분은 약속을 바꾸거나 취소할 때 어떻게 말합니까?
你们在变更或取消约会时是怎么说的呢?

2　급하게 약속을 바꿔야 하는데 상대방이 전화를 받지 않으면 어떻게 해야 할까요?
当急需变更约定，而对方又不接电话时，该怎么办?

第**5**课 复习 1~4

1 그림을 보고 알맞은 것을 연결하십시오.

(1) 

· ⓐ 굽다

(2) 

· ⓑ 볶다

(3) 

· ⓒ 튀기다

(4) 

· ⓓ 찌다

2 그림을 보고 알맞은 것을 골라서 쓰십시오.

버스 전용 차선	지하철 노선도	교통 카드

(1) ____________

(2) ____________

(3) ____________

3 알맞은 것을 골라서 대화를 완성하십시오.

일시불   교환   디자인   사이즈   세일 기간   영수증

가 아저씨, 이 티셔츠는 너무 화려한데 다른 __________은/는 없어요?

나 안쪽에 종류가 많으니까 들어와서 보세요. 이건 어때요?
　 너무 화려하지도 않고 입으면 시원해요. 요즘 __________이어서 20% 할인도 해 드리고요.

가 그래요? 마음에 드는데 __________이/가 큰 것 같아요.

나 여기 한 치수 작은 거로 드릴게요.

가 카드로 계산할게요. __________로 해 주세요.
　 입어 보고 안 맞으면 __________되지요?

나 그럼요, 일주일 안에만 오시면 돼요.
　 __________은/는 꼭 가지고 오셔야 해요.

4 알맞은 표현을 연결하십시오.

(1) "갑자기 급한 일이 생겨서
　 한 시간 늦게 만나고 싶어요."　　　　　　•　　　　　• ⓐ 약속을 정하다

(2) "내일 2시에 학교 정문 앞에서
　 만납시다."　　　　　　•　　　　　• ⓑ 약속을 어기다

(3) "친구와 영화를 보기로 약속했는데
　 친구가 약속 장소에 안 왔어요."　　　　　•　　　　　• ⓒ 약속을 취소하다

(4) "내일 친구들과 축구를 하기로 했는데
　 일기예보에서 비가 많이 온다고 했어요."　•　　　　　• ⓓ 약속을 변경하다

5 알맞은 것을 골라서 문장을 완성하십시오.

-는지	-았/었/였는지	인지

(1) 메이 씨, 사전이 어디에 __________ 알아요?
　　　　　　　　　　　　　(있다)

(2) 저 사람이 __________ 모릅니다.
　　　　(누구이다)

(3) 작년 크리스마스 때 무엇을 __________ 잊어버렸어요.
　　　　　　　　　　　　(하다)

6 밑줄 친 부분을 알맞게 고치십시오.

(1) 추워서 에어컨을 <u>끄었습니다</u>. 　→ __________________

(2) 시장에서 본 강아지가 아주 <u>예쁘었습니다</u>. → __________________

(3) 어제는 기분이 아주 <u>나쁘었습니다</u>. 　→ __________________

7 알맞은 말에 동그라미 하십시오.

(1) 서점은 여기에서 가까우니까 (걸어서 가면 돼요, 걸어가는지 모르겠어요).

(2) 친구는 바빠서 올 수 (없을게요, 없다고 해요).

(3) 문을 열어 (놓으니까, 놓을 테니까) 바람이 들어와서 시원해요.

 그림을 보고 알맞은 것을 연결하십시오.

(1) 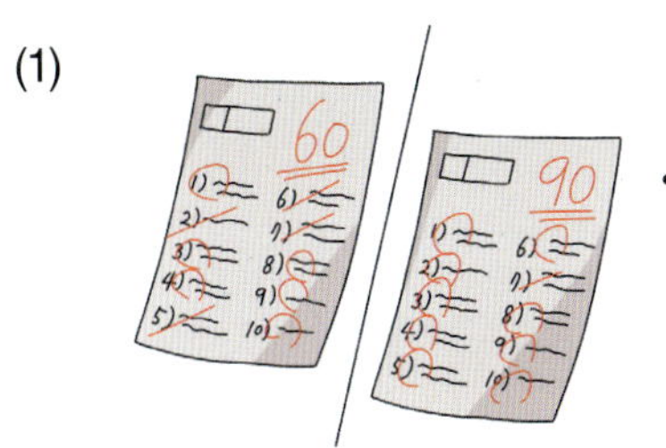

• • ⓐ 지난 학기에 비해서 성적이 올랐어요.

(2) 

• • ⓑ 사과에 비해서 배가 비쌉니다.

(3) 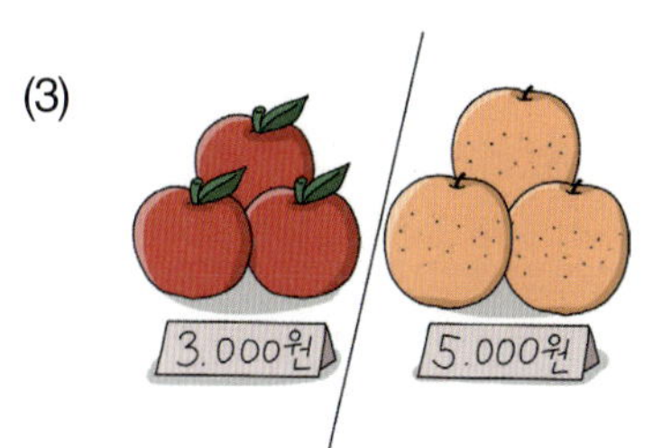

• • ⓒ 올해 여름은 작년에 비해서 더 덥습니다.

(4) 

• • ⓓ 민준 씨가 메이 씨에 비해서 키가 커요.

9 알맞은 것을 골라서 대화를 완성하십시오.

(1) 가 이 MP3 어떻게 ____________________? (켜다)
    나 아니요, 저도 잘 몰라요.

(2) 가 어제 마이클 씨가 고향으로 돌아갔지요?
    나 네, 공항에 배웅하러 갔는데 친구들이 모두 ____________________. (슬프다)

(3) 가 내일 같이 공부할까요?
    나 좋아요. 제가 오후에 메이 씨 집으로 ____________________. (가다)

(4) 가 내일 여행 가는데 우산을 가져갈까요?
    나 네, ____________________ 가져가세요. (비가 오다)

(5) 가 먼저 야채를 ____________________? (씻다)
    나 네, 씻어서 저쪽에 두세요.

音轨 **13**

10 다음을 듣고 그림과 알맞은 대화를 고르십시오.

ⓐ   ⓑ

ⓒ   ⓓ

11 다음을 듣고 이어질 남자의 말을 고르십시오.

ⓐ 저는 과일을 산 적이 없어요.

ⓑ 먼저 과일을 준비해 놓으세요.

ⓒ 다음에 또 올 테니까 좀 깎아 주세요.

ⓓ 장마가 일찍 와서 귤이 비싸졌어요.

12 다음을 듣고 들은 내용과 같으면 ○, 다르면 X 하십시오.

(1) 이번 주 금요일에 민준 씨는 마이클 씨와 메이 씨를 만납니다. ( )

(2) 민준 씨는 잡채를 만들 줄 압니다. ( )

(3) 메이 씨는 고기와 다른 채소들을 준비합니다. ( )

13 다음을 듣고 들은 내용과 <u>다른</u> 것을 고르십시오.

ⓐ 남자의 일은 모두 끝났습니다.

ⓑ 여자는 남자에게 미안해합니다.

ⓒ 남자는 바빠서 여자를 도울 수 없습니다.

ⓓ 여자는 남자에게 서류 정리를 부탁합니다.

14 다음 글을 읽고 질문에 답하십시오.

> 오늘은 한국의 대표적인 음식인 김치찌개를 만들어 보겠습니다. 김치찌개는 김치만 있으면 쉽게 만들 수 있기 때문에 한국 사람들이 평소에도 자주 먹는 음식입니다. 먼저 김치를 4cm 길이로 썰어 놓아야 합니다. 이때 김치는 오래 전에 담가 놓은 신 김치가 맛이 더 좋습니다. 그리고 냄비에 식용유를 넣고 김치와 돼지고기를 볶습니다. 보통은 돼지고기를 넣지만 돼지고기가 없으면 참치를 넣어도 됩니다. 볶을 때 마늘을 넣고 같이 볶으면 돼지고기 냄새가 없어집니다. 고기가 익으면 물을 넣고 30분쯤 끓이면 됩니다.

(1) 위 글의 제목으로 알맞은 것을 고르십시오.

   ⓐ 김치찌개 먹는 날   ⓑ 김치찌개를 먹는 이유

   ⓒ 김치찌개를 만드는 순서   ⓓ 김치찌개를 먹는 방법

(2) 위 글의 내용과 같은 것을 고르십시오.

   ⓐ 요즘 담근 김치로 만들면 좋습니다.

   ⓑ 돼지고기를 볶은 후에 김치를 넣습니다.

   ⓒ 돼지고기가 익기 전에 물을 넣어야 합니다.

   ⓓ 마늘은 김치와 돼지고기를 볶을 때 넣습니다.

15 다음 글을 읽고 내용과 <u>다른</u> 것을 고르십시오.

> 오늘 메이 씨와 민준 씨는 같이 영화관에 가기로 했습니다. 두 사람은 용산역 앞에서 오전 10시에 만나기로 했습니다. 메이 씨는 10시에 도착해서 민준 씨를 기다렸습니다.
> 하지만 그때 민준 씨는 집에서 자고 있었습니다. 어제 늦게까지 친구들과 술을 마셨기 때문입니다. 민준 씨가 20분 후에도 안 와서 메이 씨는 민준 씨에게 전화를 했습니다. 전화벨 소리에 민준 씨는 깜짝 놀라서 깼습니다. 그리고 서둘러 준비한 후에 택시를 타고 약속 장소로 갔습니다. 메이 씨는 화가 많이 나 있었습니다. 민준 씨는 늦어서 미안하다고 말했습니다.

ⓐ 민준 씨는 택시를 타고 용산역에 갔습니다.

ⓑ 민준 씨는 10시 20분에 약속 장소에 도착했습니다.

ⓒ 민준 씨가 메이 씨에게 말했습니다. "늦어서 미안해요."

ⓓ 메이 씨가 용산역에 도착했을 때 민준 씨는 자는 중이었습니다.

16 다음 내용과 같으면 O, 다르면 X 하십시오.

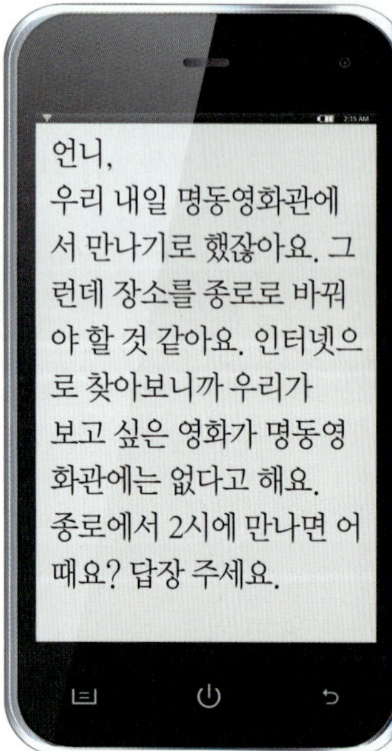

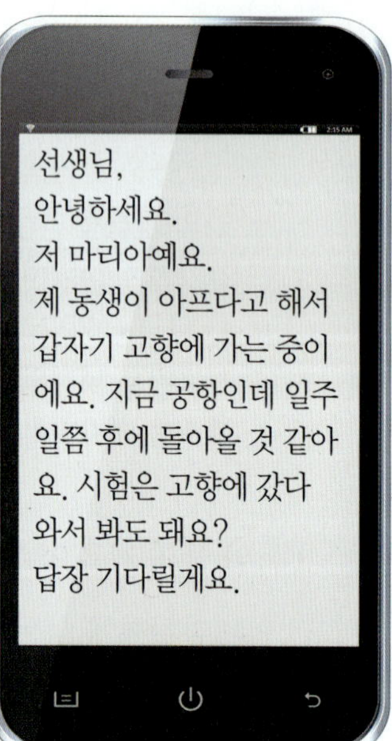

(1) 메이 씨는 약속 장소를 종로에서 명동으로 바꾸고 싶어 합니다. (   )

(2) 이번 토요일 테니스 게임의 날짜와 시간이 변경되었습니다. (   )

(3) 마리아 씨는 공항에서 메시지를 보냈습니다. (   )

17 지금 무엇을 하는 중입니까? 〈보기〉와 같이 쓰십시오.

(1) →

(2) →

(3) →

18 '–아/어/여서'를 이용해서 문장을 완성하십시오.

> ⟨보기⟩ 우리반 친구들은 좋아하는 음식이 모두 다르다 / 같이 식당을 가기가 어렵다
> → 우리반 친구들은 좋아하는 음식이 모두 달라서 같이 식당을 가기가 어려워요.

(1) 메이 씨 전화번호를 모르다 / 마이클 씨에게 물어보다
→ ___________________________________

(2) 말이 너무 빠르다 / 이해하지 못하다
→ ___________________________________

(3) 늦게 일어났지만 서두르다 / 제시간에 도착하다
→ ___________________________________

(4) 발음이 나쁘다/ 알아듣지 못하다
→ ___________________________________

19 다음 밑줄 친 부분을 피동사를 이용해서 바꾸어 보십시오.

> 메이 씨는 오늘 민준 씨와 남대문시장에 갔습니다. 집에서 남대문시장까지 지하철로
> 40분쯤 걸었습니다. 남대문시장에는 한국 사람도 많고 외국 관광객도 많았습니다.
> → (걸렸습니다)
> 외국어로 써 있는 간판이 많이 보았습니다. 시장 여기저기에서 "싸요, 쌉니다,
> → (   )
> 골라 보세요."라고 외치는 소리가 들었습니다. 메이 씨는 신발가게에서 마음에 드는
> → (   )
> 운동화를 사고 싶었지만, 주인 아저씨는 말했습니다.
> "그 운동화는 작은 사이즈가 다 팔아서 없어요. 큰 사이즈만 남았어요."
> → (   )

20 〈보기〉와 같이 알맞은 것을 연결하고 '–(으)ㄹ 테니까'를 이용해서 문장을 완성하십시오.

〈보기〉 빨리 가다 •	• ⓐ 메이 씨는 채소를 준비하세요.
(1) 피곤하다 •	• ⓑ 조금만 기다려 주세요.
(2) 다음에 또 오다 •	• ⓒ 좀 깎아 주시면 안 돼요?
(3) 싸게 해 드리다 •	• ⓓ 자주 오셔야 해요.
(4) 고기는 제가 사 놓다 •	• ⓔ 일찍 가서 쉬세요.

〈보기〉 빨리 갈 테니까 조금만 기다려 주세요.

(1) ____

(2) ____

(3) ____

(4) ____

민준 씨에게 들어오는 대로 전화해 달라고 전해 주세요.

- **여자는 무엇을 하고 있습니까?**

  这位女士在干什么呢？

- **여러분은 다른 사람에게 전할 말을 메모한 적이 있습니까?**

  你写过要向别人转达某一内容的便条吗？

전화 관련 어휘 与电话相关的词汇

전화를 걸다
打电话

전화를 잘못 걸다
打错电话

전화를 받다
接电话

전화를 끊다
挂断电话

전화가 끊기다
电话断线

전화를 바꾸다
转接电话

통화하다
通话

통화 중이다	正在通话，占线
부재중	不在(家)
통화료	通话费
전화 요금 고지서	电话费缴费通知
문자 메시지	短信
음성 메시지	语音留言
음성 사서함	语音信箱

연결하다/연결되다	连接 ↔ 接通
녹음하다	录音
메시지를 보내다/받다	发短信 ↔ 收短信
메시지를 남기다	留短信
메시지를 확인하다	确认短信
메모·메시지를 전하다	转达便条/短信
메시지를 주고받다	短信往来

＊(별표)
星号

#(우물정자)
井号

이모티콘
表情符号

(*^_^*) (^▽^) (^.^) *^^*
^.~   @_@ ★_★ (*_*)
◉.◉ (=_=;) (-_-) (-.-+)
o(--)zz ♡.♡ ^H^ (^O^)

직원	네, 하나무역입니다.
마이클	여보세요. 박민준 씨 부탁합니다.
직원	과장님께서는 지금 자리에 안 계십니다. 메모를 남기시겠어요?
마이클	그럼 민준 씨에게 들어오는 대로 전화해 달라고 전해 주세요. 급한 일인데 민준 씨가 휴대전화를 안 받아서요.
직원	알겠습니다. 그런데 누구시라고 전해 드릴까요?
마이클	참, 깜박했네요. 저는 마이클이라고 합니다. 제가 전화 기다린다고 하면 민준 씨가 알 거예요.

生词

자리에 있다/없다
在座位上 ↔ 不在座位上

깜박하다 忘记

민준	윤 대리, 나한테 온 전화 있었어요?
직원	네, 오전에 거래처에서 전화 왔었는데 오늘까지 수출 서류를 꼭 보내 달라고 했어요.
민준	알겠어요. 담당자 연락처랑 주소 메모해 놓았지요?
직원	네, 과장님 책상 위에 놓았어요. 참, 그리고 마이클 씨라는 분이 전화해 달라고 메모 남기셨어요. 과장님이 계속 휴대전화를 안 받으신다고 사무실로 직접 전화하셨더라고요.
민준	그래요? 휴대전화 배터리가 다 돼서 전원이 꺼져 있었네요. 전화가 몇 시쯤 왔었지요?
직원	한 시간 전쯤에요. 급한 일이니까 과장님 들어오시는 대로 바로 연락해 달라고 하셨어요.

/生词

담당자 负责人
배터리가 다 되다 电池没电
전원 电源
전원이 꺼지다 电源断开

(이)라고 하다

接在名词后表示引用。常与**합니다/말합니다/부릅니다**等动词一起使用，多用于自我介绍或转达信息时。

- 처음 뵙겠습니다. 저는 메이라고 합니다. 初次见面，我叫美伊。
- '여보세요'를 중국어로 '웨이'라고 말해요. "여보세요"的中国话是"喂"。
- 가 민준 씨는 어디에서 일해요? 民俊在哪里工作？
  나 '하나무역'이라고 하는 무역 회사에 다녀요. 在一个叫"韩亚贸易"的贸易公司工作。

练习

1 〈보기〉와 같이 문장을 완성하십시오.

> 〈보기〉 다음 주부터 휴가예요. ➜ 다음 주부터 휴가라고 합니다.

(1) 여기는 명동이에요. ➜ ________________________________

(2) '안녕하세요'는 중국어로 '니 하오'입니다.

   ➜ ________________________________

(3) 조금 전에 전화하신 분이 사장님입니다.

   ➜ ________________________________

2 〈보기〉와 같이 대화를 완성하십시오.

> 〈보기〉 가 뭐라고 했어요?
>
> 나 중요한 일이라고 했어요. (중요한 일이다)

(1) 가 뭐라고 했어요?
  나 ________________________________ (필요한 서류이다)

(2) 가 뭐라고 했어요?
  나 ________________________________ (급한 일이다)

(3) 가 뭐라고 했어요?
  나 ________________________________ (외출 중이다)

-ㄴ/는다고 하다

接于动词后，用于引用从他人那里听到的内容，或表达主语自己的想法和意见时。

- 전화 기다린다고 메모 남겨 주십시오. 请写个便条说我等他电话。

- 바빠서 좀 늦게 온다고 했습니다. 他说太忙，稍微晚点儿来。

- 가 뭐라고 전해 드릴까요? 转告他什么?
  나 직원이 5시에 출발한다고 전해 주세요. 告诉他职员五点钟出发。

练习

1 〈보기〉와 같이 문장을 완성하십시오.

> 〈보기〉 내일 눈이 오다.
> → 내일 눈이 온다고 합니다.

(1) 메이 씨가 장학금을 받다.
→ _______________________________

(2) 늦게 퇴근하다
→ _______________________________

(3) 서류를 보내다.
→ _______________________________

2 대화를 완성하십시오.

(1) 가 뭐라고 전해 드릴까요?
나 _______________________________ (내일 고향에 돌아가다)

(2) 가 뭐라고 전해 드릴까요?
나 _______________________________ (오후에 다시 전화하다)

(3) 가 뭐라고 전해 드릴까요?
나 _______________________________ (과장님이 찾으시다)

–는 대로

接于动词后，以表示前面的某一动作或状态出现的同时。

- 도착하는 대로 전화 드리겠습니다. 到了就给您打电话。
- 일이 끝나는 대로 운동을 할 거예요. 工作一结束就去运动。
- 가 메모를 남기시겠어요? 需要留言吗?
  나 네, 사무실에 들어오시는 대로 전화해 달라고 전해 주세요.
  是的，一来办公室就让他给我来电话。

 **–는 대로**

还可表示保持与前面的动作或状态相同的模样。

- 선생님이 말하는 대로 쓰십시오. 请按照老师说的写。
- 제가 하는 대로 따라 해 보세요. 请照着我的做法跟着做。

〈보기〉와 같이 문장을 완성하십시오.

> 〈보기〉 (이 문자를 보다 / 사무실로 오다)
> → 이 문자를 보는 대로 사무실로 와 주세요.

(1) (이 메시지를 듣다 / 전화하다)
→ ________________________

(2) (메모를 보다 / 연락하다)
→ ________________________

(3) (문자를 확인하다 / 답장하다)
→ ________________________

–아/어/여 주라고/달라고 하다

接于动词后，用于转述别人的引用语或托付。

- 부장님이 전화해 달라고 하셨습니다. 部长说请给他打电话。
- 회의 중이니까 조용히 해 달라고 합니다. 他说正在开会，让大家安静。
- 가 민준 씨가 뭐라고 했어요? 民俊说什么?
  나 곧 올 테니까 조금 더 기다려 달라고 했어요. 他说马上就来，让再等他一会儿。

练习

1 〈보기〉와 같이 '–아/어/여 달라고 하다'를 이용해서 다른 사람이 한 말을 전해 보십시오.

> 〈보기〉 메이 민준 씨, 한국 친구를 소개해 주세요.
>
> → 메이 씨가 민준 씨에게 한국 친구를 소개해 달라고 했어요.

(1) 마이클 선생님, 천천히 말해 주세요.

→ ___________________________

(2) 민준 메이 씨, 중국집 전화번호 좀 가르쳐 주세요.

→ ___________________________

2 〈보기〉와 같이 '–아/어/여 주라고 하다'를 이용해서 다른 사람이 한 말을 전해 보십시오.

> 〈보기〉 민준 메이 씨, 이 편지를 선생님께 전해 주세요.
>
> → 민준 씨가 메이 씨에게 이 편지를 선생님께 전해 주라고 했어요.

(1) 메이 마이클 씨, 이 책을 민준 씨에게 빌려 주세요.

→ ___________________________

(2) 과장님 김 대리, 이 서류를 부장님께 보여 드리세요.

→ ___________________________

(3) 마이클 민준 씨, 마리아 씨에게 한국말을 가르쳐 주세요.

→ ___________________________

1 다음을 듣고 통화를 못 한 이유로 알맞은 것을 연결하십시오.

(1) •　　　　　　　　　　　• ⓐ 전화를 잘못 걸었다

(2) •　　　　　　　　　　　• ⓑ 소리가 잘 안 들렸다

(3) •　　　　　　　　　　　• ⓒ 부재중이었다

(4) •　　　　　　　　　　　• ⓓ 전화번호를 모른다

2 다음을 듣고 질문에 답하십시오.

(1) 위 내용과 같으면 O, 다르면 X 하십시오.

　• 박민준 씨는 회의 중이어서 자리에 없습니다.　　　　　　(　　)

　• 박민준 씨가 언제 돌아오는지 여자는 모릅니다.　　　　　(　　)

　• 여자는 남자에게 메모를 전해 달라고 부탁했습니다.　　　(　　)

(2) 남자는 여자에게 무슨 말을 전해 달라고 했습니까? 쓰십시오.

　ⓐ ____

　ⓑ ____

3 다음 음성 메시지를 듣고 내용을 간단하게 쓰십시오.

메시지를 남긴 사람	메시지 내용
ⓐ	
ⓑ	
ⓒ	
ⓓ	

◉ 대화 내용을 바꿔서 〈보기〉와 같이 옆 사람과 대화해 보십시오.

〈보기〉 비서 누구시라고 전해 드릴까요?

손님 저는 마리아라고 합니다.

비서 뭐라고 전해 드릴까요?

손님 내일 등산 모임이 연기되었다고 전해 주세요.

비서 등산 모임이 연기되었다고요?
그렇게 전해 드리겠습니다.

전화한 사람	전할 내용
〈보기〉 마리아	내일 등산 모임이 연기되었어요.
(1) 김용국	내일 회의가 취소되었어요.
(2) 친구 유나	주말 저녁 약속 시간을 바꾸고 싶어요.
(3) 거래처 팀장	급한 일이 있어서 전화를 기다려요.
(4) 중학교 동창 한상구	동창 모임에 꼭 참석해 주세요.
(5) 마이클	채 선생님에게 전화해 주세요.

1 다음 글을 읽고 질문에 답하십시오.

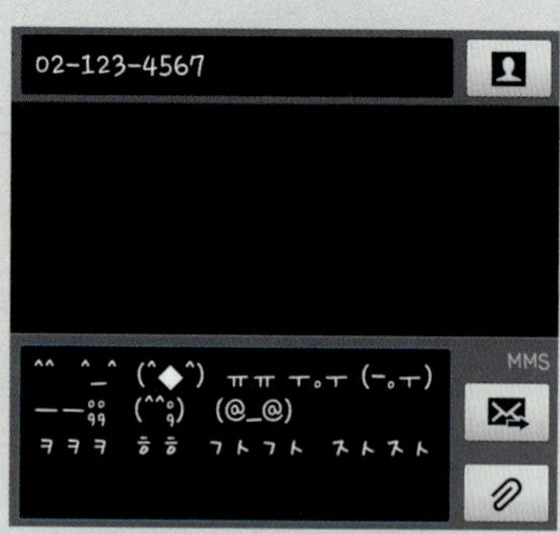

‘이모티콘’은 컴퓨터와 휴대전화가 생기면서 만들어졌습니다. ‘이모티콘’이라는 단어는 영어 ‘이모션(emotion)’과 ‘아이콘(icon)’으로 만들어진 새로운 말인데, 자신의 감정이나 생각을 글자 대신 표현할 때 사용합니다. 처음에는 웃는 모습을 표현한 것이 많았지만 지금은 숫자와 문자로 다양한 표정을 표현합니다.

웃는 표정으로는 ^^, ^＿＿^, (^▽^) 등이 있고, 우는 표정으로는 ㅠㅠ, ㅜ.ㅜ, (ㅡ.ㅜ) 등이 있습니다. 당황했을 때는 ㅡㅡ;;, (^^;) 등을 사용하고 깜짝 놀랐을 때는 (@.@)을 사용하기도 합니다.

나라마다 언어가 다른 것처럼 이모티콘도 다른데 한국에서는 한글 자모를 사용해서 ‘ㅋㅋㅋ(크크크)’, ‘ㅎㅎ(하하)’로 웃는 소리를 나타내기도 합니다. 또 고맙다는 표현을 ‘ㄱㅅㄱㅅ(감사감사)’, 미안하다는 표현은 ‘ㅈㅅㅈㅅ(죄송죄송)’이라고 씁니다. 일본에서는 웃음을 ‘wwww’로 나타내고 박수 치는 것을 ‘888’으로 쓰는데 이것은 일본어의 박수 소리 ‘빠치빠치’하고 소리가 비슷하기 때문입니다. 중국에서도 우는 것을 ‘55555’라고 쓰고 헤어질 때 하는 끝인사를 ‘88’로 쓰는데 이것 역시 우는 소리 ‘우’와 영어의 ‘바이바이(bye bye)’하고 비슷하기 때문입니다.

처음에는 10-20대 젊은 사람들이 대부분 사용하였지만 요즘은 휴대전화마다 이모티콘 기능이 발달하고 다양한 이모티콘이 만들어지면서 글자 대신 이모티콘으로 감정이나 생각을 표현하는 사람들이 많아지고 있습니다.

(1) 이모티콘에 대한 설명 중 알맞은 것을 고르십시오.

ⓐ 한국어입니다.

ⓑ 요즘은 젊은 사람들만 사용합니다.

ⓒ 숫자와 문자로 감정을 나타낼 수 있습니다.

ⓓ 컴퓨터와 휴대전화가 생기기 전부터 사용했습니다.

(2) 다음 중 만들어진 이유가 <u>다른</u> 이모티콘을 고르십시오.

    ⓐ 일본의 박수 이모티콘 '888'

    ⓑ 중국의 우는 이모티콘 '555'

    ⓒ 중국의 끝인사 이모티콘 '88'

    ⓓ 한국의 감사 인사 이모티콘 'ㄱㅅㄱㅅ'

(3) 휴대전화 문자 메시지에 알맞은 이모티콘을 고르십시오.

ⓐ 늦어서 미안해요.	•	• ① (^▽^)
ⓑ 정말 재미있어서 많이 웃었어요	•	• ② ㅠ.ㅠ
ⓒ 병원에 입원했다고 들었어요. 많이 아파요?	•	• ③ ㅈㅅㅈㅅ
ⓓ 뭐라고요? 그게 정말이에요?	•	• ④ (@.@)

2   여러분 나라에도 이모티콘이 있습니까? 이모티콘을 이용해서 친구에게 문자 메시지를 보내 보십시오.

◉ 다음 그림과 글을 보면서 아래의 질문에 답해 보십시오.

● **말**

일상생활에서 말은 참 중요합니다. 상대방이 무슨 말을 하는지에 따라서 기분이 좋아질 수도 있고 나빠질 수도 있습니다. 그래서 여러 나라에 말에 대한 표현이 참 많습니다. 한국에도 여러 가지 말에 대한 표현이 있습니다. 가장 많이 쓰는 말은 '가는 말이 고와야 오는 말이 곱다'인데 여러분도 많이 들어 봤을 겁니다. 이 말은 자기가 다른 사람한테 말과 행동을 좋게 해야 다른 사람도 나에게 좋게 대한다는 것을 말합니다. 내가 상대방에게 나쁘게 말하면서 상대방이 나에게 좋게 대할 것을 기대하면 안 되겠지요?

또 '발 없는 말이 천 리 간다'라는 속담도 있는데, 말은 발이 없지만 아주 먼 곳까지도 빨리 퍼진다는 뜻으로 말을 쉽게 함부로 하면 안 된다는 것을 말합니다.

1   여러분은 '가는 말이 고와야 오는 말이 곱다'는 속담이 생각나는 경험을 한 적이 있습니까?

2   여러분 나라에는 말과 관련한 표현이 있습니까?

기억하기 쉬운 전화번호 易于记忆的电话号码

你们国家有什么有趣的或与你们的母语有关的电话号码吗？在韩国就有为了易于记忆而编制的电话号码。例如：有后四位为2424或7788的电话号码。2424的电话号码以搬家公司的居多。 这是因为韩国话搬家的"이사"这个词的发音和数字24一样的缘故。后四位是2424的号码容易记忆，所以人们需要搬家的时候自然就会想起这个号码。那么7788又是哪里的号码呢？不错，就是KORAIL。火车跑起来的声音韩国人用"칙칙폭폭"这个词汇表示，而他们的发音正好和7788的发音很接近，因此需要预定火车票、想知道火车时刻的时候，人们自然就会想起"칙칙폭폭"来，也就会很自然地给KORAIL挂电话。

类似的还有买卖房屋时人们需要的房屋中介电话。8924前面的89表示"팔고"；后面的24表示"이사"。也就是强调房屋中介卖房子搬家的特性。

还有28因为与"이빨"发音类似，所以2828多被用作牙科的电话。另外2875这个号码也被用作牙科，因为75的发音和表示治疗的词汇"치료"近音，把2875作为"이빨을 치료하다"的牙科号码记起来就非常容易。

1 여러분 나라의 말에는 비슷한 소리가 나는 숫자들로 만든 단어가 있습니까?
你的母语里也有与数字的发音相近的词汇吗？

2 여러분 나라의 재미있는 전화번호에 대해서 이야기해 봅시다.
讲述一下你们国家的一些有意思的电话号码。

맑다가 저녁부터 비가 내리기 시작하겠습니다.

- **여러분은 일기예보를 자주 봅니까?**
  你常看天气预报吗?

- **일기예보가 틀려서 곤란했던 적이 있습니까?**
  你有过因为错误的天气预报而尴尬的时候吗?

날씨 관련 어휘 与天气相关的词汇

화창하다
晴朗

구름이 끼다
多云

태풍이 오다
来台风

태풍이 불다
刮台风

안개가 끼다
起雾

바람이 강하다
风大

비가 그치다
雨停

비바람이 치다
风雨交加

날씨가 개다
天气放晴

계절, 기온 관련 어휘 与季节、气温相关的词汇

기온이 올라가다	气温升高
기온이 내려가다·떨어지다	气温下降
첫눈이 내리다	初雪降临
얼음이 얼다	结冰
황사, 황사 바람, 황사비	沙尘、黄沙风、黄沙雨

일기예보 관련 어휘 与天气预报相关的词汇

눈·비 소식	雪/雨消息	길이 미끄럽다	路滑
빙판길	结冰路	다치다	受伤
눈길	雪路	넘어지다	摔倒
빗길	雨路	미끄러지다	滑倒
사고 소식	事故消息		

메이	어머! 비가 오는데 어떻게 하지요? 민준 씨, 우산 있어요?
민준	아니요, 저도 안 가지고 왔어요. 소나기 같은데 조금 있으면 그칠 테니까 여기에서 잠깐만 기다립시다.
메이	요즘은 자주 소나기가 내리는 것 같아요. 어제도 하루 종일 맑다가 저녁에 갑자기 비가 내리기 시작했거든요.
민준	저도 어제 퇴근하는 길에 갑자기 비가 와서 당황했어요. 일기예보에서는 당분간 이런 날씨가 이어질 거라고 해요.
메이	그래요? 매일 우산을 가지고 다녀야겠군요.
민준	네, 그게 좋을 거예요. 이제 비가 그쳤으니까 갑시다.

生词

소나기 阵雨
하루 종일 整日
당분간 暂时
이어지다 持续

(*마이클 기침하는 소리*)

마리아	마이클 씨, 기침이 심한데 감기에 걸렸어요?
마이클	네, 어젯밤에 눈이 왔잖아요. 눈이 많이 오니까 기분도 좋고 신나서 친구들과 눈싸움을 하고 놀았거든요. 그래서 감기에 걸린 것 같아요.
마리아	밤에 눈싸움을 했다고요? 요즘 날씨가 얼마나 추운데요. 병원은 갔다 왔어요?
마이클	아침에 병원에 갔다가 왔는데 일주일쯤 약을 먹고 쉬면 나을 거라고 했어요.
마리아	아침에 일기예보에서 오늘 밤에도 눈이 올 거라고 했어요. 이런 날씨에는 감기에 걸리기 쉬우니까 오늘은 눈싸움하지 말고 집에서 쉬세요.
마이클	네, 오늘은 저녁을 먹고 나서 일찍 잘 거예요.

–기

接在动词或形容词、이다或아니다的词干及语尾 –았– 后面， 使它们名词化，在句子中能够充当主语或宾语。例如：–기 시작하다；–기 바라다；–기 어렵다；–기 좋다/나쁘다。

- 가을은 책을 읽기 좋은 계절이에요. 秋季是读书的好季节。
- 맑다가 갑자기 비가 오기 시작했어요. 一直晴着，突然开始下起雨了。
- 가 요즘도 운동 자주 해요? 最近也常运动吗?
  나 아니요, 바빠서 운동하기 어려워요. 不，太忙了，很难去运动。

练习

1 〈보기〉와 같이 문장을 완성하십시오.

> 〈보기〉 아기가 밥을 먹다
> → 아기가 밥을 먹기 시작했어요.

(1) 올해부터 한국말을 배우다
→ _______________________________

(2) 출발할 때 눈이 오다
→ _______________________________

(3) 그 소식을 듣고 울다
→ _______________________________

2 알맞은 것을 연결하십시오.

(1) 요즘 배우는 문법이 어려워서 •   • ⓐ 출퇴근하기 불편해요

(2) 다음 대학 입학시험에 •   • ⓑ 합격하기 바랍니다

(3) 날씨가 선선해서 •   • ⓒ 공부하기 힘들어요

(4) 집이 멀어서 •   • ⓓ 여행하기 좋겠어요

–고 나다

接于动词后，表示某一动作结束后进行其它动作或出现某种状况。常与–(으)니、–(으)니까、
–(으)면等连接使用。

- 비가 그치고 나서 날씨가 개었습니다. 雨过天晴了。

- 청소를 하고 나면 빨래를 해야 해요. 打扫完毕后，得洗衣服。

- 가 언제 출발할까요? 什么时候出发？
  나 눈이 그치고 나면 갑시다. 雪停了就走吧。

练习

1 〈보기〉와 같이 문장을 완성하십시오.

> 〈보기〉 편지를 다 읽다(–아서) 답장을 쓰다
> → 편지를 다 읽고 나서 답장을 썼어요.

(1) 어제 영화를 보다(–아서) 저녁을 먹다
   → ________________________________

(2) 내일 일이 끝나다(–면) 연락하다
   → ________________________________

(3) 결혼하다(–니까) 집안일이 많아지다
   → ________________________________

2 '–고 나다'를 이용해서 대화를 완성하십시오.

(1) 가 점심을 먹고 나서 뭘 했어요?
   나 ________________________________

(2) 가 대학을 졸업하고 나면 뭘 하고 싶어요?
   나 ________________________________

(3) 가 비가 오고 나니까 날씨가 어때요?
   나 ________________________________

ㅅ 불규칙 (ㅅ不规则)

词干由ㅅ结尾的动词与元音相接时，ㅅ脱落。但是ㅅ规则动词例外，没有脱落现象。

- ㅅ 불규칙 동사(ㅅ不规则动词): 긋다, 낫다, 붓다, 잇다, 짓다
- ㅅ 규칙 동사(ㅅ规则动词): 웃다, 벗다, 씻다

낫다	낫 +으면 →	나으면
	낫 +아요 →	나아요
*씻다	씻 +어요 →	씻어요

- 라면에 물을 좀 부어 주세요. 往方便面里再倒点儿水。
- 집을 다 지으면 이사를 할 거예요. 房子都盖好了就搬家。
- 가 감기는 좀 어때요? 感冒怎么样了?
  나 약을 먹고 감기가 나았어요. 吃了药，感冒全好了。

练习

다음 빈칸을 채우십시오.

	-ㅂ/습니다	-어/아요	-으세요	-았/었습니다
낫다	낫습니다	나아요	나으세요	나았습니다
붓다				
짓다				
*벗다				
*웃다				

–다가

表示某种行为或状态中断而进入另一种行为或状态。相连接的前后句的主语必须相同。

- 하늘이 맑다가 흐려졌습니다. 天晴转阴了。

- 그 말을 듣고 기분이 좋았다가 나빠졌어요. 听了那句话，原本高兴的心情变坏了。

- 가 오늘은 날씨가 시원하지요? 今天天气很凉快吧?
  나 네, 계속 덥다가 오늘 시원해졌네요. 是的，一直都很热，今天变得凉爽了。

练习

1 〈보기〉와 같이 문장을 완성하십시오.

> 〈보기〉 (사진을 보다 → 친구에게 편지를 쓰다)
> → 사진을 보다가 친구에게 편지를 썼어요.

(1) (눈이 내리다 → 그치다)
→ ___________________________

(2) (날씨가 계속 흐리다 → 비가 오다)
→ ___________________________

(3) (길을 걷다 → 부모님 생각이 나다)
→ ___________________________

2 '–다가'를 이용해서 대화를 완성하십시오.

(1) 가 왜 집에 가다가 다시 왔어요?
나 ___________________________

(2) 가 왜 책을 읽다가 잤어요?
나 ___________________________

(3) 가 왜 영화를 보고 웃다가 울었어요?
나 ___________________________

1 오늘 날씨가 어떻습니까? 다음 일기예보를 듣고 알맞은 그림을 연결하십시오.

(1) •

• ⓐ 

(2) •

• ⓑ 

(3) •

• ⓒ 

(4) •

• ⓓ 

2 다음 일기예보를 듣고 날씨의 변화를 쓰십시오.

(1)	흐리다	⇨	
(2)		⇨	
(3)		⇨	
(4)		⇨	

3 다음을 듣고 질문에 답하십시오.

(1) 위 내용과 같으면 O, 다르면 X 하십시오.

- 여자는 태풍 때문에 울릉도에 못 갔습니다. (　　)
- 태풍은 울릉도에서 중국 쪽으로 가겠습니다. (　　)
- 주말에는 울릉도의 날씨가 맑겠습니다. (　　)
- 여자는 휴가 날짜를 바꿀 수 있습니다. (　　)

(2) 남자가 일기예보를 듣고 여자에게 전한 말을 쓰십시오.

ⓐ ____

ⓑ ____

◉ 〈보기〉와 같이 일기예보를 해 보십시오.

오늘
맑다 → 비가 오다
밤에는 천둥과 번개가 치는 곳이 있다

〈보기〉 오늘의 날씨를 말씀드리겠습니다.
오전에는 맑다가 밤부터 비가 오겠습니다.
천둥과 번개가 치는 곳도 있으니까 조심하시기 바랍니다.
비는 내일까지 계속 되겠습니다.
지금까지 오늘의 날씨를 말씀드렸습니다.

(1)

흐리다 → 바람이 강하게 불다
황사 바람이 부는 곳도 있다
바람이 부는 날씨

(2)

따뜻하다 → 조금씩 추워지다
빙판길이 생기는 곳도 있다
추운 날씨

(3)

춥고 바람이 불다 → 눈이 내리다
눈이 오면서 기온도 영하로 떨어지다
영하인 날씨

1   다음 글을 읽고 질문에 답하십시오.

> 　저는 주말에 친구들과 같이 제주도에 여행을 갔습니다. 태풍이 온다는 소식을 일기예보에서 들었지만 비행기 표를 바꿀 수 없었습니다. 제주도에 도착했을 때 하늘에는 구름과 안개가 많이 끼고 바람도 많이 불었습니다. 바람이 아주 강해서 앞으로 걸어가는 것도 힘들었습니다.
>
> 　처음에 자전거로 여행을 하려고 했지만 계획을 바꿔서 자동차를 빌리기로 했습니다. 운전은 제가 했는데 안개 때문에 앞이 잘 보이지 않았습니다. 친구들은 계속 조심하라고 말했습니다. 긴장을 하고 운전하니까 눈도 아프고 몸도 피곤했습니다.
>
> 　한 시간쯤 운전을 해서 한라산 근처에 갔습니다. 길에서 만난 여행객이 이런 날씨에 산에 가는 것은 위험하다고 말했지만, 우리는 한라산을 보고 싶었기 때문에 그 말을 듣지 않고 산에 올라가기 시작했습니다.
>
> 　산 중간쯤 갔을 때 갑자기 천둥과 번개가 치면서 비가 내리기 시작했습니다. 우리는 가방에서 비옷을 꺼내 입고 우산도 썼습니다. 올라온 길을 다시 내려가는데 길이 미끄러워서 무서웠습니다. 바람이 불 때마다 우산은 뒤집어지고 어떤 친구들은 넘어지기도 했습니다. 산에 올라온 것을 후회하면서 천천히 조심조심 내려갔습니다.
>
> 　다 내려와서 차에 도착했을 때 우리는 너무 힘들고 피곤해서 호텔에 빨리 가서 쉬고 싶은 생각밖에 없었습니다.

(1) 위 글의 내용과 맞는 것을 고르십시오.

　　ⓐ 처음 계획은 자전거 여행이었습니다.

　　ⓑ 저는 태풍이 온다는 소식을 모릅니다.

　　ⓒ 운전을 잘해서 긴장하지 않았습니다.

　　ⓓ 제주도에 도착했을 때 비가 오기 시작했습니다.

(2) 위 내용과 같으면 O, 다르면 X 하십시오.

　• 친구들은 한라산이 위험하다고 했습니다.　　　　　　　　　（　　）

　• 한라산 근처까지 차로 갔습니다.　　　　　　　　　　　　（　　）

　• 한라산에 올라가기 시작했을 때는 비가 오지 않았습니다.　（　　）

　• 저는 다음에 또 한라산에 가고 싶습니다.　　　　　　　　（　　）

2　다음 단어를 이용해서 일기예보를 써 보십시오.

> 날씨　비　눈　구름　바람　안개　태풍　천둥　번개
> 맑다　흐리다　불다　치다　끼다　따뜻하다　춥다　내리다
> -겠습니다　　-다가　　-기 바랍니다

◉ 다음 그림과 글을 보면서 아래의 질문에 답해 보십시오.

● 금강산도 식후경

여러분 나라에는 멋있는 산이나 바다가 있습니까? 한국은 아름다운 경치가 많기로 유명한데, 특히 북한에 있는 금강산은 봄, 여름, 가을, 겨울, 사계절이 모두 아름답기로 유명합니다. 북한에 있어서 마음대로 갈 수는 없지만 관광을 목적으로 가기도 합니다.

'금강산도 식후경'이라는 말은 아무리 좋은 것도 배가 불러야 관심을 가지게 된다는 말로 배가 고프면 좋아하는 것도 귀찮고 하기 싫다는 것을 말합니다. 배가 불러야 관심이 있는 것도 눈에 들어온다는 것이지요.

1 여러분은 아름다운 경치를 보거나 재미있는 영화를 보려고 할 때 배가 고프면 어떻게 합니까?

2 여러분 나라에는 '배가 고픈 것'에 대한 다른 표현이 있습니까?

한국의 24절기 韩国的二十四节气

你们对二十四节气有所了解吗? 从很早开始, 韩国就使用阴历数算日期, 将一年分为春、夏、秋、冬四个季节, 再把它们分为了二十四个节气。换句话说: 在西方人们是以七天为一周期安排生活, 而韩国一直是利用二十四节气, 以十五天为一周期从事生产生活的。

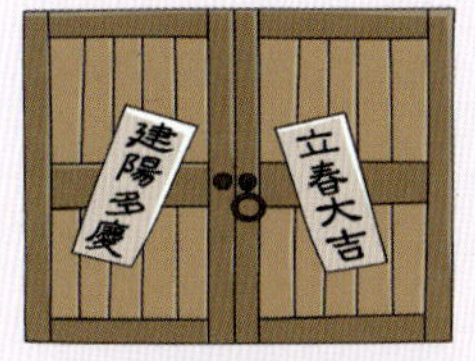

春: 立春、雨水、惊蛰、春分、清明、谷雨
夏: 立夏、小满、芒种、夏至、小暑、大暑
秋: 立秋、处暑、白露、秋分、寒露、霜降
冬: 立冬、小雪、大雪、冬至、小寒、大寒

人们一直按照这样的节气排列, 考虑到了日照量、降水量、气温等天气因素从事农业生产。立春通常在二月初, 表示春天的开始。此时人们会在大门前贴上祈愿新春福至的春联"立春大吉", 三月初的节气是惊蛰, 很多冬眠的动物开始醒来, 从此万物复苏。据说从前有惊蛰碰土大吉大利的说法, 因此人们会在这一天用黄土垒埭或用黄土抹墙; 还会根据大麦芽的生长状态占卜今年大麦收成是丰年还是凶年。

在一些主要节气到来那天, 人们还要吃相应的节气饮食。12月22日左右是冬季中昼夜长短相同的冬至节气。人们在这一天要用红豆熬红豆粥吃, 粥里放有用糯米做的圆子。为了驱邪避晦人们还会把红豆粥的粥汤喷洒在家门和院墙上。以农耕为主的韩国长久以来就是这样严格地数算着二十四个节气, 按照节令从事农耕生产。不仅如此, 从事渔业以及举办所有冠婚丧祭等仪式时也都是参照着节气行事的。

1   한국의 24절기에 무슨 일을 하고 무엇을 먹는지 알아봅시다.
了解一下在韩国的二十四个节气里, 人们都做些什么? 吃些什么?

2   여러분 나라에는 계절에 따른 고유의 문화가 있습니까? 이야기해 봅시다.
你们国家也有跟季节有关的传统文化吗? 请介绍一下吧!

第**8**课

你在银行开过帐户、转过账吗? 这一课我们学习与银行业务相关的词汇和表达方法。

여권은 있는데 도장을
안 가지고 왔는데요.

● 두 사람은 무엇을 하고 있습니까?

这两个人正在做什么?

● 여러분은 은행에서 무슨 일을 해 봤습니까?

你在银行办理过什么事?

은행 관련 어휘 与银行相关的词汇

지폐
纸币

창구
窗口

동전
硬币

통장
存折

현금
现金

현금카드
现金卡

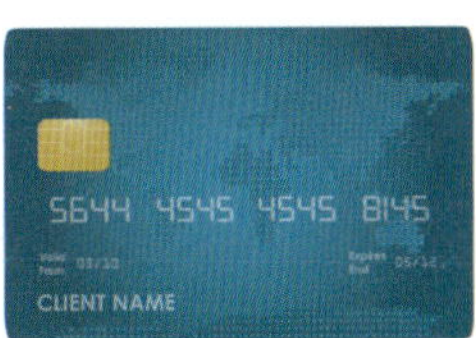

수표
支票

현금자동지급기(ATM)
自动取款机

계좌 번호 　　账号

–짜리 돈 　　–面值的钱

은행 업무 관련 어휘 与银行业务相关的词汇

계좌 이체	转账	환전(하다)	换钱、换汇
잔액 조회	查询余额	대출(하다)	贷款
통장 정리	打印存折	적금을 들다	零存整取
통장을 개설하다	开设账户	수수료를 내다	交纳手续费
예금(하다)	存款	자동이체를 하다	自动转账
입금(하다)	存入	텔레뱅킹을 하다	使用电话银行
출금(하다)	取款	인터넷뱅킹을 하다	使用网上银行
송금(하다)	汇款		

对话1

직원	어서 오세요. 무엇을 도와 드릴까요?
마이클	통장을 만들고 싶은데 어떻게 해야 하나요?
직원	통장을 개설하려면 여권이 있어야 해요. 외국인등록증도 괜찮고요.
마이클	여권은 있는데 도장을 안 가지고 왔는데요.
직원	괜찮아요. 도장 대신에 서명을 하셔도 돼요. 여권을 주시고 이 서류를 작성해 주세요.
마이클	여기 있어요. 참, 그리고 현금카드도 같이 만들어 주세요.

生词

도장 印章

대신 替代

서명 署名

작성하다 写、填写

메이	송금을 하려고 하는데 오래 기다려야 하나요?
직원	네, 지금 기다리는 손님이 많으니까 송금을 하려면 문 앞에 있는 현금자동지급기를 이용하시는 게 더 빠를 거예요.
메이	제가 현금자동지급기를 한 번도 써 본 적이 없어서요.
직원	어렵지 않아요. 제가 도와 드릴게요. 받는 분 계좌 번호는 가지고 오셨지요?
메이	여기 있어요. 통장은 안 가지고 왔는데 괜찮아요?
직원	네, 계좌 이체를 하실 거면 현금카드만 있어도 돼요.

生词

이용하다 利用
한 번도 -적이 없다 从未-

(아마) –(으)ㄹ 거예요

表示推测或估算，多用于依据某种客观或一般性事态进行的推测

- 입금은 ATM을 이용하는 게 더 편하실 거예요. 存款利用ATM机会更方便。
- 지금 사람이 많아서 오래 기다려야 할 거예요. 现在人多，可能得多等一会儿。
- 가 주말에 시간 있으면 자전거 타러 갈까요? 周末有时间的话，一起去骑自行车，怎么样？
  나 금요일부터 아마 비가 올 거예요. 다음 주에 갑시다. 从星期五开始可能会下雨，下周去吧。

练习

1 〈보기〉와 같이 문장을 완성하십시오.

> 〈보기〉 내일 비가 오다
> → 아마 내일 비가 올 거예요.

(1) 여기에서 출발하는 게 더 빠르다

→ ___________________________

(2) 메이 씨는 시험을 잘 봤다

→ ___________________________

(3) 채 선생님은 결혼을 안 하셨다

→ ___________________________

2 '(아마) –(으)ㄹ 거예요'를 이용해서 대화를 완성하십시오.

(1) 가 한국에서 북경까지 비행기로 얼마나 걸릴까요?
    나 ___________________________

(2) 가 주말인데 영화 표가 있을까요?
    나 ___________________________

(3) 가 출근 시간이니까 길이 많이 막히겠지요?
    나 ___________________________

-고

接于动词后，表示保持着前句行动的状态或结果进行后句的某一动作。

- 너무 추워서 겨울옷을 입고 잤어요. 太冷了，穿着冬装就睡了。

- 깜박 잊고 통장을 안 가지고 왔습니다. 完全忘了，没带存折就来了。

- 가 기차역까지 어떻게 갈까요? 怎么去火车站?
  나 택시를 타고 갑시다. 坐出租车去吧。

练习

1 〈보기〉와 같이 주어진 단어로 문장을 만들어 보십시오.

> 〈보기〉 가방, 안, 들고 오다 ➡ 가방을 안 들고 왔어요.

(1) 고향, 비행기, 타다, 가다 ➡ _______________________

(2) 공원, 모자, 쓰다, 가다 ➡ _______________________

(3) 운동화, 신다, 가다 ➡ _______________________

2 〈보기〉와 같이 대화를 완성하십시오.

> 〈보기〉 가 누가 어머니를 모시고 오겠어요?
>
> 나 제가 모시고 오겠어요.

(1) 가 여기까지 뭘 타고 왔어요?
   나 _______________________

(2) 가 내일 약속에 무슨 옷을 입고 갈 거예요?
   나 _______________________

(3) 가 영수증을 가지고 오셨나요?
   나 _______________________

–(으)ㄴ/는데요

当想求得对方某种答复时发问的一种方式。也可用于在向对方转达某种状况的同时期待对方对此有所反应的时候。还可以用在对看到的景象感到吃惊或意外时表示感叹的时候。此时要提高句尾的语调。

- 환전은 어디에서 하는데요? 请问，在哪儿换汇？

- 가 영화 표가 있는데 같이 보시겠어요? 我有电影票，想一起去看吗？
  나 죄송하지만 내일은 할 일이 있는데요. 对不起，我明天有事。

- 서울의 야경이 참 예쁜데요. 首尔的夜景真漂亮啊！

练习

1 〈보기〉와 같이 문장을 완성하십시오.

> 〈보기〉 누가 말하다 ➡ 누가 말했는데요?

(1) 언제 가다 ➡ ___________________________

(2) 어디에서 모이다 ➡ ___________________________

(3) 어떻게 일을 하다 ➡ ___________________________

2 〈보기〉와 같이 대화를 완성하십시오.

> 〈보기〉 가 요즘도 계속 바쁘지요?
> 나 요즘은 좀 한가한데요.

(1) 가 이 번호가 채 선생님 전화번호 맞아요?
   나 ___________________________

(2) 가 저녁에 같이 영화 보러 갈까요?
   나 ___________________________

(3) 가 무슨 선물을 사셨어요?
   나 ___________________________

-(으)ㄴ가요?/-나요?

一种常用的问句形式。-나요?给人一种柔和、女性化的感觉。

-이-	과거	현재	미래
동사	-았/었나요?	-나요?	-(으)ㄴ 건가요?
형용사		-(으)ㄴ가요?	
명사	이었/였나요?	인가요?	–

- 한국에 언제 오셨나요? 您什么时候来的韩国?

- 저분이 사장님인가요? 那位就是社长吗?

- 가 환전을 하고 싶은데요. 我想换汇。
  나 달러로 바꾸실 건가요? 是换成美元吗?

练习

1 〈보기〉와 같이 '-(으)ㄴ가요?/-나요?'을 이용해서 문장을 바꿔 보십시오.

> 〈보기〉 무슨 음악을 듣습니까? ➡ 무슨 음악을 듣나요?

(1) 저 사람이 민준 씨 친구입니까? ➡ ＿＿＿＿＿＿＿＿＿＿＿

(2) 언제 고향에 돌아가실 겁니까? ➡ ＿＿＿＿＿＿＿＿＿＿＿

(3) 어제 무엇을 했습니까? ➡ ＿＿＿＿＿＿＿＿＿＿＿

2 〈보기〉와 같이 대화를 완성하십시오.

> 〈보기〉 가 요즘도 일이 많은가요?
> 나 아니요, 요즘은 한가해요.

(1) 가 ＿＿＿＿＿＿＿＿＿＿＿＿＿＿＿?
　　나 아니요, 바빠서 점심을 못 먹었어요.

(2) 가 ＿＿＿＿＿＿＿＿＿＿＿＿＿＿＿?
　　나 네, 부모님께 송금했어요.

1 다음을 듣고 은행에 온 이유로 알맞은 것을 연결하십시오.

(1) ·
(2) ·
(3) ·
(4) ·

· ⓐ 자동이체를 신청하러
· ⓑ 계좌 이체를 하러
· ⓒ 돈을 찾으러
· ⓓ 현금카드를 만들러

2 다음을 듣고 들은 내용과 같으면 ○, 다르면 X 하십시오.

(1) 여자는 한국 돈을 달러로 바꾸고 싶습니다. ( )
(2) 어제는 환율이 1달러에 1,120원이었습니다. ( )
(3) 여자는 외국인등록증을 가지고 왔습니다. ( )
(4) 여자는 800달러를 모두 수표로 바꿨습니다. ( )

3 다음을 듣고 신청서를 완성하십시오.

타은행 입금 거래 신청서

	받으시는 분		보내시는 분	
은행명		이름		메이
계좌 번호	123-567-98765432	연락처		010-2326-2623
예금주		입금액		

위와 같이 타은행 거래를 신청합니다.

20XX.　　　.　　　.

신청자　메이　(서명 또는 인)

◉ 대화 내용을 바꿔서 〈보기〉와 같이 옆 사람과 대화해 보십시오.

대출을 하다
대출 서류
서류는 가지고 오다 / 도장을 안 가지고 오다
서명을 해도 되다
여기 신청서를 쓰다

〈보기〉　비서　무엇을 도와드릴까요?

손님　대출을 좀 하러 왔는데요.

직원　대출 서류는 가지고 오셨나요?

손님　네, 서류는 가지고 왔는데 도장을 안 가지고 왔어요. 어떻게 하지요?

직원　괜찮습니다. 서명을 하셔도 돼요.
　　　먼저 여기 신청서를 써 주세요.

(1)

자동이체를 신청하다
이체할 계좌 번호
계좌 번호와 예금주는 알다 / 연락처를 모르다
연락처는 따로 안 적어도 되다
여기 신청서를 쓰다

(2)

외국으로 송금하다
송금할 계좌 번호
계좌 번호는 가지고 오다 / 여권은 안 가지고 오다
운전 면허증이나 학생증만 있으면 되다
여기 송금할 은행과 계좌 번호를 쓰다

1 다음 글을 읽고 질문에 답하십시오.

여러분 나라의 지폐에는 누가 있습니까? 한국은 네 종류의 지폐가 있는데 지폐마다 한국인이 존경하는 인물이 그려져 있습니다.

먼저 만 원짜리 지폐에는 세종대왕이 그려져 있습니다. 세종대왕(1397~1450)은 조선의 네 번째 왕이고 우리가 지금 사용하고 있는 한글을 만들었습니다. 한글을 만들기 위해 여러 학자들을 모아서 오랫동안 연구했습니다. 세종대왕은 수학이나 천문학 등 다른 학문에도 관심이 아주 많아서 이때 조선의 과학 기술이 많이 발달했습니다. 그래서 한국인은 세종대왕을 한국의 역사에서 가장 훌륭한 왕으로 기억합니다.

오천 원짜리 지폐에 그려져 있는 조선 시대의 학자 이이(1536~1584)는 이율곡이라고도 불렀습니다. 이이는 학자이면서 정치가였는데 잘못된 정치를 고치기 위해서 노력하였습니다. 이이의 어머니는 신사임당(1504~1551)인데 가장 최근에 만들어진 오만 원짜리 지폐에 그려져 있습니다. 신사임당은 한국의 화폐에 처음 그려진 여성이며 한국 사람들은 신사임당을 훌륭한 어머니의 상징으로 기억하고 있습니다. 또 글쓰기와 그림 그리기에도 뛰어나서 위대한 작품을 많이 남겼습니다.

천 원짜리 지폐에는 조선 시대 학자인 이황(1501~1570)이 그려져 있습니다. 이황은 도산 서원을 세워 학문을 연구하고 책을 썼습니다. 그는 한국의 유학을 발전시켰고 많은 제자의 존경을 받았습니다.

(1) 한국의 지폐에 대한 설명 중 알맞은 것을 고르십시오.

  ⓐ 세 종류의 지폐가 있습니다.

  ⓑ 지폐에 그려 있는 인물들은 유명합니다.

  ⓒ 오천 원짜리 지폐는 가장 먼저 만들어졌습니다.

  ⓓ 천 원짜리 지폐에 그려져 있는 사람은 한국의 왕이었습니다.

(2) 신사임당에 대해 알맞지 <u>않은</u> 것을 고르십시오.

    ⓐ 이이의 어머니입니다.

    ⓑ 훌륭한 그림을 많이 남겼습니다.

    ⓒ 오만 원짜리 지폐에 그려져 있습니다.

    ⓓ 한국의 지폐에 처음 그려진 인물입니다.

2   지폐와 지폐에 그려진 인물에 대한 설명으로 알맞은 것을 연결하십시오.

(1) 학자이면서 정치가이고
    신사임당의 아들입니다.   •   •ⓐ

(2) 한글을 만든
    조선의 왕입니다.   •   •ⓑ

(3) 한국의 지폐 중
    가장 큰 돈입니다.   •   •ⓒ

(4) 도산서원을 세워
    학문을 연구했습니다.   •   •ⓓ

3   여러분 나라의 지폐와 동전에는 유명한 인물이나 장소가 있습니까? 여러분 나라의 화폐를 소개하는 글을
써 보십시오.

◉ 다음 그림과 글을 보면서 아래의 질문에 답해 보십시오.

● 티끌 모아 태산

　　여러분은 저축을 자주 합니까? 한국에는 '티끌 모아 태산'이라는 말이 있는데요. 여기에서 티끌은 아주 작거나 적음을 뜻하는 말로 먼지 같은 것을 말합니다. 반대로 태산은 아주 높고 큰 산을 말하는데요. 여러분도 티끌 모아 태산이 무슨 의미인지 알 수 있겠지요? 네, 티끌 모아 태산은 먼지처럼 작은 것이어도 계속해서 모으면 산처럼 커진다는 말입니다. 저축의 중요성을 말할 때 쓰기도 하는데요. 한 번에 큰돈을 저축하는 것보다 조금씩 오래 저축을 하는 것이 나중에 큰돈을 만들기 좋습니다. 여러분도 오늘부터 동전을 모아 보는 것은 어떨까요?

1　　여러분은 은행을 자주 갑니까? 저축을 많이 합니까?

2　　여러분 나라에는 저축에 관한 다른 표현이 있습니까?

한국의 은행 韩国的银行

你们国家的银行都办理什么业务呢？和所有国家一样，人们需要换汇、储蓄、转账的时候去银行。需要贷款、纳税或交纳公共费用的时候也要去银行。除此之外，现在韩国的银行还办理更多样化的业务。比如，出售彩票和各种商品券及各种演出的观览券；还出售像世界杯、奥运会、世界博览会这种大型国际活动的纪念币。大部分的银行为了保有属于自己的客户，还努力地开发和经营本银行的信用卡以及证券和各种投资商品。

韩国的中央银行是韩国银行，我们在日常生活中使用的纸币和硬币都是韩国银行发行的。韩国银行发行的货币在市面上流通，它们也会通过存款、纳税等形式流入各个金融机构，其中一部分也会返回到韩国银行。韩国银行会将回流货币中一些整洁的货币再次投入市面流通，而那些被挑选出来的破损、污秽的货币就会被销毁。不仅韩国银行，在其它银行你也可以随时将破损、被污染的那些不便于使用的货币拿去换成新币。

在韩国的银行中也有以某种特殊事业为目的设立的银行。有为了产业发展设立的产业银行；也有以公司或企业家为主要顾客运营的企业银行；有专为农民设立的农协银行、为从事畜牧业的人员设立的畜协银行、为水产业从业人员设立的水协银行等。这些银行为这些特定行业人员推出特别储蓄产品和低息贷款。当然，这些银行也和其它银行一样为一般顾客处理各项业务。

最近随着网上银行和电话银行的迅速发展，人们可以不受场所、时间的限制，随时随地处理一些简单的银行业务，但也随之出现了不少诈骗犯罪，无辜受害的事件。

---

1 여러분 나라의 중앙은행은 어디입니까? 특수한 목적으로 설립된 은행이 있습니까?

你们国家的中央银行是什么银行？有为某种特殊目的设立的银行吗？

2 여러분 나라의 은행에서 하는 일을 이야기해 봅시다.

请介绍一下你们国家的银行都办理什么业务。

먼지를 떨고 청소기를 돌리도록 하세요.

- **두 사람은 무슨 대화를 하고 있을까요?**
  这两个人在谈论什么呢？

- **여러분은 어떤 집안일을 합니까?**
  你会做什么家务事？

청소 관련 어휘 与清扫相关的词汇

청소기
吸尘器

걸레
抹布、墩布

먼지
灰尘

분리수거
(垃圾)分类投弃

먼지떨이
掸子

쓰레기봉투
垃圾袋

환기를 시키다	换空气	떨다	掸
치우다	收拾	닦다	擦
쓸다	扫	대청소	大扫除

빨래 관련 어휘 与洗衣服相关的词汇

빨랫비누
洗衣肥皂

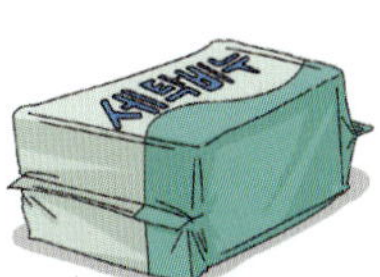

다리미
熨斗

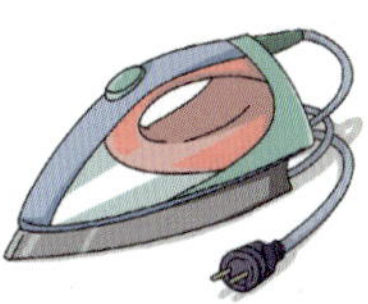

세제
洗衣粉

삶다	煮
널다	晾晒
개다	叠
세탁기를 돌리다	开洗衣机
얼룩이 생기다	出现污渍
얼룩을 지우다	去除污渍

기타 집안일 관련 어휘 与其它家务事相关的词汇

설거지	洗碗	수세미	洗碗海绵、丝瓜瓤
주방 세제	厨房洗涤剂	식기 세척기	洗碗机
헹구다	洗涮		

메이	민준 씨는 집에서 청소 자주 해요?
민준	어머니를 도와서 자주 하는 편이에요. 일주일에 두 세 번 욕실 청소도 제가 하고요. 메이 씨는 혼자 집안 일을 다 하려면 힘들겠어요.
메이	처음보다 많이 익숙해져서 괜찮아요. 그런데 매일 청소를 해도 집에 먼지가 많은 것 같아요.
민준	청소를 어떻게 하는데요?
메이	청소기를 먼저 돌리고 걸레질을 하는데요.
민준	먼저 창문을 열고 환기를 좀 시킨 후에 먼지떨이로 구석구석 먼지를 떨어야 해요. 그리고 청소기를 돌리 도록 하세요. 걸레질을 다 한 다음에는 걸레를 잘 빨아서 말려 놓고요.

生词

욕실 浴室
청소기를 돌리다 开动吸尘器
구석구석 各个角落
걸레질을 하다 用抹布擦拭

마리아   마이클 씨, 혹시 얼룩 지우는 방법 알아요?

마이클   무슨 얼룩인데요?

마리아   며칠 전에 커피를 마시다가 티셔츠에 좀 묻었는데 안 지워져서요.

마이클   먼저 세제를 섞은 미지근한 물에 옷을 담가 놓으세요. 그리고 얼룩 부분을 칫솔로 닦은 다음 주방 세제하고 식초를 섞은 물로 세탁을 해 주면 지워질 거예요.

마리아   그런 방법이 있었군요. 고마워요.

마이클   얼룩은 시간이 많이 지나면 지우기 힘드니까 생기자마자 바로 지우는 게 제일 좋아요.

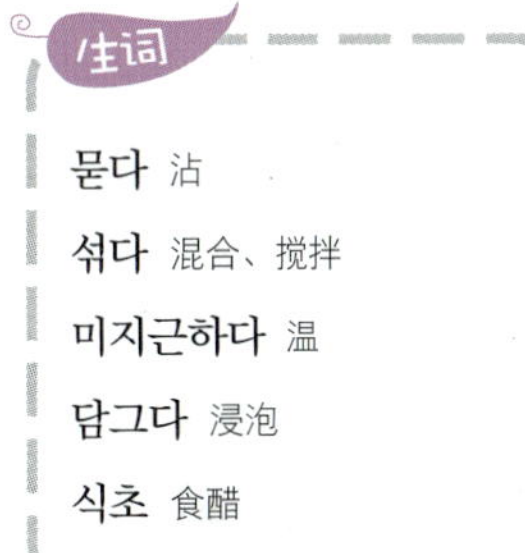

묻다 沾

섞다 混合、搅拌

미지근하다 温

담그다 浸泡

식초 食醋

–(으)ㄴ/는 편이다

接于动词或形容词后，用于虽然不能准确地断言，但是大体上与某一方更接近或属于某一类的时候。因此，如果要陈述的是会得到公认的某种明确的状况或事实，则不能使用此语法。

- 저는 일찍 일어나는 편이에요. 我算是起得早的了。

- 어머니를 도와서 청소를 자주 하는 편이에요. 我算得上是经常帮妈妈打扫卫生的了。

- 가 민준 씨 동생은 어때요? 民俊，你的妹妹怎么样？
  나 제 동생은 키가 크고 날씬한 편이에요. 我妹妹个子很高，还算苗条吧。

练习

1 〈보기〉와 같이 문장을 완성하십시오.

> 〈보기〉 커피를 많이 마시다 ➡ 커피를 많이 마시는 편이에요.

(1) 한국어를 잘하다 ➡ ______________________

(2) 주말엔 한가하다 ➡ ______________________

(3) 시험이 어렵다 ➡ ______________________

2 '–(으)ㄴ/는 편이다'를 이용해서 대화를 완성하십시오.

(1) 가 지금 사는 집이 어때요?
   나 ______________________

(2) 가 요즘 날씨가 어때요?
   나 ______________________

(3) 가 한국어 공부가 어때요?
   나 ______________________

–도록 하다

接于动词后，用于指使某人做某事或对某物如何处理时。**하다**如果用于命令句或共动句，则表示命令或劝说听者做某事。

- 다음부터 일찍 오도록 하세요. 下次开始早点儿来。
- 급하니까 5시까지 이 일을 다 끝내도록 하세요. 很紧急，五点之前一定要做完这件事。
- 가 청소를 자주 해도 집에 먼지가 많아요. 经常打扫，可家里灰尘还是很多。
  나 청소기를 돌리기 전에 먼저 먼지를 떨도록 하세요. 使用吸尘器之前，先把灰尘掸一掸。

练习

1 〈보기〉와 같이 문장을 완성하십시오.

> 〈보기〉 약속을 지키다 ➜ 약속을 지키도록 하세요.

(1) 저기에서 버스를 타다 ➜ ________________________

(2) 집에 오기 전에 먼저 전화하다 ➜ ________________________

(3) 이번 모임에 꼭 참석하다 ➜ ________________________

2 〈보기〉와 같이 대화를 완성하십시오.

> 〈보기〉 가 늦어서 죄송합니다.
>
> 　　　 나 내일부터 일찍 오도록 하세요.

(1) 가 서류를 언제까지 보낼까요?
　　 나 ________________________

(2) 가 공항까지 지하철을 타면 되나요?
　　 나 ________________________

(3) 가 어디에서 책을 빌려야 해요?
　　 나 ________________________

–아/어/여지다

接于动词前，表示某种行为或动作是自然而然地进行的。接于形容词后则表示状态的变化。

- 대청소를 해서 집이 깨끗해졌군요! 做了大扫除，家里变得干净了。
- 얼룩이 잘 안 지워져서 옷을 세탁소에 맡겼어요. 痕迹很难去掉，所以把衣服送到洗衣店去了。
- 가 요즘 날씨가 많이 추워졌어요. 最近天气变冷了很多。
  나 네, 이제 곧 겨울이니까요. 是的，因为马上就到冬天了。

练习

1 〈보기〉와 같이 문장을 완성십시오.

> 〈보기〉 메이 씨가 결혼하고 나서 <u>예뻐졌어요.</u> (예쁘다)

(1) 옆집 아이는 키가 많이 커서 옷이 ____________________ (작다)

(2) 처음에는 한국어가 어려웠는데 지금은 ____________________ (재미있다)

(3) 많이 먹고 운동도 안 해서 ____________________ (뚱뚱하다)

2 〈보기〉와 같이 대화를 완성하십시오.

> 〈보기〉 가 요즘 날씨가 어때요?
> 　　　　나 <u>지난주부터 많이 더워졌어요.</u>

(1) 가 한국어 3급을 공부하지요? 어때요?
　　나 ____________________________________

(2) 가 유학 생활이 어때요?
　　나 ____________________________________

(3) 가 집안일 하기가 어때요?
　　나 ____________________________________

–자마자

接于动词后，表示某一状况一发生，随即出现另一种状况。与**–자마자**相连接的句子不可以使用否定句。

- 전화를 받자마자 퇴근했어요. 接电话以后就下班了。
- 청소를 하자마자 빨래를 합니다. 打扫完了就洗衣服。
- 가 요즘 감기에 걸리는 사람이 많아졌어요. 最近患感冒的人增加了。
  나 네, 감기에 걸리지 않도록 집에 오자마자 손발을 깨끗이 씻어야 해요.
  是啊，为了不得感冒一进屋就得把手脚洗干净。

练习

1 〈보기〉와 같이 문장을 완성하십시오.

> 〈보기〉 (이메일을 확인하다 → 답장을 쓰다)
>
> → 이메일을 확인하자마자 답장을 썼어요.

(1) (동생이 가다 → 언니가 오다)
→ ____________________

(2) (용돈을 받다 → 다 쓰다)
→ ____________________

(3) (건강이 좋아지다 → 운동을 시작하다)
→ ____________________

2 〈보기〉와 같이 대화를 완성하십시오.

> 〈보기〉 가 어제 수업이 끝나고 어디에 갔어요?
>
> 나 끝나자마자 돈을 찾으러 은행에 갔어요.

(1) 가 집에 가면 뭘 해요?
나 ____________________

(2) 가 고향에 돌아가면 뭘 하고 싶어요?
나 ____________________

1 어떤 집안일에 대한 설명입니까? 잘 듣고 알맞은 것을 연결하십시오.

(1) •	• ⓐ 컴퓨터 모니터 먼지 없애기
(2) •	• ⓑ 이불 빨래하기
(3) •	• ⓒ 장 보기
(4) •	• ⓓ 빨래 개기

2 다음을 듣고 질문에 답하십시오.

(1) 들은 내용과 <u>다른</u> 것을 고르십시오.

   ⓐ 과일 얼룩은 식초를 이용해서 닦습니다.

   ⓑ 김치 국물은 양파즙을 이용해서 닦습니다.

   ⓒ 김치 국물은 시간이 많이 지나도 잘 지워집니다.

   ⓓ 신문지와 다리미로 껌 얼룩을 없앨 수 있습니다.

(2) 콜라와 사이다 얼룩은 어떻게 지웁니까? 쓰십시오.

---

3 다음을 듣고 질문에 답하십시오.

(1) 두 사람은 무엇에 대해 이야기하고 있습니까?

   ⓐ 쓰레기봉투

   ⓑ 음식물 쓰레기

   ⓒ 쓰레기 분리수거

   ⓓ 쓰레기 버리는 시간

(2) 들은 내용과 같으면 O, 다르면 X 하십시오.

   • 우유팩은 씻지 않고 그냥 종이류에 버립니다.   (   )

   • 맥주병은 유리병류에 버립니다.   (   )

   • 과자 봉지와 컵라면 뚜껑은 함께 버립니다.   (   )

   • 파인애플, 수박 등의 껍질은 종량제 봉투를 사서 버립니다.   (   )

◉ 대화 내용을 바꿔서 〈보기〉와 같이 옆 사람과 대화해 보십시오.

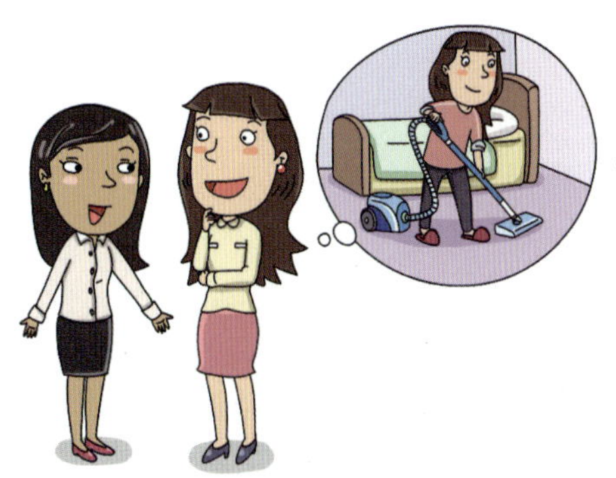

고민	청소: 자주 청소를 해도 깨끗하지 않다
나의 방법	청소기를 돌리다
조언	① 창문을 열고 먼지를 털다 ② 청소기를 돌린 다음 걸레질을 하다

〈보기〉
가 어떻게 하면 청소를 잘 할 수 있을까요? 자주 청소를 해도 깨끗하지 않아서요.
나 청소를 어떻게 하는데요?
가 청소기를 돌리는데요.
나 먼저 창문을 열고 먼지를 떠세요. 그리고 청소기를 돌린 다음 걸레질을 하도록 하세요.
가 그렇군요. 고마워요.

(1)

고민	빨래: 옷을 빨아도 깨끗하지 않다
나의 방법	세탁기에 넣고 돌리다
조언	① 얼룩이 묻은 옷은 먼저 얼룩을 지우다 ② 세제를 넣은 미지근한 물에 담가 놓은 다음 빨다

(2)

고민	설거지: 기름이 남아 있고 깨끗하게 안 되다
나의 방법	세제를 묻혀서 수세미로 닦고 물로 헹구다
조언	① 기름기를 휴지나 신문지로 닦아 내다 ② 따뜻한 물로 설거지를 하다

1 다음 글을 읽고 질문에 답하십시오.

> 여러분은 집안일을 어떻게 합니까? 여기 집안일을 잘하는 방법이 있습니다.
>
> 먼저 빨래를 할 때 밝은 옷과 어두운 옷을 따로 세탁기에 넣도록 합니다. 흰 옷과 까만 옷을 같이 세탁기에 넣고 빨면 (㉮   ) 옷과 이불도 따로 빨아야 하는데 물이 충분해야 이불이 찢어지지 않고 잘 빨아집니다. 손수건이나 얇은 속옷 등은 손으로 빠는 것이 좋고, 얼룩이 생긴 옷이나 양말은 손으로 먼저 빨아서 얼룩을 지운 다음에 세탁기를 돌리면 깨끗해집니다.
>
> 청소를 할 때는 창문을 열고 먼지떨이로 가구 위에 쌓인 먼지를 떨고 청소기를 돌린 다음 걸레질을 합니다. 컴퓨터나 텔레비전 같은 전자 제품은 물걸레로 닦으면 위험하니까 소주를 주방 휴지에 묻혀서 닦아 주면 좋습니다.
>
> 욕실과 화장실은 일주일에 한두 번 시간을 정해서 청소해야 냄새가 나지 않습니다. 욕실 세제로 바닥을 깨끗이 닦고, 배수구 주변은 안 쓰는 칫솔로 구석구석 닦습니다. 청소를 한 후에는 물기가 없도록 해야 합니다. 변기에서 냄새가 날 때는 식초 두 컵을 변기에 부어 준 다음 한 시간 후에 물을 내려 주면 냄새가 없어집니다. 식초 대신 콜라를 사용해도 좋습니다.
>
> 설거지를 할 때는 기름이 없는 그릇부터 닦은 후에 기름이 있는 그릇을 씻어야 합니다. 기름이 너무 많이 묻어 있는 그릇은 물로 설거지를 하기 전에 신문지나 휴지로 기름을 닦은 다음 따뜻한 물로 설거지를 하는 것이 좋습니다. 설거지는 식사가 끝나자마자 하는 것이 가장 좋지만, 바로 할 수 없으면 그릇을 물에 담가 놓아야 잘 씻어집니다. 가끔 설거지대를 식초로 닦아 주면 음식물 냄새도 없어지고 깨끗해집니다.

(1) (㉮)에 들어갈 문장을 고르십시오.

ⓐ 세탁기가 고장 날 수 있기 때문입니다.

ⓑ 흰 옷이 까만 옷보다 무겁기 때문입니다.

ⓒ 흰 옷이 까만 옷보다 더럽기 때문입니다.

ⓓ 흰 옷에 까만 얼룩이 생길 수 있기 때문입니다.

(2) 청소할 때 필요한 도구로 알맞은 것을 연결하십시오.

ⓐ 가구　　　　•　　　　　　　　　•　① 칫솔

ⓑ 변기　　　　•　　　　　　　　　•　② 먼지떨이

ⓒ 배수구　　　•　　　　　　　　　•　③ 콜라

ⓓ 텔레비전　•　　　　　　　　　•　④ 소주

(3) 위 글에서 조언한 대로 집안일을 한 사람은 누구입니까?

ⓐ 프라이팬에 남은 기름을 신문지로 닦았어요.

ⓑ 변기에 냄새가 나서 먹다가 남은 소주를 부었어요.

ⓒ 물걸레로 바닥을 닦을 때 가구와 컴퓨터도 같이 닦았어요.

ⓓ 물이 아까워서 이불을 빨 때 세탁기에 물을 반만 넣었어요.

2　여러분은 집안일을 잘하는 방법을 알고 있습니까? 써 보십시오.

빨래	
청소	
설거지	

◉ 다음 그림과 글을 보면서 아래의 질문에 답해 보십시오.

● **손**

한국에는 손에 관한 표현이 많습니다. 신체 중에서 손을 많이 사용하기 때문이기도 하지만 손에 여러 가지 의미가 있다고 생각하기 때문입니다. 한국에는 손금을 보는 풍습도 있는데 손에 있는 선을 보고 생명이나 감정, 재산 등을 추측하는 것입니다. 이 밖에도 손에 관한 표현이 여러 가지가 있습니다. 먼저 '손을 쓰다'라는 말은 필요한 해결 방법을 쓸 때 사용하는 말입니다. 또 나쁜 관계를 끊거나 나쁜 일을 그만한다는 뜻의 '손을 씻다'라는 말이 있는데 이것은 나쁜 과거를 버리고 새 인생을 시작할 때 많이 말합니다. 또 일에 익숙할 때도 '손에 익다'라는 말을 씁니다. 그래서 낯설거나 처음인 일을 할 때 '손에 익지 않다'라고 합니다.

1　여러분에게 손에 익은 일과 손에 익지 않은 일은 무엇입니까?

2　여러분 나라에는 손과 관련한 표현이 있습니까?

가사 분담 分担家务

你们国家的人对于男人做家务是怎么看的呢？ 很久以来，韩国受儒家思想和重男轻女思想的影响，人们一直认为家务事就应该是由女人承担的。但是时代变了，现在做家务的男人越来越多了。随着双职工夫妇和参与社会活动的女性数量的增加，家务事再也不是女性的专职了。这是因为与那种按性别划分责任的过去不同，现在的夫妇基本上都是共同分担家务，家庭内已经不存在夫妻间的职责界限了。

特别是二、三十岁的新一代夫妇们把夫妻共同挣钱养家和家务分担看作是最基本的生活方式，男人们也把做家务当成是生活的一部分。过去只起辅助作用的男人们，而今打扫房间、收拾餐具、叠被褥、洗衣服、打扫卫生间、准备饭菜等家务会和女性一道进行，就连让韩国的已婚女性们最头疼的节日准备，男性的参与度也越来越高了。这已经不再是男女工作分担的问题了，可以说是出于人们希望建立互助互爱、提高生活效率的新型夫妻关系的良好愿望而发生的变化吧。

但是这种变化并不等同于男女的平等。尽管女性的社会参与率和男性分担家务的比率在增加，但家庭主妇们的家务劳动时间还远远超过男性，而且年龄层越高，对男性参与家务的态度也越消极。根据首尔和京畿道地区对于家务分担的实际调查结果表明：二、三十岁的男性对从事家务的

态度比较开放，参与率也很高；而年龄层越高，不从事家务的人也越多。

在家庭形态多样化、女性地位不断提升的现代社会里，家务分担的问题已经不仅是女性的问题了，而是家庭的问题，是一个需要解决的社会问题。

---

1 과거의 가사 분담에 대한 생각은 현재 어떻게 바뀌었습니까?
现代人对于家务分担的态度有什么变化吗?

2 여러분은 부부가 가사를 분담하는 것에 대해 어떻게 생각하는지 이야기해 보십시오.
你对于夫妇分担家务的问题是怎么看的?

单词

1　그림을 보고 알맞은 것을 단어를 연결하십시오.

(1) 

・　　　　　　　　　・ⓐ 쓸다

(2) 

・　　　　　　　　　・ⓑ 떨다

(3) 

・　　　　　　　　　・ⓒ 닦다

(4) 

・　　　　　　　　　・ⓓ 버리다

2　그림을 보고 알맞은 것을 골라서 쓰십시오.

안개가 끼다	비바람이 치다	화창하다

(1) 

(2) 

(3) 

_______________　　_______________　　_______________

3 알맞은 것을 골라서 대화를 완성하십시오.

| 계좌 번호 | 계좌 이체 | 동전 | 지폐 | 통장 | 예금주 |

가 손님, 뭘 찾으세요?

나 송금을 하고 싶은데 __________을/를 해도 되지요?

가 그럼요. 받는 분의 이름하고 __________을/를 여기에 써 주세요.

나 참, 그리고 오천 원짜리 __________을/를 오백 원짜리 __________(으)로 바꿀 수 있나요?

가 그럼요. 모두 오백 원짜리로 바꿔 드릴까요?

나 삼천 원은 오백 원짜리로 바꿔 주시고 이천 원은 백 원짜리로 바꿔 주세요.

가 네, 알겠습니다.

4 알맞은 표현을 연결하십시오.

(1) 친구에게 전화를 걸었는데 친구가 다른 사람하고 전화를 하고 있어요.   •　　　•ⓐ 음성 메시지를 남기다

(2) 친구가 전화를 안 받아서 할 말을 녹음했어요.   •　　　•ⓑ 통화 중이다

(3) 선생님 댁에 전화했는데 전화를 받지 않으세요.   •　　　•ⓒ 이모티콘을 보내다

(4) 친구와 저는 문자 메시지를 보낼 때 (^^) , (ㅠ.ㅠ)를 써요.   •　　　•ⓓ 부재중이다

5 알맞은 것을 골라서 문장을 완성하십시오.

| 가지고 오다 | 데리고 가다 | 모시고 오다 |

(1) 옷을 교환하려면 영수증을 _________________

(2) 친구 생일 파티에 동생을 _________________

(3) 신용카드를 만들려면 부모님이 계셔야 하니까 부모님을 _________________

6 밑줄 친 부분을 알맞게 고치십시오.

(1) 머리가 아팠는데 약을 먹고 <u>낫았습니다.</u> ➡ _________________

(2) 어젯밤에 울어서 아침에 눈이 <u>붓었어요.</u> ➡ _________________

(3) 영화가 재미있어서 사람들이 모두 <u>우었습니다.</u> ➡ _________________

7 알맞은 말에 동그라미 하십시오.

(1) 안녕하세요. 저는 메이 씨 친구 박민준(이라고 합니다, 으라고 합니다).

(2) 지금 친구들이 학교에서 (기다린다고, 기다렸다고) 전해 주세요.

(3) 민준 씨가 들어오는 대로 저에게 전화해 (주라고, 달라고) 메모 남겨 주세요.

(4) 메이 씨, 어제 마이클 씨에게 책을 빌렸지요? 마이클 씨가 내일까지 책을
    (돌려 달라고, 돌려주라고) 말했어요.

8 그림을 보고 알맞은 것을 연결하십시오.

(1) 

       • ⓐ 공항에 도착하는대로 전화하겠습니다.

(2) 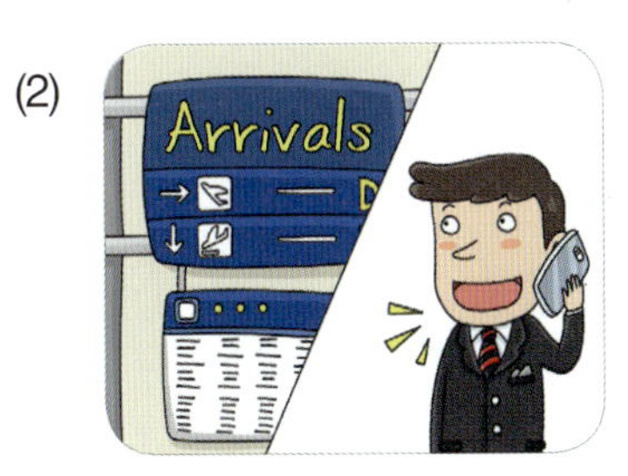

       • ⓑ 날씨가 선선해졌어요.

(3) 

       • ⓒ 아침에 일어나자마자 이를 닦아요.

(4) 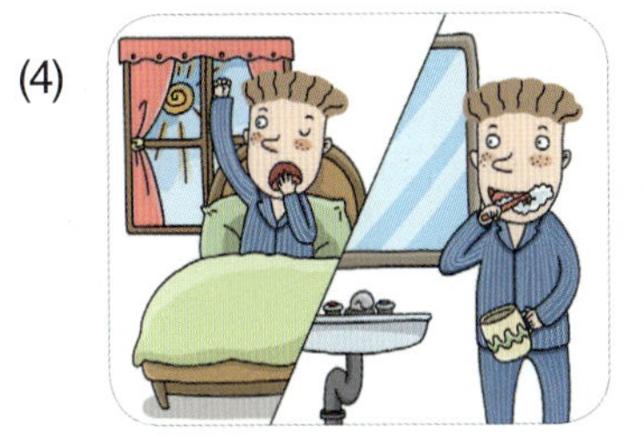

       • ⓓ 숙제를 하고 나서 텔레비전을 볼 거예요.

9 알맞은 것을 골라서 대화를 완성하십시오.

(1) 가 집에서 공항까지 얼마나 걸릴까요?
    나 잘 모르겠지만 아마 한 시간쯤 ___________________ (걸리다)

(2) 가 민준 씨, 왜 안경을 썼어요?
    나 요즘 밤에 책을 많이 봐서 눈이 ___________________ (나쁘다)

(3) 가 언제부터 태권도를 배웠어요?
    나 지난달부터 ___________________ (배우다)

(4) 가 언제 고향에 돌아갈 거예요?
    나 대학교를 ___________________ 돌아갈 거예요. (졸업하다)

听力练习

🎧 CD 音轨 **26**

10 다음을 듣고 그림과 알맞은 대화를 고르십시오.

ⓐ   ⓑ
ⓒ   ⓓ

11 다음을 듣고 들은 내용과 같으면 ○, 다르면 ✕ 하십시오.

(1) 박민준 씨는 지금 부재중입니다.   (   )

(2) 마이클 씨는 저녁 모임에 갈 수 없다고 말했습니다.   (   )

(3) 여자는 마이클 씨에게 메모를 전할 겁니다.   (   )

12 다음을 듣고 이어질 남자의 말을 고르십시오.

ⓐ 여권이 없습니다.

ⓑ 운전면허증도 괜찮습니다.

ⓒ 외국인등록증을 만드세요.

ⓓ 그럼 학생증을 다시 주세요.

13 다음을 듣고 들은 내용과 <u>다른</u> 것을 고르십시오.

ⓐ 남자는 114에 전화를 걸었습니다.

ⓑ 남자는 서울여행사 전화번호를 알고 싶습니다.

ⓒ 문자 메시지로 전화번호를 받고 싶으면 2번을 눌러야 합니다.

ⓓ 서울여행사에 바로 전화를 하고 싶으면 3번을 눌러야 합니다.

14 다음 글을 읽고 질문에 답하십시오.

> 오늘은 깨끗이 설거지하는 방법을 알려 드리겠습니다. 먼저 밀가루와 베이킹 소다를 이용하는 방법이 있습니다. 기름이 그릇에 남아 있으면 바로 물로 씻지 말고 먼저 밀가루나 베이킹 소다를 이용해서 기름을 닦아 내면 기름기를 없앨 수 있습니다. 기름기를 없앤 후에는 따뜻한 물로 헹궈야 합니다. 또 쌀을 씻은 물을 버리지 말고 잘 모아 두었다가 기름기가 있는 그릇을 헹굴 때 사용하면 그릇이 깨끗해집니다. 이런 방법은 설거지도 깨끗하게 할 수 있고 환경 오염도 줄일 수 있어서 좋습니다.

(1) 위 글의 제목으로 알맞은 것을 고르십시오.

ⓐ 쌀 씻는 방법   ⓑ 설거지의 좋은 점

ⓒ 설거지하는 방법   ⓓ 설거지를 하는 이유

(2) 위 글의 내용과 같은 것을 고르십시오.

ⓐ 기름기가 그릇에 남아 있으면 바로 물로 헹궈야 합니다.

ⓑ 쌀 씻은 물로 설거지를 하면 환경을 보호할 수 있습니다.

ⓒ 밀가루로 기름기를 없앤 후에 찬물로 헹궈야 합니다.

ⓓ 물로 그릇을 헹군 다음 베이킹 소다로 그릇을 닦아야 합니다.

 다음 대화를 읽고 내용과 같은 것을 고르십시오.

> 민준　지금 몇 시나 되었지요?
>
> 메이　4시 10분 전이에요.
>
> 민준　은행 문 닫기 전에 빨리 가서 현금을 찾아 놓아야 하는데 깜박 잊어 버렸네요. 이제 10분 후면 문을 닫는데 어떻게 하지요?
>
> 메이　돈만 찾을 거예요? 그러면 현금자동지급기를 사용하면 되잖아요.
>
> 민준　현금자동지급기에서 돈을 찾으려면 수수료를 내야하지 않나요?
>
> 메이　다른 은행의 현금자동지급기를 이용할 때는 수수료를 내야 하지만 같은 은행은 수수료는 내지 않아도 돼요.
>
> 민준　아, 그렇군요. 알려 줘서 고마워요.

ⓐ 은행은 4시 10분까지 합니다.

ⓑ 은행 문을 닫으면 돈을 찾을 수 없습니다.

ⓒ 민준 씨는 현금카드를 안 가지고 있습니다.

ⓓ 다른 은행 현금자동지급기로 돈을 찾으려면 수수료를 내야 합니다.

16 다음 내용과 같으면 ○, 다르면 ✕ 하십시오.

메이 씨,	메이 씨,	언니
이 메모를 보는 대로 전화해 주세요.	지금 김 선생님이 아프셔서 병원에 입원하셨다고 해요. 저는 먼저 병원에 갈 테니까 메이 씨도 퇴근하자마자 병원으로 와 주세요. 한국병원 201호예요.	내일 제가 책상 위에 민준 씨 책을 놓고 갈 테니까 민준 씨에게 전해 주세요. 부탁해요.
2:00 PM - 민준 -	- 마이클 -	3:30 PM - 마리아 -

(1) 민준 씨는 메이 씨에게 전화를 해 달라고 메모를 남겼습니다. (　　)

(2) 마이클 씨는 메이 씨에게 퇴근 후에 병원에 와 달라고 했습니다. (　　)

(3) 마리아 씨는 메이 씨 책을 민준 씨에게 주라고 메모를 남겼습니다. (　　)

17 메이 씨가 뭐라고 했습니까? 〈보기〉와 같이 쓰십시오.

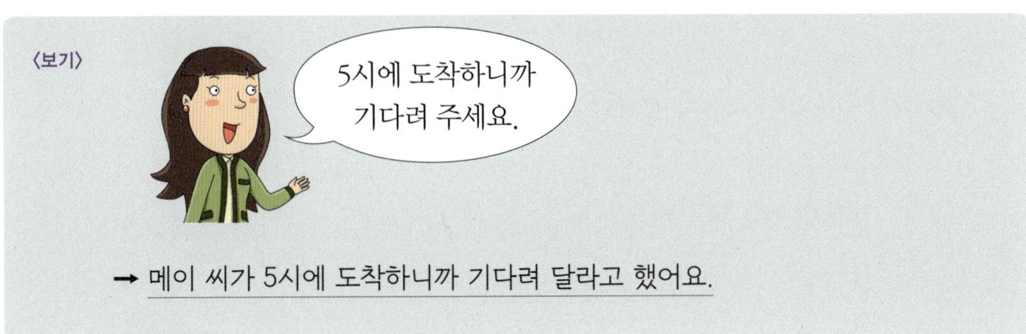

(1)

→ ____

(2)

→ ____

(3)

→ ____

18 주어진 문법을 이용해서 〈보기〉와 같이 대화를 완성하십시오.

> 〈보기〉 가 한국 음식이 안 매워요?
> 나 <u>네, 저는 매운 음식을 좋아하는 편이에요.</u> (-는 편이다)

(1) 가 늦어서 죄송합니다.
　　나 ＿＿＿＿＿＿＿＿＿＿＿＿＿＿＿＿＿＿＿＿ (-도록 하다)

(2) 가 마이클 씨, 수업이 끝나면 뭘 해요?
　　나 ＿＿＿＿＿＿＿＿＿＿＿＿＿＿＿＿＿＿＿＿ (-자마자)

(3) 가 언제 숙제를 할 건가요?
　　나 ＿＿＿＿＿＿＿＿＿＿＿＿＿＿＿＿＿＿＿＿ (-고 나서)

19 알맞은 것을 연결하고 '-다가'를 이용해서 문장을 완성하십시오.

(1) 날씨가 맑다　　·　　　　　·ⓐ 슬퍼서 울다

(2) 드라마를 보다　　·　　　　　·ⓑ 갑자기 비가 오다

(3) 한국어를 공부하다 ·　　　　　·ⓒ 단어를 몰라서 사전을 찾다

(4) 잠을 자다　　·　　　　　·ⓓ 시끄러워서 깨다

(1) ＿＿＿＿＿＿＿＿＿＿＿＿＿＿＿＿＿＿＿＿

(2) ＿＿＿＿＿＿＿＿＿＿＿＿＿＿＿＿＿＿＿＿

(3) ＿＿＿＿＿＿＿＿＿＿＿＿＿＿＿＿＿＿＿＿

(4) ＿＿＿＿＿＿＿＿＿＿＿＿＿＿＿＿＿＿＿＿

봄	안녕하십니까? 오늘의 날씨를 말씀드리겠습니다. 요즘 날씨가 많이 따뜻해졌지요? 오늘도 춥지 않고 따뜻하겠습니다. 하지만 아침저녁으로 쌀쌀하니까 외출하실 때 겉옷을 준비하셔야 합니다. 빨래하고 세차를 하기에도 좋은 날씨입니다. 오랜만에 가까운 공원에서 산책을 해 보는 건 어떨까요?
여름	
가을	
겨울	

第**11**课

需要托付别人或表示拒绝的时候，你是怎么做的？这一课我们学习与托付和拒绝相关的词汇和表达方式。

부산으로 출장을 가게 되었거든요.

- **두 사람은 무슨 대화를 하고 있을까요?**
  这两个人在谈论什么呢？

- **여러분은 부탁이나 거절을 할 때 어떻게 말합니까?**
  你是如何拜托或拒绝他人的？

회사 관련 어휘 与公司相关的词汇

대기업 / 중소기업
大企业 / 中小企业

보험회사
保险公司

증권회사
证券公司

무역회사
贸易公司

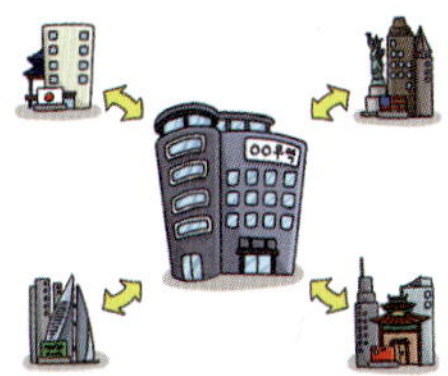

건설회사
建设公司

IT회사
IT公司

부서, 직급 관련 어휘 与部门、级别相关的词汇

총무부/인사부/영업부/홍보부	总务部/人事部/营业部/宣传广告部
회장/사장/부사장	会长/总经理/副经理
부장/차장/과장/대리/사원	部长/次长/科长/代理/社员、公司职员

직장 생활 관련 어휘 与工作相关的词汇

출근/퇴근/야근	上班/下班/加班	직장 상사	上司
외근/결근	外勤/缺勤	통역	口译
조퇴하다	早退	거래처	客户
지방/해외 출장	外地/海外出差	마중을 나가다	去接人
보너스	红利	귀한 손님을 모시다	陪同贵宾
퇴직금	退休金	곤란하다	困难
사직서	辞呈		

메이	민준 씨, 부탁을 좀 해도 될까요?
민준	네, 무슨 부탁이요?
메이	이 서류를 내일 아침에 총무부에 좀 전해 주시겠어요? 제가 오늘 저녁에 갑자기 부산으로 출장을 가게 되었거든요.
민준	알겠어요. 총무부 누구에게 서류를 드려야 하나요?
메이	총무부에 가서 이 차장님께 드리면 돼요. 제가 미리 전화해 놓았으니까 서류 전해 드리면 아실 거예요. 괜히 번거롭게 해서 미안해요.
민준	괜찮아요. 어려운 일도 아닌데요, 뭐. 그럼 걱정 말고 출장 잘 다녀오세요.

生词

번거롭다 繁琐

부장	마이클 씨, 회의 준비 다 끝났나요?
마이클	죄송합니다, 부장님. 제가 실수로 회의에서 쓸 프레젠테이션 파일을 지워 버렸어요.
부장	뭐라고요? 한 시간 후에 회의인데 그럼 어떡합니까? 이번 회의는 사장님도 참석하신다고 하던데 큰일 났군요!
마이클	집에 있는 컴퓨터에 파일이 있으니까 제가 빨리 갔다 오겠습니다. 가까우니까 금방 다녀올 수 있습니다. 죄송하지만 제 발표를 좀 뒤로 미뤄 주시면 안 될까요?
부장	알겠어요. 빨리 다녀와요. 그럼 마이클 씨는 집에 갔다 와야 하니까 회의 발표는 김 대리가 먼저 준비해 줘요.
김 대리	네, 부장님.

生词

프레젠테이션 报告、演示
파일 文件
큰일 나다 出大事

–게 되다

接于动词后，表示某一动作或状态不是由主语本身的意志或期望所致而是由他人的行为或某种外部因素导致的。可以与**갑자기**、**결국**、**마침내**等词汇一同使用。

- 갑자기 부산에 출장을 가게 되었습니다. 突然得去釜山出趟差。

- 발표를 제가 하게 되었습니다. 让我来发表了。

- 가 한국어 실력이 많이 늘었군요! 韩国语水平提高了不少啊。
  나 네, 한국 친구들하고 자주 만나니까 한국어를 잘하게 되었어요.
    是的，常和韩国朋友见面，韩国语说得也好了。

练习

1 〈보기〉와 같이 문장을 완성하십시오.

> 〈보기〉 회의 장소를 바꾸다
>
> → 회의 장소를 바꾸게 되었어요.

(1) 오늘 야근을 하다

→ ______________________________

(2) 지방으로 이사를 가다

→ ______________________________

(3) 승진을 하다

→ ______________________________

2 알맞은 것을 연결하십시오.

(1) 갑자기 비가 와서   ·   · ⓐ 약속을 미루게 되었어요.

(2) 급한 일이 생겨서   ·   · ⓑ 문을 닫게 되었습니다.

(3) 비행기 표가 다 팔려서 ·   · ⓒ 기차로 가게 되었어요.

(4) 회사 사정이 나빠져서 ·   · ⓓ 운동회를 실내에서 하게 되었습니다.

–아/어/여 버리다

接于动词后，用于表示某种行为的完全结束或表示出现了的是完全没有保留的结果。内含分忧或稍有遗憾的意思。

- 오늘까지 일을 모두 끝내 버립시다. 今天把所有工作都做完吧。

- 회의 자료 파일을 지워 버렸습니다. 会议资料的文件全都删掉了

- 가 식탁 위에 과자 못 봤어요? 没看见饭桌上的点心吗？
  나 제가 다 먹어 버렸는데요. 我都吃完了呀。

练习

1 ⟨보기⟩와 같이 문장을 완성하십시오.

> ⟨보기⟩ 약속 시간을 깜박 잊다
>
> ➡ <u>약속 시간을 깜박 잊어 버려서</u> 약속을 지키지 못했어요.

(1) 용돈을 다 쓰다
  ➡ ________________________ 돈이 하나도 없어요.

(2) 기차를 놓치다
  ➡ ________________________ 고속버스를 타고 왔어요.

(3) 남은 음식을 다 먹다
  ➡ ________________________ 배가 너무 불러요.

2 '–아/어/여 버리다'를 이용해서 대화를 완성하십시오.

(1) 가 콜라를 사서 냉장고에 넣어 놨는데 못 찾겠어요.
  나 ________________________

(2) 가 벌써 일을 다 끝냈어요?
  나 ________________________

(3) 가 또 약속을 안 지켰군요.
  나 ________________________

–아/어/여 주시겠어요?

接于动词后，用于请求或托付他人做某事的时候。也用于以劝说的方式询问对方意见的时候。

- 이 서류를 사무실에 좀 전해 주시겠어요? 能把这份资料交给办公室吗?

- 가방 좀 들어 주시겠어요? 能帮忙拿一下儿包吗?

- 가 민준 씨, 선생님께 책 좀 가져다주시겠어요? 民俊，能把书拿给老师吗?
  나 네, 제가 가져다 드리겠어요. 好，我就拿去。

练习

1 〈보기〉와 같이 문장을 완성십시오.

> 〈보기〉 메모를 전하다 ➡ 메모를 좀 전해 주시겠어요?

(1) 천천히 말씀하다 ➡ ______________________________

(2) 조용히 하다 ➡ ______________________________

(3) 잠깐만 기다리다 ➡ ______________________________

2 〈보기〉와 같이 대화를 완성하십시오.

> 〈보기〉 가 이것 좀 치워 주시겠어요?
> 나 네, 치워 드리겠습니다.

(1) 가 서류 좀 ______________________________
    나 네, 바로 정리하겠습니다.

(2) 가 내일까지 이메일 좀 ______________________________
    나 네, 보내 드리겠습니다.

(3) 가 다른 사이즈로 좀 ______________________________
    나 네, 바꿔 드리겠습니다.

–거든요

用于回答问题以及对前面内容的理由、事实等进行陈述或表示还有后话的时候。当用于表示话者的理由或想法时，不可以将–거든요放在文章或对话的最前面，要用在对自己前面所述的话或后面接续的话或对他人的提问进行回答的时候。

- 가 마이클 씨, 오늘 기분이 좋아 보여요. 迈克，今天看起来心情不错啊！
  나 네, 회사에서 승진했거든요. 是的，在公司升职了。

- 가 무슨 일 있어요? 有什么事吗?
  나 어제 잠을 못 잤어요. 일이 많았거든요. 昨天没睡觉，事太多了。

- 가 오늘은 제가 저녁을 사겠어요. 今天晚饭我请客。
  나 웬일이에요? 有什么事吗?
  가 보너스를 받았거든요. 拿到奖金了。

练习

〈보기〉와 같이 대화를 완성하십시오.

> 〈보기〉 가 왜 지방으로 이사를 가요?
> 나 직장을 옮기게 되었거든요. (직장을 옮기게 되었다)

(1) 가 공항에는 무슨 일로 가요?
  나 ___________________________ (거래처 손님을 마중 나가야 하다)

(2) 가 왜 매일 늦게 자요?
  나 ___________________________ (밤마다 영어 공부를 하다)

(3) 가 요즘 왜 매일 지하철을 타요?
  나 ___________________________ (차가 고장 나서 수리점에 맡겼다)

1 다음을 듣고 들은 내용과 같으면 O, 다르면 X 하십시오.

(1) • 여자는 남자에게 회의 자료를 만들어 달라고 부탁합니다. ( )

  • 남자는 지금 다른 일이 있어서 도와줄 수 없습니다. ( )

(2) • 남자의 노트북은 지금 수리점에 있습니다. ( )

  • 여자는 남자의 부탁을 거절했습니다. ( )

(3) • 남자는 구내식당에서 점심을 먹을 겁니다. ( )

  • 남자는 여자보다 먼저 식당에 도착할 겁니다. ( )

(4) • 여자는 남자에게 회의 자료 번역을 부탁했습니다. ( )

  • 여자는 거래처에 가야 합니다. ( )

2 다음을 듣고 질문에 답하십시오.

(1) 들은 내용과 같은 것을 고르십시오.

  ⓐ 남자가 여자에게 부탁합니다.

  ⓑ 거래처에서 모두 세 명이 옵니다.

  ⓒ 이 차장은 중국어를 할 수 있습니다.

  ⓓ 김 대리와 이 차장은 같이 공항에 갈 겁니다.

(2) 남자는 왜 여자의 부탁을 거절했습니까? 쓰십시오.

____

● 직장 동료에게 부탁을 해 본 적이 있습니까? 〈보기〉와 같이 옆 사람과 대화해 보십시오.

오늘 야근을 하게 되다
야근 날짜를 바꾸다
집에 급한 일이 생기다

〈보기〉
가   김 대리님, 부탁할 것이 좀 있는데요.

나   네, 말씀하세요.

가   제가 오늘 야근을 하게 되었는데 야근 날짜를 좀 바꿔 주시겠어요?

나   무슨 일이신데요?

가   집에 급한 일이 생겼거든요.

나   네, 알겠어요. 어려운 일도 아닌데요.

가   정말 고마워요.

나   별 말씀을요.

(1)

어제 회의 자료를 보고 싶다
자료를 빌리다
다음 주 회의를 준비하는 중이다

(2)

오후에 거래처에 들르다
같이 거래처에 가다
처음이라서 위치를 잘 모르다

1 다음 글을 읽고 질문에 답하십시오.

> 안녕하세요. 저는 직장에서 일하는 평범한 회사원입니다. 저에게는 아주 친하게 지내는 직장 동료가 있습니다. 우리는 부서는 다르지만 입사도 같이 했고 성격도 잘 맞아서 가끔 저녁을 먹거나 취미 활동을 같이 하기도 합니다. 회사 일로 스트레스를 받으면 서로 위로해 주고 술도 한잔하기도 합니다.
>
> 그런데 며칠 전부터 문제가 생겼습니다. 지난주에 저희는 사장님도 참석하시는 회의에서 저는 홍보부 대표로, 제 동료는 영업부 대표로 프레젠테이션을 맡게 되었습니다. 이번 프레젠테이션은 아주 중요하고 회사의 많은 사람들이 참석하는 자리여서 우리는 열심히 해서 좋은 결과를 만들자고 서로 응원해 주었습니다.
>
> 저는 며칠 동안 밤을 새워 열심히 준비했습니다. 그런데 하루는 동료가 저에게 부탁을 했습니다. "김 대리, 프레젠테이션에 표 만드는 게 좀 어려워서 그러는데 좀 도와주면 안 될까요?" 저는 아직 제 발표 준비도 끝나지 않았고 바빠서 시간도 없었기 때문에 "제 것도 다 못 해서 도와줄 수 없겠는데요."라고 말했습니다. 그런데 다음 날 회사에서 동료는 저를 보고도 인사를 하지 않았습니다. 일부러 피하는 것 같았습니다. 동료는 제가 부탁을 거절해서 화가 난 걸까요? 제가 말을 잘못한 건가요? 조언 부탁드립니다.

(1) 동료의 부탁은 무엇이었습니까? 쓰십시오.

____

(2) 위 내용과 같으면 O, 다르면 X 하십시오.
- 저와 동료는 입사 동기입니다. ( )
- 저는 영업부에서 일합니다. ( )
- 회의에서 저만 프레젠테이션 발표를 맡았습니다. ( )
- 동료는 회의 준비를 열심히 하지 않았습니다. ( )

(3) 여러분이라면 이런 상황에서 어떻게 거절하겠습니까?

____

____

____

2 〈보기〉에서 부탁과 거절의 표현을 찾아 기호를 써 보십시오.

> ㉠ 미안하지만 이것 좀 도와주세요.
>
> ㉡ 죄송한데 저도 지금 좀 바빠서요.
>
> ㉢ 실례지만 좀 도와주시겠어요?
>
> ㉣ 이것 좀 도와주면 고맙겠는데…….
>
> ㉤ 생각해 보고 말씀드릴게요.
>
> ㉥ 힘들겠지만 이것 좀 도와줘요.
>
> ㉦ 도와 드리고는 싶지만…….
>
> ㉧ 저도 그리고 싶지만 어려울 것 같습니다.
>
> ㉨ 괜찮으시면 이것 좀 도와줄 수 있어요?
>
> ㉩ 미안하지만 안 되겠는데요.

부탁	거절

3 부탁을 잘하려면 어떻게 말해야 할까요? 또 거절할 때 어떻게 말해야 상대방이 기분이 나쁘지 않을까요? 다음 상황에서 부탁을 하고 거절하는 대화문을 만들어 보십시오.

> 저는 며칠 전에 새 카메라를 샀습니다. 친구가 제 카메라를 빌려 달라고 부탁합니다. 저는 카메라가 새 것이고 사진을 찍을 일이 많아서 친구의 부탁을 거절하고 싶습니다.

◉ 다음 그림과 글을 보면서 아래의 질문에 답해 보십시오.

● **눈이 높다**

여러분은 이상형이 있어요? 한국에서는 어느 정도 이상의 좋은 것만 찾을 때 '눈이 높다'라고 하는데요. 예를 들어 결혼하고 싶은 이상형을 찾을 때 외모, 성격, 직업, 능력 등 여러 가지 좋은 조건만을 말하면 '눈이 높다'라고 해요. 그래서 예를 들면 '눈이 높아서 여자 친구가 없다', '눈이 높아서 결혼을 못 했다'라는 말은 사람을 고르는 기준이 너무 높다는 걸 말해요. 또 사람뿐만 아니라 물건을 고르는 안목도 높은 것을 뜻하는데 예를 들면 "친구는 눈이 높아서 선물로 뭘 사야 할지 모르겠어요."에서는 친구의 안목이 높기 때문에 선물 고르기가 어렵다는 것을 말해요.

1 여러분의 이상형은 어떤 사람입니까? 여러분은 눈이 높은 편입니까?

2 여러분 나라에는 눈과 관련된 표현이 있습니까?

말에 대한 속담 与语言相关的俗谈

你们国家有和语言相关的俗谈吗？韩国就有一句自古流传下来的名句，你听说过："가는 말이 고와야 오는 말이 곱다."的由来吗？从前有一位姓朴叫相吉的老爷爷经营一家肉店，一天店里进来两个来买肉的人。一位男子说："嘿，相吉！来斤肉。"；另一位男子说："朴先生！请给我一斤肉！"，于是老爷爷照吩咐切好肉分别给了两位男子。但是仔细看看那肉，尽管要的都一样，可一方的肉量又多、肉又好；而另一方的肉分量不够、肉质也不好。一位男子看了看手中的肉，上前质问："嘿！姓朴的！我们要的都一样，为什么我的分量也不够，质量还这么差？"老爷爷很礼貌地回答说："那是因为那人的肉是朴先生切的，而您的肉是相吉给切的，看来是朴先生的心眼更厚道些。"

这句俗谈和故事可以解释为你善待别人，别人也会善待你。自己会受到什么样的待遇和自身的行动有直接关系。特别是言语很可能成为引起误会的要因，一定要出言慎重。这是因为会对自己成为伤害的话同样也会对别人造成伤害。一句话或一个小动作都在展示自身的人格，因此说话的时候一定要尊重对方、讲究礼仪。

1 여러분 나라에는 말에 관한 속담이 있습니까？
你们国家有和语言相关的俗谈吗？

2 여러분 나라의 예의 바른 언어 문화에 대해 이야기해 봅시다.
请讲述一下你们国家得体守礼的语言文化。

你是怎样表达自己的想法和感情的？这一课我们学习与情感表达相关的词汇和表达方法。

안색이 안 좋아 보여요.

- **여러분은 화가 나거나 기분이 나쁠 때 어떻게 합니까?**

  你在生气或情绪不佳的时候怎么做？

- **여러분 나라에는 감정을 나타내는 말이 있습니까?**

  你们国家有哪些表达感情的用语？

扩展词汇

감정 어휘 与情感相关的词汇

기쁘다
喜悦

우울하다
忧郁

무섭다
害怕、恐怖

슬프다
伤心、难过

괴롭다
痛苦

부끄럽다
羞愧/害羞

즐겁다
高兴

불안하다
不安

답답하다
郁闷、憋闷

행복하다
幸福

짜증나다
心烦

억울하다
委屈、冤枉

흐뭇하다
惬意

화나다
生气

속상하다
糟心、伤心、可气

긍정적이다　　　肯定性的
부정적이다　　　否定性的

감정 표현 어휘 感情表现词汇

감정을 나타내다·표현하다　　表露/表达感情
감정을 조절하다　　调节感情

감정을 숨기다　　隐藏感情
감정을 풀다　　释放感情

대인 관계 관련 어휘 与人际关系相关的词汇

상대방의 입장에서 생각하다　　站在对方的立场想问题
배려하다　　关照、顾及
극복하다　　克服

대인 관계　　人际关系
갈등　　纠葛、矛盾

메이	민준 씨, 요즘 무슨 기분 나쁜 일 있어요? 안색이 안 좋아 보여요.
민준	사실은 요즘 부장님하고 사이가 안 좋아서요. 스트레스를 안 받으려고 하는데 그게 잘 안 되네요.
메이	부장님하고 무슨 일 있으세요?
민준	저희 부장님이 술을 좋아하셔서 자주 술자리에 사람들을 부르시는데 그때마다 제가 일이 생겨서 거절했거든요. 부장님이 그걸 기분 나쁘게 생각하시는 것 같아요.
메이	거절할 때 어떻게 말했는데요? 민준 씨도 술자리에 가고 싶지만 어쩔 수 없는 상황을 잘 설명했어요?
민준	생각해 보니까 제 상황을 자세히 설명한 적이 없는 것 같네요. 다음부터 잘 말씀드려야겠어요. 충고 고마워요, 메이 씨.

마이클	메이 씨, 요즘 아주 건강해 보이네요. 표정도 밝아 보이고요.
메이	그래요? 다이어트를 하려고 매일 열심히 운동하거든요.
마이클	메이 씨가요? 지금도 충분히 날씬한데 왜 살을 빼려고요?
메이	얼마 전에 건강 검진을 했는데 제가 지방량에 비해서 근육량이 적다고 해서요. 건강해지려면 운동을 해서 지방을 줄이고 근육을 늘려야 한다고 했어요.
마이클	그렇군요. 저도 메이 씨처럼 운동을 열심히 해야 하는데 일 때문에 바빠서 시간이 없네요.
메이	처음은 어렵지만 일단 시작하면 몸도 가벼워지고 마음도 즐거워져요.

生词

건강 검진	健康检查、体验
지방량	脂肪量
근육량	肌肉量
줄이다	减少
늘리다	增加

–어/아/여 보이다

接于形容词后，用于叙述看到某一表象后的感觉或推测。即与能够表达话者目睹后推论的动词一起使用。

- 요즘 많이 힘들어 보이는군요. 你最近看上去很疲惫。

- 메이 씨는 나이보다 어려 보여요. 美伊看上去比年龄显小。

- 가 오늘 많이 피곤해 보이는데 무슨 일 있어요? 今天看上去很累，有什么事吗？
  나 요즘 일이 너무 많아서 밥 먹을 시간도 없거든요. 最近事太多，连吃饭的时间都没有。

练习

1 〈보기〉와 같이 바꾸십시오.

> 〈보기〉 우울하다 ➡ 우울해 보여요.

(1) 불안하다 ➡ ___________________

(2) 한가하다 ➡ ___________________

(3) 행복하다 ➡ ___________________

2 〈보기〉와 같이 대화를 완성하십시오.

> 〈보기〉 가 요즘 운동해요? 건강해 보이는군요. (건강하다)
>
> 　　　 나 네, 지난달부터 수영을 시작했어요.

(1) 가 어제 잠을 못 잤어요? ___________________ (피곤하다)
　　 나 옆집 음악 소리 때문에 시끄러워서 잠을 못 잤어요.

(2) 가 무슨 좋은 일 있어요? ___________________ (즐겁다)
　　 나 네, 남자 친구에게 청혼을 받았거든요.

(3) 가 무슨 일 있어요? ___________________ (화가 나다)
　　 나 직장 동료하고 좀 싸워서 그래요.

-(으)려고

接于动词后，表示做某事的意图或目的。前后句的主语要一致，通常在前句使用一次。

- 책을 빌리려고 도서관에 가요. 为了借书去图书馆。

- 여행을 가려고 배낭을 샀어요. 为了去旅行，买了个背囊。

- 가 어제 대사관에는 무슨 일로 갔어요? 昨天为什么事去了大使馆？

  나 여권을 잃어버려서 다시 만들려고 갔어요. 护照丢了，为了重新申请一本去了。

练习

1 〈보기〉와 같이 문장을 완성하십시오.

> 〈보기〉 (건강해지다 / 매일 운동을 하다)
>
> → 건강해지려고 매일 운동을 해요.

(1) (친구에게 주다 / 선물을 사다)

　　→ _______________________________

(2) (일찍 일어나다 / 일찍 자다)

　　→ _______________________________

(3) (기념품 사다 / 인사동에 가다)

　　→ _______________________________

2 '-(으)려고'를 이용해서 대화를 완성하십시오.

(1) 가 어제 왜 선생님을 만났어요?

　　나 _______________________________

(2) 가 음식을 이렇게 많이 해요?

　　나 _______________________________

(3) 가 부산에 무슨 일로 가요?

　　나 _______________________________

처럼

接于名词后，表示模样或动作相同或相仿。可以与助词**같이**互换使用。

- 매일 오늘처럼 행복하면 좋겠어요. 每天都像今天这样幸福就好了。
- 한국 사람처럼 발음을 잘했으면 좋겠어요. 要是发音能像韩国人那么标准就好了。
- 가 어떻게 하면 그렇게 테니스를 잘 칠 수 있어요? 网球怎么练才能打得那么好呢?
  나 지금처럼 꾸준히 연습하면 돼요. 像现在这样坚持练就行。

练习

1 〈보기〉와 같이 문장을 완성십시오.

> 〈보기〉 저도 메이 씨처럼 중국어를 잘하면 좋겠어요. (메이 씨)

(1) 저도 ____________ 노래를 잘하고 싶어요. (가수)

(2) 우리 어머니는 ____________ 마음이 넓어서 저를 잘 이해해 주세요. (바다)

(3) 제 여자 친구는 예쁘고 ____________ 마음도 착해요. (천사)

2 〈보기〉와 같이 대화를 완성하십시오.

> 〈보기〉 가 선생님이 어때요?
>
> 나 선생님은 저를 가족처럼 돌봐 주세요.

(1) 가 옆에 앉은 친구가 어때요?
  나 ____________________________

(2) 가 무엇을 누구처럼 잘하고 싶어요?
  나 ____________________________

(3) 가 남자/여자 친구가 누구처럼 멋있어요/예뻐요?
  나 ____________________________

语法 4

-게

接于形容词或部分动词后，表示后面出现的行为或状态的方式或程度。另外放在形容词或 **여기다、생각하다**等动词前为表示对某事的看法或感觉到的内容。

- 기분 나쁘게 생각하지 마세요. 不要往坏处想。

- 음악을 크게 틀지 마세요. 别把音乐声开得太大。

- 가 머리를 어떻게 해 드릴까요? 头发怎么做？
  나 짧게 잘라 주세요. 给剪得短些。

练习

1 〈보기〉와 같이 문장을 완성십시오.

> 〈보기〉 나쁜 일이 생겨도 긍정적으로 <u>좋게</u> 생각하세요. (좋다)

(1) _______________ 화장하고 어디에 가요? 데이트 있어요? (예쁘다)

(2) 다른 색 티셔츠 없어요? 하얀색을 입으면 _______________ 보여서요. (뚱뚱하다)

(3) _______________ 사는 것도 좋지만 가끔은 쉬면서 취미 생활을 하는 것도 중요해요.
　　(바쁘다)

2 알맞은 것을 연결하고 문장을 완성하십시오.

(1) 깨끗하다　　•　　　　　• ⓐ 방을 청소하다

(2) 맛있다　　•　　　　　• ⓑ 그림을 그리다

(3) 예쁘다　　•　　　　　• ⓒ 빵을 만들다

(1) ____

(2) ____

(3) ____

CD 音轨 **32**

1 다음을 듣고 질문에 답하십시오.

(1) 두 사람이 이야기하지 <u>않은</u> 것을 고르십시오.

ⓐ 스트레스의 종류

ⓑ 스트레스의 좋은 면

ⓒ 스트레스의 긍정적인 예

ⓓ 스트레스를 피하는 방법

(2) 들은 내용과 <u>다른</u> 것을 고르십시오.

ⓐ 나쁜 스트레스만 있는 것은 아닙니다.

ⓑ 스트레스가 쌓이면 그때그때 푸는 것이 좋습니다.

ⓒ 운동 경기를 볼 때 흥분이 되는 것은 나쁜 스트레스입니다.

ⓓ 사랑하는 사람을 만나서 긴장하는 것은 좋은 스트레스입니다.

(3) 들은 내용과 같으면 O, 다르면 X 하십시오.

- 스트레스를 잘 극복하면 좋은 결과를 얻을 수 있습니다. ( )
- 스트레스가 생기면 일단 피하고 생각하지 말아야 합니다. ( )
- 스트레스를 긍정적으로 받아들여야 합니다. ( )

2 여러분은 스트레스를 어떻게 생각합니까? 스트레스가 생기면 어떻게 합니까? 어떻게 하면 스트레스를 긍정적으로 생각할 수 있을까요? 여러분의 생각을 이야기하고 써 보십시오.

● 대화 내용을 바꿔서 〈보기〉와 같이 옆 사람과 대화해 보십시오.

기분이 좋아 보이다
여자 친구가 생기다
이번 주말에 첫 데이트를 하기로 하다
한강공원에서 자전거를 타다

〈보기〉
마이클 　민준 씨, 요즘 기분이 좋아 보이는데 무슨 일 있어요?
민준 　네, 여자 친구가 생겼거든요.
마이클 　정말요?
민준 　이번 주말에 첫 데이트를 하기로 했는데 어떻게 하지요?
마이클 　한강공원에서 자전거를 타는 건 어때요?

(1)

피곤해 보이다
요즘 일을 좀 많이 하다
계속 야근과 출장을 해야 하다
식사를 잘 챙기고 잠깐이라도 간단한 스트레칭을 하다

(2)

화가 나 보이다
직장 동료 때문에 감정이 상하다
같이 일을 해야 하다
상대방 입장에서 생각해 보고 기분 나쁜 점을 말하다

1 다음 글을 읽고 질문에 답하십시오.

> 여러분은 직장 동료나 친구에게 부탁을 어떻게 합니까? 쉽게 하는 편입니까? 또 다른 사람에게 부탁을 받으면 어떻습니까? 잘 들어 주는 편입니까?
>
> 다른 사람에게 부탁을 쉽게 하기 힘든 이유는 상대방이 거절하거나 나를 어떻게 생각할까에 대한 걱정 때문입니다.
>
> 하지만 사람은 서로 도움을 필요로 하기 때문에 부탁을 안 하고 살 수는 없습니다. 그러면 부탁을 할 때는 어떻게 해야 할까요? 내가 필요하다고 무조건 부탁을 하면 안 됩니다. 내 부탁이 상대방을 곤란하게 할 수도 있고 피해를 줄 수도 있기 때문입니다. 먼저 상대방이 부탁을 들어줄 만한 상황이 되는지 생각해 봐야 합니다. 그리고 상대방이 부탁을 들어줄 수 있게 말하는 것도 중요합니다. 부탁에도 기술이 필요하다는 것을 여러분은 알고 계십니까? 아무도 가르쳐 주지 않던 그 기술, 알려 드리겠습니다!

(1) 이 글은 책 광고입니다. 이 책의 내용은 무엇입니까?

ⓐ 부탁의 기술

ⓑ 거절의 기술

ⓒ 거절을 피하는 방법

ⓓ 상대방의 부탁을 들어주는 방법

(2) 위 내용과 같으면 O, 다르면 X 하십시오.

- 상대방이 거절할 것 같아서 부탁하는 것이 어렵습니다. ( )
- 부탁을 하지 않는 것이 제일 좋은 방법입니다. ( )
- 상대방이 곤란해도 필요하면 일단 부탁을 해야 합니다. ( )

  다음 글을 읽고 질문에 답하십시오.

> 저는 한 달 전에 지금 살고 있는 아파트로 이사를 왔습니다. 그런데 아랫집 때문에 너무 스트레스를 받습니다. 아랫집에서 올라오는 담배 연기 때문입니다. 베란다 문을 모두 닫고 집 안의 모든 창문을 닫아도 소용이 없습니다. 담배 연기 때문에 더운 날씨에도 창문을 마음대로 열지도 못합니다. 아랫집에 가서 몇 번이나 이 문제에 대해서 말했지만 그때마다 "우리 집에서 내가 마음대로 담배도 못 피웁니까!"라며 오히려 화를 냅니다. 최근에는 스트레스 때문에 두통까지 생겼습니다. 화가 나는데 어디에 감정을 말할 데도 없고 문제도 해결되지 않아서 정말 답답해 죽겠습니다.

(1) 위 글을 쓴 사람은 어떤 문제 때문에 스트레스를 받고 있습니까?

____

(2) 아랫집 사람은 이 문제에 대해 어떻게 말했습니까?

____

(3) 두 사람이 문제를 해결하려면 어떻게 해야 합니까?

____

(4) 여러분이 이런 상황이라면 어떻게 하겠습니까?

____

____

____

____

◉ 다음 그림과 글을 보면서 아래의 질문에 답해 보십시오.

● 웃다

여러분은 평소에 표정이 어때요? 잘 웃어요? 평소에 잘 웃고 다른 사람을 만날 때도 항상 웃으면서 대하면 좋다는 말이 한국에 있는데요. '웃는 얼굴에 침 못 뱉는다'는 말이에요. 이 말은 좋게 대하는 사람에게는 잘못을 했더라도 나쁘게 대할 수 없다는 뜻인데, 잘못을 하거나 실수를 했을 때 미안하다는 사과도 중요하지만 얼굴 표정도 중요하다는 것을 말해요. 같이 화를 내거나 인상을 찡그리면 상대방은 더 화가 날 수도 있거든요. 이런 비슷한 뜻으로 '웃는 집에 복이 온다'는 말도 있는데 집에 웃음이 많으면 행복이 온다는 뜻으로 가족이 사이가 좋고 항상 화목하면 하는 일도 잘 되고 복이 온다는 말이에요. 여러분도 오늘부터 자주 웃는 연습을 해 보는 건 어때요?

1 다른 사람이 여러분에게 잘못을 했을 때 어떤 표정을 짓습니까?

2 여러분 나라에는 웃음이나 울음과 관련된 표현이 있습니까?

감정 표현 感情表达

你们国家表达感情的语言丰富吗？和其它国家语言比，韩国语中用来表达感情的词汇非常丰富，比如：기쁘다、신나다、노여워하다、서글프다、쓸쓸하다、밉다……等。这是因为除了需要表达一些基本情感外，人们可以把这些词汇重新组合或用比喻的方式，来表达更细腻、复杂的情感。但是这并不能说明韩国人对别人就会不分彼此地随便表达自己的情感。韩国人多少年来受传统儒教的影响，一直认为情感是不能直接表现出来

的。如果表现出来就去被认为是不能驾驭自己的情感、还不够成熟。在这种思想和教育影响下，不论

是喜悦还是悲伤，总有些韩国人不太会表露出来。

因此以前也能听到一些外国人说韩国人总像是在生气一样的话。但是时代变了，文化交流也多起来了，所以也有越来越多的人会率直地表露自己的情感。特别是年轻人改变了那种轻易表露感情是不成熟的标志的社会观念，认为坦率勇敢地表达不再是害羞的事，而是生动、感性的体现。

1 여러분 나라에는 감정을 표현하는 말이 다양합니까? 어떤 말들이 있습니까?
你们国家表达感情的用语丰富吗？有哪些说法？

2 여러분 나라의 감정 표현 문화에 대해 이야기해 봅시다.
请讲述一下你们国家表达感情的文化。

你使用过网购或电话购物吗？这一课我们学习与电子商务相关的词汇或表达方法。

주문 시간이 10분밖에 안 남았습니다.

- **메이 씨는 무엇을 하고 있습니까?**
  美伊在做什么？

- **여러분은 TV홈쇼핑을 보고 물건을 산 적이 있습니까?**
  你看电视购物购买过物品吗？

扩展词汇

상표
商标

소재
原料

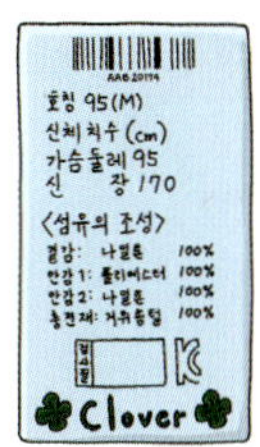

영수증
收据

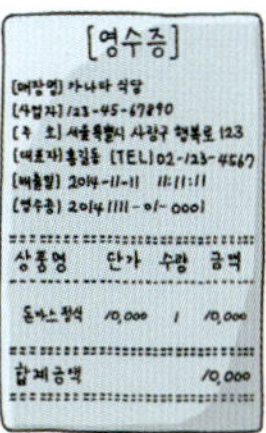

TV 홈쇼핑
电视购物

쇼핑 호스트
购物节目主持人

사이트·홈페이지
网页

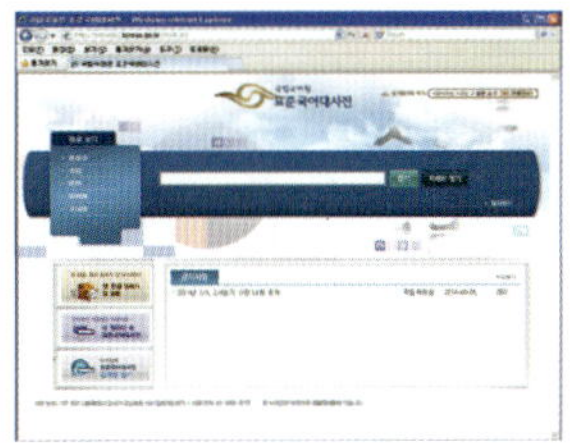

교환, 환불 관련 어휘 与退换货物相关的词汇

치수가 크다/작다/잘 맞다	尺寸大/小/合适
질이 좋다/나쁘다	质量好/差
판매하다	贩卖/销售
배송하다/배송료/무료 배송	送货/送货费/免费送货
반품하다	退货
불만	不满
이상이 있다	有异常
교환권	交换券

상담원	하나홈쇼핑입니다. 무엇을 도와 드릴까요? 고객님.
마이클	지금 방송 중인 운동화를 사고 싶은데요.
상담원	네, 먼저 원하시는 색상과 사이즈를 말씀해 주시겠습니까?
마이클	사이즈는 260mm이고 색상은……. 까만색 있나요?
상담원	고객님, 아쉽게도 까만색과 빨간색은 모두 품절이네요. 하얀색이 남아 있는데 하얀색은 어떠세요? 이것도 상품이 얼마 안 남았습니다.
마이클	그래요? 그럼 좀 더 생각해 보고 다시 전화할게요.
상담원	주문 시간이 10분밖에 남지 않았으니까요, 고객님. 좋은 기회 놓치지 마시고 다시 전화 주시기 바랍니다.

生词

아쉽게도	很遗憾
품절	断货
색상	颜色

상담원	하나온라인쇼핑 고객 센터입니다.
메이	여보세요. 제가 얼마 전에 치마를 샀는데요. 입어 보니까 인터넷에 나와 있는 사이즈하고 달라서요. 허리가 너무 커서 입을 수 없어요.
상담원	그러십니까? 고객님, 그럼 상품을 다시 저희 쪽으로 보내 주시면 교환해 드리겠습니다.
메이	교환하면 시간이 얼마나 걸리지요?
상담원	일주일 정도 걸립니다.
메이	너무 오래 걸리는군요. 그냥 제가 수선을 해서 입을게요. 교환을 안 하는 대신에 수선비를 포인트로 적립해 주실 수 있나요?
상담원	그럼요, 고객님. 지금 포인트 적립해 드릴 테니까 전화 끊지 말고 기다려 주십시오.

生词

수선하다 修补、修缮

수선비 修补费

포인트를 적립하다
累积积分

밖에

基本接于名词后，表示否定的内容。即：后句必须是具有否定意义的句子，但是不可以与否定形 아니다 一起使用。

- 이제 주문 시간이 10분밖에 안 남았습니다. 现在订货时间只剩下十分钟了。

- 그 사람은 자기밖에 모르는 남자예요. 那是个只知道自己的男人。

- 가 몇 명이나 모였어요? 来了几个人?
  나 여섯 명밖에 안 왔어요. 只来了六个人。

练习

1 〈보기〉와 같이 문장을 완성하십시오.

> 〈보기〉 하나만 남았습니다.
>
> → 하나밖에 안 남았습니다.

(1) 교실에 학생만 있습니다.

→ ____________________

(2) 주머니에 500원만 있습니다.

→ ____________________

(3) 책을 한 권만 읽었습니다.

→ ____________________

2 '밖에'를 이용해서 대화를 완성하십시오.

(1) 가 지금 사무실에 누가 있지요?
   나 ____________________

(2) 가 동전 있어요?
   나 ____________________

(3) 가 시간 있어요?
   나 ____________________

–는 대신에

接于动词或있다/없다后，表示与前句出现的行动或状态不同或相反。

- 교환하는 대신에 포인트를 적립해 주세요. 我不换货了，但要折成积分给我。

- 깎아 주는 대신에 다음에 저희 가게에 또 오셔야 해요.
  我给你打折，但下次一定还要再来我们店呀！

- 가 저는 노래를 잘 못해요. 我歌唱得不好。
  나 노래를 잘 못하는 대신에 춤을 잘 추잖아요. 你歌唱得不好，但是舞跳得好啊。

练习

1 〈보기〉와 같이 문장을 완성하십시오.

> 〈보기〉 (숙제를 도와주다, 번역을 도와주다)
>
> → 숙제를 도와주는 대신에 번역을 도와주세요.

(1) (주말에 일하다, 평일에 쉬다)

→ ____________________________________

(2) (동생을 돌봐 주다, 부모님께 용돈을 받다)

→ ____________________________________

(3) (저녁에 일을 많이 하다, 오전에 한가하다)

→ ____________________________________

2 〈보기〉와 같이 문장을 완성하십시오.

> 〈보기〉 그 영화는 재미있는 대신에 내용이 어려워요.

(1) 제가 청소를 하는 대신에 ____________________________

(2) 박 과장이 출장을 가는 대신에 ____________________________

(3) 제 동생은 피아노를 못 치는 대신에 ____________________________

ㅎ 불규칙 (ㅎ不规则)

以ㅎ结尾的部分形容词当与元音结合时，ㅎ将脱落。与–어/아结合时，ㅎ脱落，同时添加이。

- ㅎ 불규칙 형용사 (ㅎ不规则形容词): 어떻다, 빨갛다, 노랗다, 파랗다, 하얗다, 까맣다
- ㅎ 규칙 형용사 (ㅎ规则形容词): 좋다, 싫다, 많다

- 노란색은 없어요? 没有黄色的吗?
- 피부가 하얘서 어떤 옷을 입어도 잘 어울려요. 皮肤白，穿什么衣服都相配。
- 가 어제 본 영화는 어땠어요? 昨天看的电影怎么样?
  나 재미있었지만 좀 무서웠어요. 很有意思，不过有些恐怖。

练习

1 다음 빈칸을 채우십시오.

	–ㅂ/습니까?	–어/아요	–아/어서	ㄴ 색/ㄴ 색
어떻다	어떻습니까?			어떤 색
그렇다			그래서	
파랗다				
까맣다				
하얗다		하얘요		

2 대화를 완성하십시오.

(1) 가 하늘이 어때요?
  나 ________________

(2) 가 친구의 옷이 무슨 색이에요?
  나 ________________

(3) 가 어떤 사람이 좋아요?
  나 ________________

–지 말고

接于动词后，表示不要做前句说的行动。一般后句里会出现与前句相反的提议或新的对策。

- 전화 끊지 말고 기다려 주세요. 别挂电话，稍等一下儿。

- 여기까지 오지 말고 근처에서 만납시다. 别到这儿来，在附近见吧！

- 힘들게 하지 말고 다른 사람에게 부탁하세요. 别太辛苦，托付别人吧！

- 가 언제쯤 와요? 什么时候来?
  나 오늘 좀 늦으니까 기다리지 말고 먼저 자요. 今天会晚些，别等我，先睡吧！

练习

1 〈보기〉와 같이 문장을 완성십시오.

> 〈보기〉 친구들이 올 테니까 <u>가지 말고</u> 기다립시다. (가다)

(1) 버스가 곧 오니까 ______________ 기다립시다. (택시를 잡다)

(2) 신상품이 나올 테니까 ______________ 조금만 기다리세요. (사다)

(3) 10분 후에 도착하니까 ______________ 기다려요. (먼저 먹다)

2 〈보기〉와 같이 대화를 완성하십시오.

> 〈보기〉 가 택시를 탈까요?
> 나 택시를 타지 말고 지하철을 탑시다.

(1) 가 선물로 인형을 살까요?
   나 ______________

(2) 가 휴가로 제주도에 갈까요?
   나 ______________

(3) 가 점심에 김밥을 먹을까요?
   나 ______________

1　다음을 듣고 질문에 답하십시오.

(1) 두 사람이 이야기하지 <u>않은</u> 것을 고르십시오.

ⓐ 배송 날짜를 지키는 방법

ⓑ 교환이나 환불할 때 주의 사항

ⓒ 백화점에서 교환이 가능한 기간

ⓓ 온라인 쇼핑몰에서 환불이 가능한 기간

(2) 들은 이야기와 <u>다른</u> 것을 고르십시오.

ⓐ 배송비를 고객이 내야 할 때도 있습니다.

ⓑ 백화점과 홈쇼핑은 교환 가능 기간이 다릅니다.

ⓒ 백화점은 물건을 사고 14일 안에 환불할 수 있습니다.

ⓓ 옷의 상표를 떼지 않았으면 영수증이 없어도 환불할 수 있습니다.

(3) 다음과 같은 상황에서 환불이 가능하면 O, 가능하지 않으면 X 하십시오.

• 지난주에 온라인 쇼핑몰에서 신발을 샀는데 사이즈가 너무 큽니다.
　상표도 떼지 않았고 새 신발 그대로입니다. 환불해 주세요.　　　　（　　）

• 일주일 전에 백화점에서 카메라를 샀는데 들고 다니면서 찍어 보니까
　너무 무겁습니다. 환불하고 싶어요.　　　　（　　）

• 텔레비전 홈쇼핑에서 가방을 주문하고 카드로 결제했습니다.
　그런데 3일이 걸린다고 한 배송이 일주일이 지났는데도 오지 않습니다.　（　　）

● 전화로 물건을 교환하거나 환불하고 싶을 때 어떻게 이야기합니까? 〈보기〉와 같이 다음 상황에 맞게 이야기
해 보십시오.

> 백화점에서 티셔츠를 샀는데 집에 와서 입어 보니까 사이즈가 좀 작습니다. 색깔도 백
> 화점에서 본 것과 조금 다릅니다. 그래서 환불을 하려고 백화점 고객 센터에 전화합니
> 다. 고객 센터 직원은 환불을 할 수 있다고 했습니다.

〈보기〉 직원 안녕하십니까? 고객님, 무엇을 도와 드릴까요?

고객 어제 제가 백화점에서 옷을 샀는데 환불하고 싶어서요.

직원 무슨 문제가 있습니까?

고객 매장에서 봤을 때는 사이즈도 괜찮았고 색깔도 맘에 들었거든요. 그런데
집에 와서 다시 입어 보니까 좀 작고 색깔도 매장에서 본 것하고 달라서요.

직원 고객님 혹시 영수증을 가지고 계십니까?

고객 네, 가지고 있어요.

직원 그러면 영수증을 가지고 매장에 오시면 환불해 드리겠습니다.

고객 알겠습니다, 감사합니다.

(1)
> 인터넷으로 바지를 샀는데 사이즈가 인터넷에 나온 것과 다릅니다. 그래서 사이
> 즈를 교환하려고 고객 센터에 전화합니다. 직원은 내일 택배 기사가 가면 교환할
> 옷을 주라고 했습니다.

(2)
> 며칠 전에 텔레비전 홈쇼핑으로 생선을 샀습니다. 텔레비전에 나올 때는 생선이
> 크고 싱싱해 보였는데 배달된 생선은 크기도 작고 싱싱하지 않습니다. 아직 먹지
> 않아서 환불하고 싶지만 고객 센터 직원은 음식류는 환불과 교환이 안 된다고 말
> 합니다.

1　다음 글을 읽고 질문에 답하십시오.

국민 화장품 '소망크림'

여러분, 안녕하십니까? 쇼핑 호스트 김유나입니다. 오래 기다리셨죠.

오늘 드디어 여러분이 기다리신 소망크림 판매 시간이 돌아왔습니다!

여러분도 모두 다 아실 거예요. 우리가 소망크림을 국민 화장품이라고 부르지 않습니까? 일주일만 써 보세요. 피부가 달라져요. 저도 처음엔 안 믿었거든요.

그런데 써 보니까 정말 다르더라고요. 한 달 정도 쓰니까 만나는 사람마다 제 피부가 밝아졌다고 해요. 무슨 좋은 일 있냐고 물어보는 사람도 있었어요. 저희 소망크림은 유명한 연예인들이 많이 쓰는 것으로도 유명하지 않습니까? 여러분도 써 보면 아실 거예요.

이렇게 효과가 좋은 화장품을 오늘 1+1 구성으로, 6만 8천 원에 드리겠습니다. 매장에 가시면 한 개에 5만 원 하는 크림을 이렇게 싸게 드리는 거예요. 믿어지십니까? 정말 자주 오지 않는 기회입니다. 놓치지 마세요.

주문 전화 080-234-5678이고요. 신용카드로 결제할 때 일시불로 하시면 천 원 할인해 드립니다. 3개월까지는 무이자 할부예요. 오늘 주문하시면 주말 전에 받아 보실 수 있습니다.

지금 계속 주문 전화가 오고 있는데요. 방송 중에만 이 가격에 살 수 있다는 것 잊지 마세요. 자, 이제 방송 종료 시간이 얼마 남지 않았는데요. 남아 있는 상품이 별로 없으니까 서두르세요.

(1) 쇼핑 호스트가 말하지 <u>않은</u> 내용은 무엇입니까?

    ⓐ 제품의 가격

    ⓑ 제품의 이름

    ⓒ 제품 배송 기간

    ⓓ 남은 제품의 개수

(2) 쇼핑 호스트가 제품에 대해 말한 것으로 옳지 <u>않은</u> 것은 무엇입니까?

    ⓐ 유명한 연예인들이 화장품을 씁니다.

    ⓑ 방송이 끝나도 화장품 가격은 같습니다.

    ⓒ 매장에 가서 소망크림을 사면 홈쇼핑보다 비쌉니다.

    ⓓ 소망크림을 사려면 080-234-5678번으로 전화하면 됩니다.

(3) 들은 내용과 같으면 O, 다르면 X 하십시오.

    • 쇼핑 호스트도 이 크림을 써 봤습니다.   (　　)

    • 방송 중에 소망크림은 두 개에 68,000원입니다.   (　　)

    • 신용카드 3개월 할부로 사면 67,000원입니다.   (　　)

2   여러분도 쇼핑 호스트가 되어 여러분 주위의 제품을 설명하고 광고해 보십시오.

◉ 다음 그림과 글을 보면서 아래의 질문에 답해 보십시오.

● 국수(를) 먹다

여러분 나라에는 '결혼하다'와 같은 뜻으로 쓰는 말이 있습니까? 한국에는 다른 사람이 결혼해서 자신을 초대하거나 대접을 받는다는 뜻으로 '국수 먹다'라는 말이 있습니다. 옛날 한국에서는 한복을 입고 전통 결혼식을 했는데 이때 친척과 친한 사람들을 초대해서 국수를 대접했습니다. 그래서 옛날에는 누가 결혼하는 날이 국수 먹는 날이기도 했습니다. 요즘에 전통 결혼식은 많이 없어졌지만 '국수 먹다'라는 말을 많이 쓰는데요. 가끔 어른들은 "언제 결혼할거야? 빨리 해야지!"라는 말을 "언제 국수 먹게 해 줄 거야?"라고 표현하기도 합니다.

1   여러분 나라에는 결혼에 대한 재미있는 표현이 있습니까?

2   여러분 나라의 전통 결혼식은 현대 결혼식과 어떻게 다릅니까?

TV 홈쇼핑 电视购物

你们国家可以在家里购物吗? 韩国的购物文化和过去比有了很大的变化。随着电视、有线电视和网络的多样化应用,电子商务已经成了我们生活中的一部分。

电子商务的历史说起来并不长。它起始于1977年美国佛罗里达州的一家广播公司推出的一个购物节目。韩国是在1995年首次以电视播放的形式,开始了电子商务的历史。和十年前相比,市场规模扩大了一百多倍,发展速度极快。

网上购物和电视购物最大的好处就是不用亲自去市场,节约时间。此外,网上购物可以直接进行价格比较,因此能够买到最实惠的商品。但它也有一定的短处:由于不能亲眼看到、也无法亲手摸到,自然降低了商品的可信度。另外送货和购货后的处理过程上问题也很多。再就是一些网购和电视购物误导人们冲动购买造成超消费,也是一个值得忧虑的问题。现在由于虚假广告和夸大性广告的宣传,受到经济损失的消费者在日趋增加。

为了防止消费者受损,韩国开始实行了电视购物相关法律,可以勒令虚假、夸大性广告主进行公开道歉甚至中止节目播放。但是流通专家们认为,这些法令并不是应急的对策,重要的是消费者要树立起鲜明的消费计划,多方了解、谨慎购买,提高购买的眼力。

---

1 여러분 나라의 홈쇼핑 역사는 언제부터 시작되었습니까? 홈쇼핑의 시장 규모는 어떻습니까?
你们国家的电子商务历史是从什么时候开始的? 电子商务的规模有多大?

2 여러분 나라의 홈쇼핑 문화에 대해 이야기해 봅시다.
请讲述一下你们国家的电子商务文化。

책상은 저쪽으로 옮겨 주세요.

- **메이 씨는 남자에게 뭐라고 말하고 있을까요?**
  美伊在对男子说什么?

- **여러분은 이사를 해 본 경험이 있습니까?**
  你搬过家吗?

扩展词汇

이사 관련 어휘 与搬家相关的词汇

부동산 소개소
不动产中介

짐을 풀다
打开行李

포장 이사
包装搬家

짐을 옮기다
搬行李

이삿짐
搬家的货物

집을 구하다
找房子

짐을 싸다
包装行李

계약하다
签约

짐을 싣다
装载行李

계약서
契约书
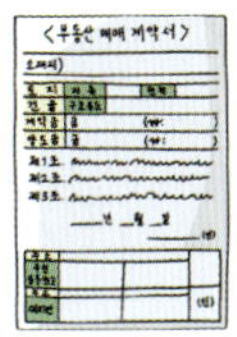

주거 형태 관련 어휘 与住居形态相关的词汇

고시원/원룸/빌라/아파트	考试院/一居室/联立住宅/公寓
보증금	保证金
월세/전세	月租/全租

집 시설 관련 어휘 与房屋设施相关的词汇

관리비	管理费	주택가	住宅区
난방비	取暖费	마당	庭院
주변 환경	周边环境	남향	朝南
편의 시설	便利设施	전망	前景、视野

메이	여보세요. 거기 하나이삿짐센터지요? 이사 비용 문의 좀 하려고 하는데요.
직원	네, 포장 이사 하실 거지요? 이사 날짜가 언제입니까?
메이	다음 주 토요일이요. 지금 집은 신촌이고 이사 갈 집은 목동이고요.
직원	보통 주말이 평일보다 10%쯤 비쌉니다. 정확한 비용은 저희 직원이 직접 방문해서 견적을 낼 겁니다. 가구나 가전제품이 많으면 비용이 추가될 수 있고요.
메이	그렇군요. 이사할 때 텔레비전이나 인터넷도 다 설치해 주시나요?
직원	그럼요. 원하시는 위치에 다 설치해 드립니다.

生词

이삿짐센터 搬家公司

이사 비용 搬家费用

문의하다 问询

견적을 내다 估价

비용이 추가되다 追加费用

위치 位置

설치하다 安装

| 직원 | 이제 책상만 옮기면 되겠는데요. 어디에다 둘까요? |

메이　저쪽으로 옮겨 주세요. 그리고 이쪽 벽에 못 좀 박아 주시겠어요? 제가 급하게 짐을 싸느라고 망치 사는 걸 잊어버렸거든요.

직원　네, 여기에다가 박으면 될까요?

(못을 박은 후)

직원　다 되었습니다.

메이　감사합니다. 이것저것 도와주신 덕분에 생각보다 빨리 끝났어요. 이사가 이렇게 힘든 줄 몰랐네요.

직원　외국 분이 이렇게 직접 이삿짐센터를 통해서 이사하는 게 쉬운 일이 아닌데 대단하세요. 참, 그리고 저희 사장님이 이사 비용 영수증을 어디로 보내면 되느냐고 물으시던데요.

메이　아, 제가 이메일 주소를 알려 드릴 테니까 이메일로 보내 주세요.

生词

못을 박다　钉钉子

망치　锤子

사동 (使动态)

主语使得对方做某事时使用的语法。使动词词干分别以-이/-히/-리/-기/-우/-추/-구结束。

- 동생이 울었다. (주동) 弟弟哭了。(主动)

- 형이 동생을 울렸다. (사동) 哥哥把弟弟弄哭了。(使动)

-이-	-기-	-리-	-히-
보다 → 보이다 먹다 → 먹이다 죽다 → 죽이다 끓이다 → 끓이다	웃다 → 웃기다 벗다 → 벗기다 씻다 → 씻기다 숨다 → 숨기다	알다 → 알리다 울다 → 울리다 살다 → 살리다 듣다 → 들리다	앉다 → 앉히다 읽다 → 읽히다 높다 → 높히다 좁다 → 좁히다 입다 → 입히다 눕다 → 눕히다
-우-	-추-	-구	
자다 → 재우다 타다 → 태우다 서다 → 세우다 깨다 → 깨우다	낮다 → 낮추다 맞다 → 맞추다	돋다 → 돋구다 일다 → 일구다	

- 이 책상은 저쪽으로 옮겨 주세요. 请把这张桌子挪到那边。

- 신분증 좀 보여 주시겠습니까? 能看看身份证吗?

- 가 내일 아침에 좀 깨워 줄 수 있어요? 明天早上能叫醒我吗?
  나 저도 일찍 나가야 하니까 알람을 맞추세요. 我也很早出去，你上闹钟吧。

练习

〈보기〉와 같이 '-이/히/리/기/우'를 이용해서 문장을 완성하십시오.

> 〈보기〉 아기가 계속 울어서 엄마가 우유를 <u>먹였습니다.</u> (먹다)

(1) 건물 앞에 자리가 없어서 주차장에 차를 ____________ (서다)

(2) 아버지가 아이에게 운동화를 ____________ (신다)

(3) 아침을 먹으라고 어머니가 저를 ____________ (깨다)

–(으)ㄴ/(으)ㄹ 줄 알다/모르다

表示期待或预测。常与이렇게、저렇게、그렇게一起使用。

- 이사하는 데 그렇게 시간이 오래 걸릴 줄 몰랐어요. 真不知道搬家要用那么长时间。
- 이렇게 차가 막힐 줄 모르고 택시를 탔습니다. 没想到车这么堵，坐了出租车。
- 가 어제 이사 잘했어요? 昨天搬家搬好了吗?
  나 네, 그런데 이사 비용이 이렇게 많이 들 줄 몰랐어요. 好了，不过没想到搬家的费用会这么多。

> **小贴士** –(으)ㄴ/(으)ㄹ 줄 알다/모르다
> 表示某种事实、状态或接于动词后表示具有做某事的能力或方法。
> - 그 식당이 오늘 문을 닫을 줄 몰랐어요. 不知道这家餐厅今天关门。
> - 마이클 씨는 한국 음식을 만들 줄 알아요. 迈克会做韩国菜。

练习

1 〈보기〉와 같이 문장을 완성하십시오.

> 〈보기〉 길이 막히다 ➡ 길이 이렇게 막힐 줄 몰랐어요.

(1) 아이가 빨리 크다 ➡ ________________________

(2) 비가 많이 오다 ➡ ________________________

(3) 그 가수가 인기가 많다 ➡ ________________________

2 〈보기〉와 같이 대화를 완성하십시오.

> 〈보기〉 가 어제 발표 잘했어요?
> 나 네, 발표가 이렇게 어려운 줄 몰랐어요. (어렵다)

(1) 가 출장 잘 다녀왔어요?
    나 ________________________ (힘들다)

(2) 가 조카랑 잘 놀아 줬나요?
    나 ________________________ (피곤하다)

–느라고

接于动词后，表示前句是后句的原因或理由。主要用于没能做某事或否定性结果出现时的借口或理由。此时前后句的主语必须相同，而后句不能使用命令句或共动句。不能与表示过去时态和未来时态的–았–或–겠–一起使用。

- 이삿짐 옮기느라고 고생하셨겠어요. 为了搬家一定吃了不少苦。
- 음악을 듣느라고 못 들었어요. 因为听音乐，所以没听到。
- 가 추운데 창문을 왜 열어 놓았어요? 这么冷，为什么把窗户打开了？
  나 청소를 좀 하느라고요. 想打扫打扫。

练习

1 〈보기〉와 같이 문장을 완성십시오.

> 〈보기〉 (늦게까지 책을 읽다 / 잠을 못 자다)
> → 늦게까지 책을 읽느라고 잠을 못 잤어요.

(1) (고향 친구가 와서 같이 여기저기 다니다 / 바쁘다)
→ ______________________________

(2) (차가 막혀서 중간에 내려서 걸어오다 / 늦다)
→ ______________________________

(3) (중요한 회의에 참석하다 / 전화를 못 받다)
→ ______________________________

2 '–느라고'를 이용해서 대화를 완성하십시오.

(1) 가 오늘 시험을 왜 못 봤어요?
나 ______________________________

(2) 가 어제 드라마를 왜 못 봤나요?
나 ______________________________

(3) 가 약속을 왜 안 지켰습니까?
나 ______________________________

–(으/느)냐고 하다/묻다/질문하다

用于转达或引用他人问话的时候。

- 언제쯤 이사가 끝나느냐고 했어요. 问了什么时候能搬完家。
- 어디 사느냐고 물어봤어요. 问了在哪儿住。
- 가 사무실에 뭐라고 물어봤어요? 向办公室问什么了?
  나 서류를 언제까지 보내야 하느냐고 물었어요. 问了材料得在什么时候之前寄出。

小贴士 –(으/느)냐고 하다/묻다/질문하다

原本和带有收音的形容词一起使用时应接–으냐，与动词一起使用时应接–느냐。
但是韩国人在日常生活中无论动词还是形容词都使用'–냐。例如：需要说갔느냐、
있느냐、오느냐、가까우냐等的时候，大部分人会说갔냐、있냐、오냐、가깝냐。

练习

1 〈보기〉와 같이 문장을 완성하십시오.

> 〈보기〉 "어제 이사 잘했어요?"라고 물었어요.
>
> → 어제 이사 잘했느냐고 물었어요.

(1) "회사에 몇 시에 출근해요?"라고 질문했어요.

→ _______________________________________

(2) "좀 깎아 줄 수 있어요?"라고 말합니다.

→ _______________________________________

2 〈보기〉와 같이 대화를 완성하십시오.

> 〈보기〉 가 그 사람이 뭐라고 했어요? (어디에 살아요?)
>
> 나 어디에 사느냐고 했어요.

(1) 가 친구가 뭐라고 했어요? (언제 고향에 갈 거예요?)
나 _______________________________________

(2) 가 선생님이 뭐라고 하셨어요? (숙제를 다 했어요?)
나 _______________________________________

1 다음을 듣고 질문에 답하십시오.

(1) 메이 씨는 왜 이사를 하고 싶어 합니까?
ⓐ 시끄러워서　　　　　　　ⓑ 운동이 필요해서
ⓒ 주변 환경이 나빠서　　　ⓓ 버스 정류장이 멀어서

(2) 메이 씨가 찾는 집이 <u>아닌</u> 것을 고르십시오.
ⓐ 밝은 집　　　　　　　　ⓑ 전망이 좋은 집
ⓒ 햇빛이 잘 드는 집　　　ⓓ 지하철역이 가까운 집

2 다음을 듣고 질문에 답하십시오.

(1) 들은 내용과 같으면 O, 다르면 X 하십시오.
• 오늘은 계약을 하는 날입니다.　　　　　　　　　　　　　(　)
• 오늘 보증금을 내고 계약금은 내지 않아도 됩니다.　　(　)
• 여자는 한국어를 잘합니다.　　　　　　　　　　　　　　(　)

(2) 들은 내용과 같은 것을 고르십시오.
ⓐ 메이 씨는 이삿짐이 많지 않았습니다.
ⓑ 메이 씨는 책상을 직접 옮기지 않았습니다.
ⓒ 메이 씨는 이삿짐센터를 불러서 이사했습니다.
ⓓ 메이 씨는 어제 이사와 짐 정리를 모두 끝냈습니다.

(3) 여자가 이사하고 싶은 집은 어떤 곳입니까? 쓰십시오.

____

3 여러분은 이사를 하고 싶은 집이 있습니까? 어떤 집에서 살고 싶은지 이야기하고 쓰십시오.

____

____

____

____

◉ 대화 내용을 바꿔서 〈보기〉와 같이 옆 사람과 대화해 보십시오.

알아보는 집	원룸
살고 싶은 집	지하철역에서 가깝고 조용한 곳
주인의 생각	학교 근처
원하는 조건	주변에 편의점이나 세탁소 같은 편의 시설이 잘 되어 있는 곳

〈보기〉
주인　어떤 집을 찾으시나요?

메이　원룸이오. 지하철역에서 가깝고 조용한 곳이면 좋겠어요.

주인　그러면 학교 근처가 괜찮은데 어떠세요?

메이　네, 좋은 집으로 알아봐 주세요. 참, 그리고 주변에 편의점이나 세탁소 같은 편의 시설이 잘 되어 있는 곳으로 알아봐 주세요.

주인　네, 알아보고 연락드릴게요.

(1)

알아보는 집	아파트 전세
살고 싶은 집	남향이고 전망이 좋은 곳
주인의 생각	여의도공원 근처
원하는 조건	관리비와 난방비가 비싸지 않고 베란다가 있는 곳

(2)

알아보는 집	개인 주택
살고 싶은 집	주택가에 마당이 있는 곳
주인의 생각	북한산 근처
원하는 조건	주차장이 있고 가스보일러가 설치되어 있는 곳

1   다음 글을 읽고 질문에 답하십시오.

> 저는 한국에 사는 유학생입니다. 저는 지난 주말에 이사를 했습니다. 이사한 집은 유학생 친구가 살던 집인데 친구는 유학을 끝내고 고향으로 가게 되었습니다. 마침 저도 집을 찾고 있었고 친구의 집이 마음에 들어서 지난달에 주인아주머니를 만나서 계약했습니다. 아주머니는 도배도 새로 해 주시고 오래된 싱크대도 고쳐 주셨습니다. 그리고 아주머니께서는 이웃에 사는 사람들도 다 좋은 분들이니까 어려운 일이 있으면 언제든지 물어보라고도 하셨습니다.
>
> 이사하는 날, 친구들이 와서 이사를 도와주었습니다. 이사하기 전에 포장 이사를 알아봤는데 생각보다 비용이 많이 들고 저처럼 짐이 많이 없는 사람은 포장 이사를 하지 않아도 된다고 해서 그냥 이삿짐 트럭만 부르기로 했습니다. 포장 이사는 짐을 싸고, 싣고, 풀고, 옮기고, 정리까지 모두 해 주는 대신 비쌉니다. 이삿짐 트럭을 부르면 짐을 싣고 옮기는 것만 해 주기 때문에 싸지만 정리를 직접 해야 합니다. 전 큰 짐이 침대하고 책상, 텔레비전만 있어서 이삿짐 트럭으로 충분했습니다. 옷이나 책 같은 작은 짐들은 이사하기 전날 미리 다 싸 놓았습니다.
>
> 짐을 풀고 정리하는 것은 친구들이 도와주었습니다. 이사를 하면서 우리는 중국집에 배달을 시켜 탕수육과 자장면도 먹었습니다. 몸은 힘들었지만 친구들이 있어서 마음은 즐거웠습니다. 친구들이 집들이를 언제 할 거냐고 물었습니다. 제가 집들이를 잘 모른다고 하니까 친구들은 집들이에 대해 설명해 주었습니다. 그래서 이번 주말 저녁에 집들이를 하려고 합니다. 이사를 도와준 친구들을 새집에 초대해서 맛있는 음식도 먹고 재미있는 시간을 보낼 겁니다.

(1) 위 글을 읽고 내용과 같은 것을 고르십시오.

ⓐ 침대와 책상은 트럭에 실어서 옮겼습니다.

ⓑ 집들이 때 우리는 중국집에 음식을 시킬 겁니다.

ⓒ 포장 이사는 이삿짐 트럭보다 비용이 적게 듭니다.

ⓓ 친구가 다른 집에 이사를 가게 되어서 그 집에 이사할 수 있었습니다.

⑵ 포장 이사의 장점이 <u>아닌</u> 것을 고르십시오.

    ⓐ 짐을 싣고 옮겨 줍니다.

    ⓑ 짐을 모두 포장해 줍니다.

    ⓒ 짐이 적은 사람은 더 쌉니다.

    ⓓ 짐을 풀고 정리까지 해 줍니다.

⑶ 일이 일어난 순서대로 쓰십시오.

> ① 집 계약　　② 이사　　③ 도배와 싱크대 수리　　④ 집들이　　⑤ 이삿짐센터 알아보기

_______ → _______ → _______ → _______ → ___④___

◉ 다음 그림과 글을 보면서 아래의 질문에 답해 보십시오.

● **친구**

여러분도 아주 친한 친구가 있지요? 한국에는 친구와 관련한 표현이 어떤 것이 있는지 알아볼까요? 먼저 친구의 소중함을 나타내는 말부터 보면 '친구는 옛 친구가 좋고 옷은 새 옷이 좋다'는 말이 있어요. 이 말은 물건은 새 것이 좋지만 친구는 오래 사귄 친구가 더 좋다는 것을 말해요. 여러분도 그런가요?

또, 여러분은 '친구 따라 강남 간다'는 말을 들어 본 적이 있나요? 이 말은 친한 친구를 따라 무엇이든지 하는 것으로 들리지만 한국에서 이 말은 아무 생각 없이 남이 하는 것을 따라 한다는 뜻으로 쓰이기 때문에 다른 사람한테 이 말을 할 때는 조심해서 써야 해요. '친구'와 관련된 표현도 이처럼 다양하게 쓰입니다.

1 여러분은 친구 따라 강남 간 적이 있습니까?

2 여러분 나라에는 친구와 관련한 표현이 있습니까?

이사하기 좋은 날 搬家的好日子

你们国家有特定宜于搬家的好日子吗？在韩国宜于搬家的日子称为"손 없는 날"。"손 없는 날"是指杂鬼升天不管理人间事务的日子，由来于巫俗信仰。所以现在还有很多人搬家一定要选在"손 없는 날"的日子。"손 없는 날"是阴历每个月的9号、19号、20号、29号和30号。因为打算在"손 없는 날"这天搬家的人多，所以要在这几天搬家的话，要比平日多支付费用才行。

因此最近很多讲究实惠的人并不一定要在"손 없는 날"这天搬家。而是选择一般人忌讳搬家的日子搬家以减少搬家费用。根据一家包装搬家公司的信息，平日比"손 없는 날"的费用便宜10%，与星期五和星期六比，平日会更低廉。另外每个月的25号开始到月底启用月末计价法,价格会更贵。因此考虑上述日子，仔细算计后再决定搬家日期的话，就可以减少搬家的费用。

1 여러분 나라에는 언제 이사를 많이 합니까? 이사하기 좋은 날이 따로 있습니까?

你们国家什么时候搬家的人最多? 有专门的搬家的好日子吗?

2 여러분 나라의 이사 문화를 이야기해 봅시다.

请讲述一下你们国家的搬家文化.。

单词

1　다음을 읽고 어울리는 동사를 연결한 뒤 한 문장으로 완성하십시오.

(1)　유행에　•　　　　• ⓐ 좋다　　＿＿＿＿＿＿＿＿＿＿＿＿＿＿＿

(2)　질이　•　　　　• ⓑ 크다　　＿＿＿＿＿＿＿＿＿＿＿＿＿＿＿

(3)　치수가　•　　　　• ⓒ 뒤떨어지다　＿＿＿＿＿＿＿＿＿＿＿＿＿＿＿

(4)　유행이　•　　　　• ⓓ 지나다　　＿＿＿＿＿＿＿＿＿＿＿＿＿＿＿

2　그림을 보고 알맞은 것을 골라서 쓰십시오.

집을 구하다	짐을 옮기다	짐을 싸다

(1) 

(2)

(3) 

＿＿＿＿＿＿＿＿　　＿＿＿＿＿＿＿＿　　＿＿＿＿＿＿＿＿

3　주어진 단어를 알맞게 고쳐 이야기를 완성하십시오.

　　　지난 주말에 저는 친구와 함께 명동에 가려고 했습니다. 하지만 열이 나고 몸이 아파서 갈 수 없었습니다. 알람이 ＿＿＿＿＿＿ (울다) 소리를 들었지만 일어날 수 없었습니다. 제가 아픈 것을 안 친구는 죽과 과일을 사 가지고 우리 집에 왔습니다. 입맛이 없어 안 먹는다고 했지만 친구는 저를 의자에 ＿＿＿＿＿＿ (앉다) 죽을 ＿＿＿＿＿＿ (먹다) 주었습니다. 몸이 아프니까 기분이 우울했는데 친구는 재미있는 이야기로 저를 ＿＿＿＿＿＿ (웃다) 주었습니다. 아프고 힘들 때 제 옆에 있어 준 친구가 너무 고마웠습니다.

4 알맞은 것을 연결하십시오.

(1) 열심히 준비했는데 시험 성적이 낮아서 기분이 너무 안 좋아요. 저는 노력해도 잘 안 되는 것 같아요.   •

  • ⓐ 부끄럽다

(2) 저는 많은 사람들 앞에 서면 얼굴이 빨개져요.   •

  • ⓑ 우울하다

(3) 오랜만에 고등학교 때 친구들을 만났어요. 이 친구들을 만나면 아주 편하고 재미있어요.   •

  • ⓒ 짜증나다

(4) 인터넷으로 구입한 물건이 마음에 들지 않아서 반품을 하려고 해요. 그런데 반품을 하려면 왕복 배송료를 내야 해서 기분이 나쁩니다.   •

  • ⓓ 즐겁다

5 알맞은 것을 골라서 문장을 완성하십시오.

-거든요	-(으)ㄹ 줄 알다/모르다	-아/어/여 버리다

(1) 한국어 문법이 이렇게 ___________________
                  (어렵다)

(2) 옷을 환불해야 하는데 영수증을 ___________________
                       (잃다)

(3) 물 좀 주시겠어요? 제가 약을 먹어야 ___________________
                       (하다)

6 밑줄 친 부분을 알맞게 고치십시오.

(1) <u>빨가고</u> 노란 단풍이 아주 아름답습니다.   → ___________

(2) 날씨도 좋고 하늘도 <u>파라습니다</u>.   → ___________

(3) <u>까맣은</u> 안경을 쓴 사람이 메이 씨입니다.   → ___________

  알맞은 말에 동그라미 하십시오.

(1) 잠깐만 가지 (않고, 말고) 기다려 주세요.

(2) 관광 가이드가 (되러, 되려고) 한국어를 공부해요.

(3) 여러분, 이제 주문 시간이 5분(만, 밖에) 안 남았습니다.

(4) 늦어서 미안해요. 오다가 교통사고가 (나서, 나느라고) 늦었어요.

8 그림을 보고 알맞은 것을 연결하십시오.

(1) 

    • ⓐ 살을 빼려고 수영을 해요.

(2) 

    • ⓑ 민준 씨가 너무 피곤해 보여요.

(3) 

    • ⓒ 옆집에서 나는 음악 소리가 내 방에서도 들려요.

(4) 

    • ⓓ 요즘 시험공부를 하느라고 늦게 까지 도서관에서 공부해요.

9　알맞은 것을 골라서 대화를 완성하십시오.

| -(으/느)냐고 하다 | -게 되다 | -아/어/여 보이다 | -지 말고 |

(1) 가　죄송하지만 지금 뭐라고 하셨지요?
　　나　언제쯤 이삿짐을 다 ＿＿＿＿＿＿＿＿＿ (싣다)

(2) 가　오늘 기분이 아주 ＿＿＿＿＿＿＿＿＿ (좋다) 무슨 좋은 일이 있어요?
　　나　한국어능력시험 3급에 합격했거든요.

(3) 가　김 대리님, 왜 자리에 이렇게 짐이 많지요?
　　나　짐을 정리하고 있어요. 제가 이번 달까지만 ＿＿＿＿＿＿＿＿＿ (일하다)
　　　　그동안 많이 도와주셔서 감사했습니다.

CD 音轨 **39**

10　다음을 듣고 들은 내용과 같으면 ○, 다르면 ✕ 하십시오.

(1) 남자는 곧 회의에 들어갈 것입니다.　　　　　　　　　　　(　)

(2) 남자는 여자의 부탁을 거절했습니다.　　　　　　　　　　(　)

(3) 여자는 처음으로 업무 보고 준비를 합니다.　　　　　　　(　)

11　다음을 듣고 질문에 답하십시오.

(1) 대화를 듣고 이어질 남자의 말로 알맞은 것을 고르십시오.

　　ⓐ 저도 몰라요.
　　ⓑ 다시 새 노트북을 사십시오.
　　ⓒ 컴퓨터를 다른 사람에게 팔면 좋겠어요.
　　ⓓ 죄송하지만 도와 드릴 방법이 없습니다, 고객님.

(2) 들은 내용과 같은 것을 고르십시오.

　　ⓐ 컴퓨터가 책상보다 큽니다.
　　ⓑ 여자는 3일 전에 노트북을 샀습니다.
　　ⓒ 여자는 컴퓨터를 설치한 적이 있습니다.
　　ⓓ 남자는 여자가 물건을 사기 전에 교환이 된다고 말했습니다.

12 다음을 듣고 들은 내용과 같으면 ○, 다르면 ✕ 하십시오.

(1) 남자는 집에서 TV를 보고 귤을 샀습니다.   (   )

(2) 두 개를 먹었지만 환불할 수 있습니다.   (   )

(3) 귤은 달고 맛있습니다.   (   )

13 대화를 듣고 들은 내용과 <u>다른</u> 것을 고르십시오.

ⓐ 여자의 딸은 아침 일찍에만 피아노를 칠 겁니다.

ⓑ 남자의 아들은 고등학교에 다니는 학생입니다.

ⓒ 남자가 잠을 잘 수 없는 이유는 피아노 소리 때문입니다.

ⓓ 여자의 딸은 다음 주에 피아노 대회가 있어서 연습을 해야 합니다.

14 다음 글을 읽고 내용과 같은 것을 고르십시오.

> 저는 서울에 있는 하숙집에 삽니다. 여기에서 오래 살았지만 다음 주에 이사를 가야 합니다. 제가 부산에 있는 회사에 취직을 했기 때문입니다. 지난주에 저는 이번 달 하숙비를 냈습니다. 저는 주인아주머니께 이사를 가야 하는데 하숙비 반을 돌려줄 수 있느냐고 물었습니다. 아주머니는 빨리 말하지 않았으니까 돌려줄 수 없다고 했습니다. 제가 나가면 다른 하숙생을 찾아야 하는데 요즘 방학이어서 하숙생을 찾기 어렵다고 하셨습니다.

ⓐ 지난달에 하숙비를 냈습니다.

ⓑ 아주머니는 하숙비를 돌려줄 겁니다.

ⓒ 저는 지금 서울에 있는 회사에 취직했습니다.

ⓓ 저는 한 달 하숙비의 반을 돌려받고 싶습니다.

15 다음 글을 읽고 질문에 답하십시오.

> 집주인에게 돈을 맡기고 집이나 방을 빌리는 것을 전세라고 합니다. 전세는 처음에 큰돈이 필요하지만 살면서 매달 돈을 내지 않아도 되니까 편합니다. 전세는 보통 계약이 2년입니다.
>
> 월세는 집이나 방을 빌리고 매달 돈을 내야 합니다. 처음에 많은 돈은 필요 없지만 약간의 보증금이 필요합니다. 월세의 계약 기간도 보통 2년이지만 1년씩 계약하는 사람도 있습니다.
>
> 전세와 월세 모두 부동산 소개소에서 계약을 하고 전기세, 수도세, 가스비, 관리비는 매달 사용한 만큼 따로 내야 합니다.

(1) 위 글의 제목으로 알맞은 것을 고르십시오.

ⓐ 전세의 장점
ⓑ 월세의 단점
ⓒ 전세와 월세의 특징
ⓓ 전세와 월세를 찾는 방법

(2) 위 글의 내용과 <u>다른</u> 것을 고르십시오.

ⓐ 월세는 보증금이 있어야 합니다.
ⓑ 전세는 처음에 많은 돈이 필요합니다.
ⓒ 월세는 매달 주인에게 돈을 내야 합니다.
ⓓ 전세와 월세 모두 2년 계약을 해야 합니다.

(3) 전세와 월세의 같은 점을 쓰십시오.

---

16 다음 내용과 같으면 ○, 다르면 × 하십시오.

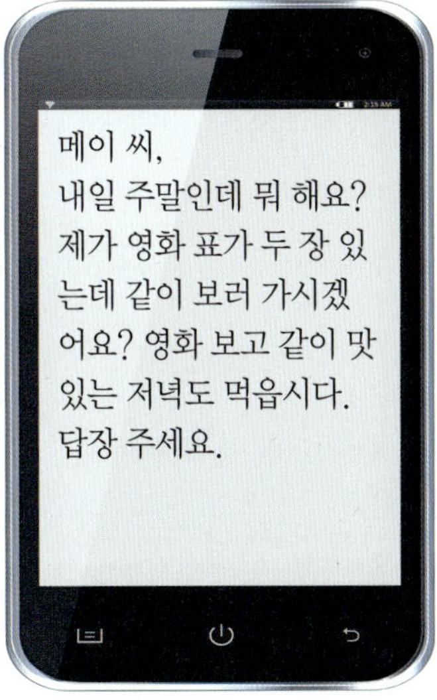

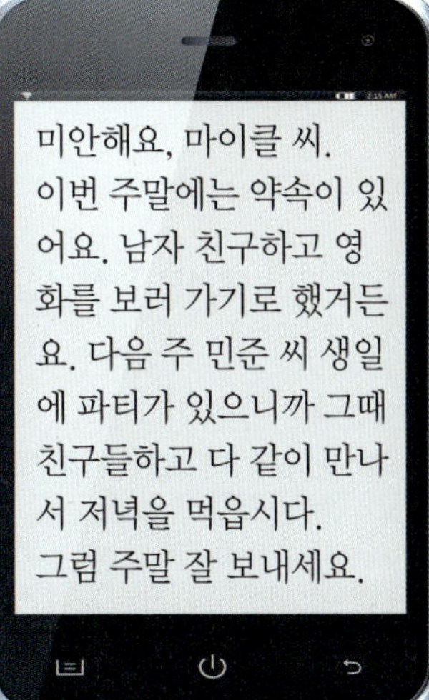

(1) 마이클 씨는 메이 씨와 둘이 영화를 보고 저녁도 먹고 싶어 합니다.　　　(　　)

(2) 메이 씨는 마이클 씨의 부탁을 들어 주었습니다.　　　(　　)

(3) 메이 씨는 다른 친구들과 같이 마이클 씨를 만날 겁니다.　　　(　　)

17 메이 씨가 뭐라고 했습니까? 〈보기〉와 같이 쓰십시오.

18 주어진 문법을 이용해서 〈보기〉와 같이 대화를 완성하십시오.

> 〈보기〉 프레젠테이션 준비는 다 하셨어요?
> → 네, <u>일을 끝내 버리니까 기분이 아주 좋습니다.</u> (-아/어/여 버리다)

(1) 마이클 씨, 오늘 너무 피곤해 보여요. 무슨 일 있었어요?
　　→ ____________________________________ (-거든요)

(2) 메이 씨는 왜 한국어를 배워요?
　　→ ____________________________________ (-(으)려고)

(3) 민준 씨, 음식이 참 맛있습니다. 밥을 좀 더 주시겠어요?
　　→ ____________________________________ (밖에)

19 알맞은 것을 연결하고 '–는 대신에'를 이용해서 문장을 완성하십시오.

〈보기〉　출장을 가다　　　　　•　　　　　•　ⓐ 뮤지컬을 보다

(1) 연극을 보다　　　　　•　　　　　•　ⓑ 일찍 퇴근하다

(2) 물건을 환불해 주다　　•　　　　　•　ⓒ 포인트를 적립해 주다

(3) 아침에 일찍 출근하다　•　　　　　•　ⓓ 휴가를 길게 갈 수 있다

〈보기〉　출장을 가는 대신에 휴가를 길게 갈 수 있어요.

(1) ____

(2) ____

(3) ____

20 여러분은 한국을 어떻게 생각하십니까? 한국에 오기 전에 생각했던 것과 한국에 온 후에 직접 느낀 것이 같습니까, 다릅니까? 다음의 표현을 사용하여 한 편의 글을 완성하십시오.

-(으)려고	-아/어/여 보이다	-(으)ㄹ 줄 알았다/몰랐다

한국에 오기 전의 생각	한국에 온 후에 직접 느낀 것

附录

答案
对话译文
文化之窗译文
索引

答案

第 **1** 课

语法 1 练习

1 (1) 모르는 것이 있으면 어떻게 하실 건가요?
   (2) 친구 집을 방문할 때 무엇을 사 가지고 갈 건가요?
   (3) 친구 결혼식에 갈 때 무슨 옷을 입을 건가요?
2 (1) 오늘 저녁엔 고향 음식을 만들 거예요.
   (2) 비가 오면 약속 시간을 바꿀 거예요.
   (3) 모르는 것이 있으면 친구에게 물어볼 건가요?

语法 2 练习

(1) 불고기를 만들 줄 알아요.
(2) 테니스를 칠 줄 알아요.
(3) 태권도를 할 줄 아십니까?

语法 3 练习

(1) 재료를 물에 잠깐 담가 놓으세요.
(2) 친구에게 메시지를 남겨 놓으세요.
(3) 냄비 뚜껑을 잠깐 열어 놓으세요.

语法 4 练习

(1) 잡채는 어떻게 만들지요? / 잡채를 어떻게 만들 거지요?
(2) 요즘 음식값이 많이 올랐는데 왜 그렇지요?
(3) 주말에 시간이 있을 땐 무엇을 하시지요?

作业 1 听力

1

남자 메이 씨, 미역국을 끓일 줄 알지요? 미역국을 끓여
   보고 싶은데 좀 가르쳐 주시겠어요?
여자 그럼요. 가르쳐 드릴게요. 먼저 미역, 쇠고기,
   마늘, 참기름, 간장을 준비하세요. 그리고
   미역을 물에 10분쯤 담가 놓으세요. 그런 다음
   냄비에 쇠고기와 다진 마늘, 간장, 참기름을 넣고
   쇠고기가 익을 때까지 볶으세요. 쇠고기가 익으면
   미역을 넣고 함께 볶으세요. 미역이 다 익으면
   물을 넣고 끓이세요. 그럼 완성이에요.

1 (1) ⓓ   (2) ⓐ

2

남자 안녕하세요? 오늘의 요리 시간입니다.
   오늘 요리를 가르쳐 주실 선생님은 이지숙
   선생님이십니다. 안녕하세요, 선생님? 선생님,
   무슨 요리를 가르쳐 주실 건가요?
여자 오늘은 만두를 만들어 볼 거예요. 만드는 손이
   많이 가는 음식이지만 만두를 만들어서 냉동실에
   넣어 놓으면 먹고 싶을 때 편하게 먹을 수
   있습니다.
남자 그렇군요. 어떤 재료를 준비해야 하나요?

여자 밀가루 110g, 김치 200g, 돼지고기 160g, 두부
   160g을 준비하세요.
남자 먼저 만두피를 만들어야 하지요?
여자 네, 밀가루에 소금을 넣어 반죽을 한 후에 30분쯤
   기다렸다가 얇게 밀어서 동그랗게 만두피를
   만드세요.
남자 네, 그 다음에는 무엇을 준비하지요?
여자 다음은 만두소를 만들 차례인데요. 먼저
   돼지고기와 김치, 두부를 잘게 다집니다. 그리고
   여기에 몇 가지 재료와 양념을 넣습니다.
남자 무엇을 넣지요?
여자 소금, 참기름, 후추, 다진 파와 마늘을 넣어야
   해요. 이것을 앞에서 말씀 드린 돼지고기, 김치,
   두부와 함께 넣고 잘 섞어야 합니다.
남자 이제 준비가 다 끝난 건가요?
여자 그렇습니다. 만두피에다가 만두소를 넣고 예쁘게
   만두를 만들면 됩니다.

2 (1) ⓑ   (2) ×, ○, ×

作业 3 读和写

1 (1) ⓐ
   (2) ⓒ
   (3) ⓒ
   (4) 양배추, 토마토, 당근, 브로콜리 / 물에 넣고 끓여야 /
   15 / 꺼내서 식혀야 합니다 / 바나나와 사과/ 주스나
   요거트

第 **2** 课

语法 1 练习

(1) 우리 회사가 다른 회사에 비해서 근무 환경이 좋아요.
(2) 쓰기 시험이 말하기 시험에 비해서 어려운 편이에요.
(3) 서울이 고향에 비해서 물가가 비싸요.

语法 2 练习

(1) 제가 알아볼게요.
(2) 제가 준비할게요.
(3) 제가 도와줄게요.

语法 3 练习

(1) 제가 도와 드릴 테니까
(2) 음료수는 마이클 씨가 준비할 테니까
(3) 오후에 비가 올 테니까

语法 4 练习

(1) 몰랐습니다.
(2) 골랐습니다.

⑶ 길렀습니다.
⑷ 불렀습니다.

1

여자 저기요, 수박 한 통에 얼마예요?

주인 큰 건 한 통에 이만 원이에요. 이쪽에 좀 작은 건 만 칠천 원이고요.

여자 만 칠천 원이요? 너무 비싼 것 같아요.

주인 올해는 장마가 일찍 왔기 때문에 작년에 비해서 과일값이 많이 올랐어요. 크기는 작아도 아주 달고 맛있어요.

여자 그래도 비싼데…… 참외는 얼마예요?

주인 참외는 한 개에 이천 원, 세 개에 오천 원이에요.

여자 그럼 수박 작은 거 한 통하고 참외 세 개 주세요. 또 올 테니까 좀 깎아 주시면 안 돼요?

주인 그래요. 이천 원 깎아 드릴게요. 앞으로 자주 오셔야 해요.

여자 네, 고맙습니다.

1 (1) ⓒ　　　　(2) ⓑ

2

직원 어서 오세요. 뭘 찾으세요?

남자 안녕하세요. 전자사전을 좀 사려고 하는데, 종류가 너무 많아서 고르기가 쉽지 않네요.

직원 어떤 기능을 주로 사용하세요?

남자 제가 한국어 공부하는 유학생이어서 한국어-영어 사전이 잘 되어 있으면 좋겠어요. 메모도 할 수 있고 녹음 기능도 필요해요.

직원 그럼 이 사전이 좋겠네요. 방금 손님이 말씀하신 기능이 다 있고, 간단한 회화를 반복해서 들을 수 있어서 유학생들이 많이 찾아요. 가격도 다른 제품에 비해서 싼 편이고요.

남자 음…… 기능은 마음에 드는데 좀 무거운 것 같아요. 매일 가지고 다녀야 하는데 가벼운 건 없을까요?

직원 그럼 이걸로 보세요. 가격이 좀 비싸지만 훨씬 가벼워요. 올해 새로 나온 제품이어서 전보다 검색 기능이 더 빨라졌어요.

남자 A/S는 어떻게 해야 해요?

직원 보증서를 같이 넣어 드릴게요. 혹시 고장이 나거나 문제가 생기면 가지고 오세요. 보증서가 없으면 따로 비용을 내셔야 해요.

남자 좋아요. 이걸로 주세요. 카드 되지요?

직원 그럼요. 할부로 해 드릴까요? 일시불로 해 드릴까요?

남자 3개월 할부로 해 주세요.

2 (1) ⓒ　　　　(2) ○, ×, ×

1 (1) ⓑ　　　　(2) ⓓ

(1) 문이 열렸어요.

(2) 음악 소리가 들려요.

(3) 아기가 어머니에게 안겼어요.

(1) 몇 시에 모이는지 몰라요.

(2) 어디에서 출발하는지 기억해요.

(3) 어떻게 가는지 잊어버렸어요.

1 (1) 지하철역이나 편의점에서 사면 돼요.
　 (2) 114에 전화해서 물어보면 돼요.

2 (1) 모르는 문제가 있으면 선생님께 물어보면 됩니다.
　 (2) 인천공항에 가려면 공항버스를 타면 됩니다.

1 (1) 김 선생님은 지금 강의 중이니까 나중에 다시 전화해 주세요.
　 (2) 사장님은 오늘 휴가 중이니까 내일 다시 전화해 주세요.

2 (1) 문제가 생겨서 학교 사무실에 가는 중입니다.
　 (2) 길이 막혀서 지하철로 환승하는 중입니다.

1

남자 여보세요. 거기 하나병원이지요?

직원 네 맞습니다. 무엇을 도와 드릴까요?

남자 제가 지금 약도를 보고 찾아가는 중인데 길을 잘 몰라서요. 지하철역 4번 출구에서 직진하면 되지요? 근데 한참을 가도 병원이 안 보여요.

직원 지금 계신 곳이 어디세요? 근처에 큰 건물이나 간판이 있으면 알려 주세요.

남자 여기 서울은행 앞이에요.

직원 아, 그럼 거의 다 오셨네요. 은행 앞에서 조금만 더 직진하시면 사거리가 나오는데 사거리 왼쪽에 큰 슈퍼마켓이 있어요. 그 건물 2층이에요. 병원 간판이 보이니까 쉽게 찾으실 거예요.

남자 네 그렇군요. 걸어서 얼마나 걸리죠?

직원 가깝습니다. 2, 3분 정도면 충분히 오실 수 있을 거예요.

1 (1) ⓐ　　　　(2) ⓑ

2

여자 민준 씨, 배고픈데 우리 간식 좀 먹고 공부할까요?

남자 좋아요. 마침 저도 배가 고팠어요. 뭘 먹을까요?

여자 떡볶이를 먹고 싶은데 이 근처에 떡볶이 가게가 어디에 있는지 아세요? 저는 이사 온 지 얼마 안 돼서 어디가 어디인지 잘 몰라요.

남자 제가 아니까 나가서 사 올게요.
여자 아니에요. 민준 씨는 다리를 다쳐서 움직이기
　　 불편하잖아요. 제가 다녀올 테니까 어떻게 가는지
　　 가르쳐 주세요. 많이 멀어요?
남자 아니요, 가까우니까 걸어가면 돼요. 먼저
　　 집 앞에서 왼쪽으로 조금만 가면 사거리가
　　 나오지요? 거기에서 오른쪽 골목으로 들어가야
　　 해요. 그럼 왼쪽에는 학교가 있고 오른쪽에는
　　 슈퍼마켓이 있어요.
여자 네, 저도 알아요. 전에 슈퍼마켓 옆에 있는 서점에
　　 간 적이 있어요.
남자 그 골목으로 20m쯤 걸어가면 왼쪽에 떡볶이 가게가
　　 있어요. 간판에 '맛나분식'이라고 쓰여 있는데
　　 찾을 수 있겠어요?
여자 그럼요. 금방 갔다 올게요.
남자 못 찾겠으면 전화하세요.

2 (1) ×, ○, ×　(2) ②, ①

1 (1) ⓓ
　　(2) ⓐ - ⓒ / ⓑ - ⓓ / ⓒ - ⓐ / ⓓ - ⓑ
　　(3) ○, ○, ×, ×

第 4 课

(1) 선물을 주니까 기뻐했어요.
(2) 선생님께서 화를 내시니까 무서워했어요.
(3) 축하해 주니까 부끄러워했어요.

1 (1) 김 선생님께서 우리 반이 1등을 했다고 말씀하셨어요.
　　(2) 민준 씨가 올해는 꼭 담배를 끊겠다고 말했어요.

1 (1) 겨울이 되어서 날씨가 추워졌어요.
　　(2) 냉장고가 고장 나서 얼음이 물이 되었어요.
　　(3) 문제가 생겨서 회의 장소가 변경이 되었어요.
2 (1) 나중에 커서 어떤 사람이 되고 싶어요?
　　(2) 겨울이 되면 무엇을 할 거예요?
　　(3) 부자가 되면 무엇을 하고 싶어요?

(1) 나빴습니다.
(2) 졌습니다.
(3) 기뻤습니다.
(4) 모았습니다.

1

남자 가을이 되니까 날씨가 선선해졌는데요. 다음 주
　　 금요일에 우리 과에서 등산을 가기로 했는데 메이
　　 씨도 갈 거지요?
여자 네, 갈 거예요. 그런데 몇 시에 어디에서 출발해요?
남자 자세한 내용은 저도 아직 몰라요. 내일 만나서
　　 등산 계획을 짤 거니까 메이 씨도 오세요.
여자 네, 좋아요. 몇 시에 만나기로 했어요?
남자 11시에 학교 앞 커피숍에서 만나기로 했어요.
여자 저는 아침에 시험이 있어서 11시 반쯤에 갈 수
　　 있을 것 같은데 괜찮을까요?
남자 그럼요. 수업 때문에 늦게 오는 친구들도 있다고
　　 했으니까 걱정하지 말고 천천히 오세요.
　　 친구들하고 먼저 계획을 짜고 있을게요.
여자 네, 그럼 내일 커피숍에서 만나요.

1 (1) ⓓ　　　(2) ⓑ

2

여자 지금은 고객이 전화를 받을 수 없습니다. 삐 소리가
　　 나면 음성사서함으로 연결됩니다.
남자 안녕하세요. 저 마이클이에요. 원래 내일
　　 오후 2시에 출발하는 비행기를 타려고 했는데
　　 회사에 갑자기 급한 일이 생겼어요. 그래서
　　 그 비행기 표를 취소하고 저녁 7시 비행기로
　　 다시 예약을 했어요. 서울에는 밤 11시쯤에나
　　 도착할 것 같으니까 마중 나오지 마세요. 그리고
　　 내일 가져가야 할 서류는 제가 이메일로 미리
　　 보낼게요. 이 메시지 들으면 이메일 확인해
　　 주세요. 그럼 서울에 도착해서 다시 연락할게요.

2 (1) ⓓ　　　(2) ⓐ

1 (1) ×, ○, ○　(2) ⓒ

第 5 课

1 (1) ⓓ　　(2) ⓐ　　(3) ⓑ　　(4) ⓒ

2 (1) 지하철 노선도
　　(2) 버스 전용 차선
　　(3) 교통 카드

3 디자인, 세일 기간, 사이즈, 일시불, 교환, 영수증

4 (1) ⓓ　　(2) ⓐ　　(3) ⓑ　　(4) ⓒ

5 (1) 있는지
(2) 누구인지
(3) 했는지

6 (1) 컸습니다
(2) 예뻤습니다
(3) 나빴습니다

7 (1) 걸어서 가면 돼요
(2) 없다고 해요
(3) 놓으니까

8 (1) ⓐ (2) ⓒ (3) ⓑ (4) ⓓ

9 (1) 켜는지 알아요
(2) 슬퍼했어요
(3) 갈게요
(4) 비가 올 테니까
(5) 씻어 놓을까요

10
ⓐ 남자 저 혹시 대사관이 어디에 있는지 아세요?
　여자 아, 대사관은 이쪽이 아니고 반대쪽으로 가셔야
　　　 해요.
ⓑ 남자 어떡하지요? 차가 많이 막혀서 좀 늦을 것
　　　 같아요.
　여자 괜찮으니까 천천히 오세요.
ⓒ 여자 기사님, 이 버스 광화문에 가요?
　남자 이 버스는 광화문에 안 가니까 다음 정류장에
　　　 내려서 다른 버스로 환승하세요.
ⓓ 여자 어디쯤 왔어요?
　남자 지금 지하철역으로 가는 중이니까 조금만 기다려
　　　 주세요.

10 ⓐ

11
남자 아주머니 이 귤 얼마예요?
여자 10개에 오천 원이에요.
남자 그렇게 비싸요?
여자 요즘 귤 철이 아니잖아요. 당연히 제철에 비해서
　　 비싸지요.

11 ⓓ

12
여자 안녕하세요, 민준 씨. 저 메이예요. 이번 주
　　 금요일에 민준 씨가 마이클 씨와 저에게 잡채
　　 만드는 걸 가르쳐 주기로 했잖아요. 그런데 마이클
　　 씨가 그날 급하게 다른 일이 생겼다고 해요.

그래서 장소를 저희 집으로 바꾸고 싶은데
괜찮아요? 그리고 고기는 민준 씨가 준비할 건가요?
그럼 저는 당근, 시금치, 당면을 준비해 놓을게요.

12 (1) × (2) ○ (3) ×

13
남자 메이 씨, 일이 많은 것 같은데 제가 좀 도와줄까요?
여자 괜찮아요. 민준 씨도 바쁘잖아요.
남자 저는 다 끝났어요. 제가 도와줄 테니까 같이 해요.
여자 그럼 부탁 좀 할게요. 서류 정리만 좀 도와주세요.
　　 이렇게 많은지 몰랐어요.
남자 지난번에는 메이 씨가 절 도와줬잖아요. 그러니까
　　 너무 미안해하지 마세요.
여자 네, 고마워요.

13 ⓒ

14 (1) ⓒ (2) ⓓ

15 ⓑ

16 (1) × (2) × (3) ○

17 (1) 예 도서관에서 책을 보는 중이에요.
(2) 예 백화점에서 쇼핑을 하는 중이에요.
(3) 예 친구와 이야기하는 중이에요.

18 (1) 메이 씨 전화번호를 몰라서 마이클 씨에게 물어봤어요.
(2) 말이 너무 빨라서 이해하지 못했어요.
(3) 늦게 일어났지만 서둘러서 제시간에 도착했어요.
(4) 발음이 나빠서 알아듣지 못했어요.

19 보였습니다, 들렸습니다, 팔려서

20 (1) ⓔ, 피곤할 테니까 일찍 가서 쉬세요.
(2) ⓒ, 다음에 또 올 테니까 좀 깎아 주시면 안 돼요?
(3) ⓓ, 싸게 해 드릴 테니까 자주 오셔야 해요.
(4) ⓐ, 고기는 제가 사 놓을 테니까 메이 씨는 채소를
　　 준비하세요.

第 **6** 课

语法 1 练习

1 (1) 여기는 명동이라고 합니다.
(2) '안녕하세요'는 중국어로 '니 하오'라고 합니다.
(3) 조금 전에 전화하신 분이 사장님이라고 합니다.

2 (1) 필요한 서류라고 했어요.
(2) 급한 일이라고 했어요.
(3) 외출 중이라고 했어요.

1　(1) 메이 씨가 장학금을 받는다고 합니다.
　　(2) 늦게 퇴근한다고 합니다.
　　(3) 서류를 보낸다고 합니다.

2　(1) 내일 고향에 돌아간다고 전해 주세요.
　　(2) 오후에 다시 전화한다고 전해 주세요.
　　(3) 과장님이 찾으신다고 전해 주세요.

语法 3　练习

(1) 이 메시지를 듣는 대로 전화해 주세요.
(2) 메모를 보는 대로 연락해 주세요.
(3) 문자를 확인하는 대로 답장해 주세요.

语法 4　练习

1　(1) 마이클 씨가 선생님께 천천히 말해 달라고 했어요.
　　(2) 민준 씨가 메이 씨에게 중국집 전화번호 좀 가르쳐
　　　　달라고 했어요.

2　(1) 메이 씨가 마이클 씨에게 이 책을 민준 씨에게 빌려
　　　　주라고 했어요.
　　(2) 과장님이 김 대리에게 이 서류를 부장님께 보여
　　　　드리라고 했어요.
　　(3) 마이클 씨가 민준 씨에게 마리아 씨에게 한국말을
　　　　가르쳐 주라고 했어요.

作业 1　听力

1

(1) 남자　여보세요.
　　여자　마이클 씨, 저 마리아예요.
　　남자　마리아 씨, 오랜만이에요. 이렇게 아침 일찍
　　　　무슨 일이에요?
　　여자　마이클 씨, 메이 씨 전화번호 알면 좀 가르쳐
　　　　주세요. 제가 어제 휴대폰을 사무실에 놓고
　　　　와서요.

(2) 남자　여보세요. 거기 하늘여행사지요?
　　여자　여행사요? 아닌데요. 잘못 거셨어요.
　　남자　거기 02-765-4321번 아니에요?
　　여자　아, 여긴 4321번이 아니고 4312번이에요.
　　남자　그렇군요. 죄송합니다.

(3) 여자　한양전자 비서실입니다.
　　남자　저는 연구팀의 한상구라고 합니다.
　　　　김 사장님 좀 부탁합니다.
　　여자　사장님께서는 지금 출장 중이십니다.
　　　　내일 돌아오시는데 메모 남겨 드릴까요?
　　남자　그럼 연구 결과를 이메일로 보냈다고 전해
　　　　주시겠어요?
　　여자　알겠습니다. 그렇게 전해 드리겠습니다.

(4) 여자　여보세요. 박민준 씨 휴대폰 맞지요?
　　남자　여보세요? 뭐라고요?

여자　박민준 씨 휴대폰 아니에요?
남자　잘 안 들리는데 다시 말씀해 주시겠어요?
여자　저는 잘 들리는데요. 제가 다시 걸겠습니다.

1　(1) ⓓ　　　　(2) ⓐ　　　　(3) ⓒ　　　　(4) ⓑ

2

남자　여보세요. 박민준 씨 좀 부탁합니다.
여자　지금 자리에 안 계신데요.
남자　언제쯤 돌아오세요?
여자　회의하러 가셨는데 회의가 언제 끝날지는 잘
　　　모르겠습니다. 누구시라고 전해 드릴까요?
남자　저는 마이클이라고 하는데요. 민준 씨 친구예요.
여자　네, 뭐라고 전해 드릴까요?
남자　오늘 저녁 모임 장소가 바뀌었다고 전해 주세요.
　　　신촌 근처 한양각이라고 전해 주시면 민준 씨가
　　　알 거예요.
여자　알겠습니다. 또 전할 말씀은 없으세요?
남자　참, 제가 메이 씨 전화번호를 모르니까 메이 씨
　　　에게도 알려 주라고 전해 주시겠어요?
여자　네, 들어오시는 대로 전해 드리겠습니다.
남자　감사합니다. 안녕히 계세요.

2　(1) ○, ○, ×
　　(2) ⓐ 오늘 저녁 모임 장소가 신촌 한양각으로 바뀌었습
　　　　니다.
　　　　ⓑ 메이 씨한테도 바뀐 모임 장소를 알려 주세요.

3

지금은 전화를 받을 수 없어 음성사서함으로 연결됩
니다. 메시지 녹음은 1번, 연락 받으실 전화번호를
남기시려면 2번을 눌러 주십시오. '삐' 소리가 나면
녹음하시고 ＊(별표)나 #(우물정자)를 눌러 주십시오.

ⓐ 박민준 씨, 맞으시죠? 여기 서대문 우체국인데요.
　　박민준 씨 앞으로 국제 우편이 도착해 있습니다.
　　댁에 아무도 안 계셔서 전화 드렸습니다. 우편물은
　　아파트 경비실에 맡겨 놓겠습니다.

ⓑ 박민준 씨, 하나상사의 김 대리입니다. 오전에
　　주신 서류에 문제가 좀 생겼습니다. 그래서 제가
　　다시 박민준 씨 사무실로 서류를 보냈습니다. 이
　　메시지를 들으시는 대로 저에게 전화해 주세요.

ⓒ 민준 씨, 메이예요. 오늘 생일이지요? 제가 민준 씨
　　생일을 제일 먼저 축하해 주고 싶어서 전화했어요.
　　생일 진심으로 축하해요. 오늘 약속 잊지 않았지요?
　　제가 맛있는 저녁을 살게요. 그럼 이따가 만나요.

ⓓ 안녕하세요, 선배님. 한국대학교동창회장 마이클
　　입니다. 이번 토요일에 동창회 모임이 연기되었습
　　니다. 그날 교수님께서 갑자기 중요한 일이 있다고

하셔서 다음 주 토요일로 시간을 변경하였습니다.
바쁘시더라도 꼭 참석해 주시기 바랍니다. 안녕히
계십시오.

3 ⓐ 서대문우체국, 박민준 씨 앞으로 온 국제 우편을
　　아파트 경비실에 맡겨 놓았습니다.
　ⓑ 하나상사 김 대리, 오전에 준 서류에 문제가 생겨서
　　다시 사무실로 서류를 보냈으니 메시지를 듣는 대로
　　전화해 주세요.
　ⓒ 메이, 생일 축하해요. 오늘 맛있는 저녁을 살 테니
　　이따가 만나요.
　ⓓ 마이클, 이번 주 동창회 모임이 다음 주 토요일로
　　연기되었습니다. 꼭 참석해 주세요.

作业 3 读和写

1 (1) ⓒ
　(2) ⓓ
　(3) ⓐ - ③, ⓑ - ①, ⓒ - ②, ⓓ - ④

第 **7** 课

语法 1 练习

1 (1) 올해부터 한국말을 배우기 시작했어요.
　(2) 출발할 때 눈이 오기 시작했어요.
　(3) 그 소식을 듣고 울기 시작했어요.
2 (1) ⓒ　　　(2) ⓑ　　　(3) ⓓ　　　(4) ⓐ

语法 2 练习

1 (1) 어제 영화를 보고 나서 저녁을 먹었어요.
　(2) 내일 일이 끝나고 나면 연락할게요.
　(3) 결혼하고 나니까 집안일이 많아졌어요.

语法 3 练习

붓습니다, 부어요, 부으세요, 부었습니다 / 짓습니다, 지어
요, 지으세요, 지었습니다 / 벗습니다, 벗어요, 벗으세요,
벗었습니다 / 웃습니다, 웃어요, 웃으세요, 웃었습니다

语法 4 练习

1 (1) 눈이 내리다가 그쳤어요.
　(2) 날씨가 계속 흐리다가 비가 왔어요.
　(3) 길을 걷다가 부모님 생각이 났어요.

作业 1 听力

1
(1) 오늘의 날씨를 말씀드리겠습니다. 지금 밖에는 비가
　오고 있는데요. 이 비는 오늘 밤까지 계속 내리다가
　내일 아침에 그치겠습니다. 비가 와서 길이 많이
　미끄러우니까 운전 조심하시기 바랍니다.

(2) 아침부터 눈이 내리기 시작해서 서울 시내 곳곳의

모든 길이 막히고 복잡합니다. 눈길에 교통사고도
많이 나서 사고 소식이 많은데요. 자동차보다는
지하철을 이용하시는 것이 좋겠습니다.

(3) 지금 안개가 많이 껴서 운전하기에 불편할 것
　같습니다. 구름이 많이 끼어서 매우 흐린데요.
　오늘까지 비 소식은 없으니까 우산은 없어도 될 것
　같습니다. 당분간 흐리고 추운 날씨가 계속 되니까
　감기 조심하시기 바랍니다.

(4) 구름 한 점 없는 맑은 하늘 때문에 기분도 좋아지는
　하루입니다. 태풍이 남쪽으로 내려가면서 비바람도
　그쳤는데요. 주말까지는 계속 화창한 날씨가
　이어지겠습니다.

1 (1) ⓒ　　　(2) ⓐ　　　(3) ⓑ　　　(4) ⓓ

2
(1) 오늘까지 안개가 많이 끼고 흐리다가 내일부터 비가
　내리겠습니다. 이 비는 모레까지 계속 되겠습니다.

(2) 이번 주에는 계속 날씨가 추운데요. 다음 주부터는
　기온이 올라서 따뜻해지겠습니다.

(3) 지금 밖에는 비가 오고 있습니다. 이 비는 오늘
　밤까지 오다가 내일 아침에 그치겠습니다. 비가
　그치면 맑은 하늘을 볼 수 있겠습니다.

(4) 내일은 바람이 많이 불다가 저녁에 눈이 오겠습니다.
　옷을 따뜻하게 입고 다니시기 바랍니다.

2 (1) 비가 오다
　(2) 춥다 → 따뜻하다
　(3) 비가 오다 → 맑다
　(4) 바람이 불다 → 눈이 오다

3
남자 어? 메이 씨 아니에요? 어제 울릉도에 여행을
　　갔다고 들었는데 왜 아직 서울에 있어요?
여자 울릉도에 태풍이 와서 못 가고 주말로 연기했어요.
남자 잘했어요. 저도 일기예보에서 들었는데 지금 비가
　　오고 바람도 많이 불어서 큰일이라고 해요.
여자 네, 천둥과 번개도 많이 친다고 들었어요.
남자 주말에는 괜찮아진다고 했나요?
여자 아니요, 잘 모르겠어요. 태풍이 일본 쪽으로 가도
　　주말까지는 비가 올 거라고 해요.
남자 그럼 날씨가 좋아지고 나서 가면 어때요?
　　비 때문에 길도 미끄러워서 위험할 거예요.
여자 저도 그러고 싶은데 휴가 날짜를 바꾸기 힘들어서
　　주말에 가야 해요. 태풍이 빨리 가서 날씨가
　　맑아졌으면 좋겠어요.
남자 할 수 없군요. 그럼 조심해서 잘 다녀오세요.

3 (1) ○, ×, ×, ×
  (2) ⓐ 지금 비가 오고 바람도 많이 불어서 큰일이라고 해요.
    ⓑ 비 때문에 길도 미끄러워서 위험할 거예요.

作业 3 读和写

1 (1) ⓐ
  (2) ×, ○, ○, ×

第 8 课

语法 1 练习

1 (1) 아마 여기에서 출발하는 게 더 빠를 거예요.
  (2) 아마 메이 씨는 시험을 잘 봤을 거예요.
  (3) 아마 채 선생님은 결혼은 안 하셨을 거예요.

语法 2 练习

1 (1) 고향에 비행기를 타고 가요.
  (2) 공원에 모자를 쓰고 가요.
  (3) 운동화를 신고 가요.

语法 3 练习

1 (1) 언제 가는데요?
  (2) 어디에서 모이는데요?
  (3) 어떻게 일을 하는데요?

语法 4 练习

1 (1) 저 사람이 민준 씨 친구인가요?
  (2) 언제 고향에 돌아가실 건가요?
  (3) 어제 무엇을 했나요?
2 (1) 점심은 드셨나요?
  (2) 송금했나요?

作业 1 听力

1

(1) 여자 계좌 이체를 하려고요. 신분증하고 도장 여기
    있어요.
  남자 네, 여기 서류에 받으시는 분 성함이랑 계좌
    번호를 써 주세요.
  여자 수수료는 얼마예요?
  남자 같은 은행 계좌여서 수수료는 없습니다.

(2) 여자 전화 요금을 내러 왔는데요.
  남자 고지서 가지고 오셨지요?
  여자 네, 여기 있어요. 다음 달부터 전화 요금 내는
    걸 자동이체로 바꾸고 싶은데요. 어떻게 해야
    하지요?
  남자 계좌 번호와 자동이체 날짜를 여기 적어 주세요.

(3) 여자 제가 통장은 있는데 현금카드가 없어서 만들고
    싶은데요.
  남자 그러세요? 신분증은 가지고 오셨지요?

  여자 네, 여기 있어요. 현금카드로 ATM기를 이용할
    수 있는 거지요?
  남자 그럼요. 입금, 출금 다 현금카드로 할 수 있어요.

(4) 남자 어서 오세요. 무엇을 도와 드릴까요?
  여자 출금을 하려고 하는데 오래 기다려야 하나요?
  남자 네, 번호표를 뽑고 30분쯤 기다리셔야 할
    거예요. 찾으시려고 하는 돈이 많지 않으면
    저쪽 현금자동입출금기를 이용하세요.
  여자 제가 현금카드가 없어서요.

1 (1) ⓑ   (2) ⓐ   (3) ⓓ   (4) ⓒ

2

남자 어서 오십시오. 무엇을 도와 드릴까요?
여자 환전을 좀 하고 싶은데요.
남자 어느 나라 돈으로 바꾸실 건가요?
여자 달러를 한국 돈으로 바꾸고 싶은데 지금 환율이
  어떻게 되지요?
남자 오늘은 1달러에 1,150원입니다. 어제보다 30원
  올랐네요. 얼마나 환전해 드릴까요?
여자 800달러 바꿔 주세요.
남자 여권이나 신분증 주시겠어요?
여자 여기 외국인등록증이요.
남자 돈은 수표로 드릴까요? 현금으로 드릴까요?
여자 50만 원은 10만 원짜리 수표 5장으로 주시고
  나머지는 현금으로 주세요.
남자 네, 알겠습니다. 여기 있습니다.

2 (1) ×   (2) ○   (3) ○   (4) ×

3

여자 다른 은행에 송금을 좀 하고 싶은데 어떻게 해야
  하나요?
남자 아, 타은행 입금을 하려고 하는군요. 제가
  도와줄게요. 먼저 여기 타은행 입금 거래
  신청서를 써야 해요. 받는 사람의 계좌 번호는
  가지고 왔나요?
여자 네, 가지고 왔어요. 여기 받으시는 분에 쓰면 되는
  거지요?
남자 네, 어느 은행 계좌로 보낼 거예요?
여자 서울은행이요.
남자 그럼 여기 받으시는 분 아래 은행명에 쓰세요.
여자 네, 그리고 계좌 번호를 쓰면 되지요? 음……
  예금주는 뭐예요?
남자 그 계좌의 주인을 말하는 거예요. 메이 씨는
  박민준 씨에게 송금을 하니까 박민준 씨 이름을
  쓰면 돼요.
여자 그렇군요. 여기 입금액은 뭐예요?
남자 아, 그건 메이 씨가 박민준 씨에게 얼마를 보내
  는지 쓰면 돼요.

여자 (천천히 쓰면서 혼잣말) 그럼 여기에 십만 원이
　　 라고 쓰고…… 아래에는 오늘 날짜를 쓰면 돼요?
남자 네, 오늘 날짜 10월 9일을 쓰면 돼요. 메이 씨,
　　 도장은 가지고 왔어요?
여자 아니요, 안 가지고 왔는데 어떻게 하지요?
남자 괜찮아요. 도장이 없으면 사인을 해도 될 거예요.
여자 은행 업무는 무척 어렵군요. 도와줘서 고마워요.

3 서울은행, 박민준, 100,000원, 10, 9

1 (1) ⓑ　　　　(2) ⓓ

2 (1) ⓑ　　　　(2) ⓐ　　　　(3) ⓒ　　　　(4) ⓓ

- -

第 9 课

语法 1　练习

1 (1) 한국어를 잘하는 편이에요.
　　(2) 주말엔 한가한 편이에요.
　　(3) 시험이 어려운 편이에요.

语法 2　练习

1 (1) 저기에서 버스를 타도록 하세요.
　　(2) 집에 오기 전에 먼저 전화하도록 하세요.
　　(3) 이번 모임에 꼭 참석하도록 하세요.

语法 3　练习

1 (1) 작아졌어요.
　　(2) 재미있어졌어요.
　　(3) 뚱뚱해졌어요.

语法 4　练习

1 (1) 동생이 가자마자 언니가 왔어요.
　　(2) 용돈을 받자마자 다 썼어요.
　　(3) 건강이 좋아지자마자 운동을 시작했어요.

作业 1　听力

1
(1) 이불은 옷이랑 같이 빨지 말고 따로 빨아야 합니다.
큰 통에 미지근한 물을 가득 넣고 세제를 넣은 후에
이불을 몇 시간 담가 놓은 다음 세탁기를 돌리면
깨끗해집니다.

(2) 헤어린스는 머리를 감을 때 말고 청소할 때도 쓸
수 있습니다. 헤어린스에 물을 섞어서 텔레비전
브라운관이나 컴퓨터 모니터를 닦아 주면 먼지가
잘 닦입니다. 그리고 먼지도 잘 붙지 않아서 청소를
자주 해 주지 않아도 됩니다.

(3) 마트에 가기 전에 사야 할 물건들을 메모하는 습관을
들이고 일주일 식단을 미리 계획한 다음에 장을 보면
필요한 것만 살 수 있습니다. 또 마트에서 세일
품목을 관심 있게 보면 싸게 장을 볼 수 있습니다.

(4) 먼저 오른손으로 티셔츠의 오른쪽 어깨 부분을
잡고 왼손은 티셔츠 가운데 부분을 잡아서 가볍게
털어줍니다. 세로로 반을 접은 다음 소매 부분은
맞추어서 접으면 됩니다.

1 (1) ⓑ　　　　(2) ⓐ　　　　(3) ⓒ　　　　(4) ⓓ

2
남자 여러분 안녕하십니까? 오늘은 주부 경력 20년의
박지현 주부님을 모시고 옷에 묻은 얼룩을 지우는
방법을 배워 보도록 하겠습니다. 보통 옷에
얼룩이 묻으면 당황하기 쉬운데요. 어떻게 해야
얼룩이 쉽게 지워질까요?
여자 얼룩마다 지우는 방법이 다르기 때문에 무조건
물로 빨면 안 됩니다. 케첩이나 기름기, 과일
얼룩이 생겼으면 식초를 이용해서 살짝 닦은 다음
세탁기에 돌리세요.
남자 저는 어제 점심을 먹다가 흰 옷에 김치 국물이
묻어서 당황했는데요. 이럴 땐 어떻게 하지요?
여자 얼룩이 생기자마자 비누나 세제를 이용해서 닦아
주면 좋아요. 김치 국물은 시간이 지나면 잘 안
지워지니까요. 세제로 빨아도 얼룩이 남아 있으면
양파즙을 내서 얼룩 주변에 바르고 다음 날 물로
씻어 보세요. 깨끗해질 거예요.
남자 저는 콜라나 사이다를 마시다가 옷에 가끔 묻는
일이 있는데 이런 얼룩은 어떻게 지워야 하나요?
여자 물에 소금을 조금 섞은 후에 수건을 이용해서
닦으세요. 이때 문지르지 말고 두드리면서 닦아야
잘 지워집니다.
남자 그런 방법이 있었군요. 오늘 집에 가서 해
봐야겠어요. 혹시 옷에 묻은 껌을 없앨 수 있는
방법도 있나요?
여자 껌 묻은 곳에 신문지를 대고 다리미로 다리면
껌이 신문지에 묻어 나올 거예요.
남자 그렇군요. 좋은 정보 감사드립니다.

2 (1) ⓒ

(2) 물에 소금을 조금 섞은 후에 수건으로 두드리면서
닦아야 합니다.

3
여자 민준 씨, 쓰레기 분리수거하는 방법 좀 알려주세요.
아직 잘 모르겠어요.
남자 종류가 많아서 좀 어렵지요? 익숙해지면 쉬워요.
신문이나 잡지는 종이류에 버려야 해요. 음료수
병이나 맥주병은 유리병류에 버리고요. 비닐로 된
봉지나 포장지는 비닐류에 버리면 돼요.

여자 우유팩이나 케이크 상자는 어떻게 해요?

남자 우유팩이나 상자도 모두 종이류에 버리면 돼요. 우유팩은 씻어서 말린 다음 물기가 없이 버려야 해요.

여자 과자 봉지나 라면 봉지도 비닐류에 버리는 거 맞지요?

남자 네, 비닐이면 비닐류에 버려도 되지만, 컵라면 같은 용기는 스티로폼을 넣는 곳에 버려야 해요. 뚜껑은 플라스틱류에 따로 버리고요.

여자 어렵군요. 어제는 파인애플 껍질을 음식물 용기에 버리고 있는데 옆집 아주머니가 그건 종량제 봉투에 버려야 한다고 했어요.

남자 네, 맞아요. 과일의 딱딱한 껍질이나 계란 껍데기, 돼지나 닭 뼈는 음식물 용기에 버리면 안 돼요. 마트에서 파는 종량제 봉투에 넣어서 버려야 해요.

여자 쓰레기를 버리는 것도 힘들군요.

남자 인터넷에 자세히 나와 있으니까 찾아보면 돼요. 저한테 물어봐도 되고요.

3 (1) ⓒ　　　　(2) ×, ○, ×, ○

1 (1) ⓓ
(2) ⓐ - ② 　(2) ⓑ - ③ 　(3) ⓒ - ① 　(4) ⓓ - ④
(3) ⓐ

第 **10** 课

1 (1) ⓓ　　　(2) ⓐ　　　(3) ⓑ　　　(4) ⓒ

2 (1) 화창하다
(2) 비바람이 치다
(3) 안개가 끼다

3 계좌 이체, 계좌 번호, 지폐, 동전

4 (1) ⓑ　　　(2) ⓐ　　　(3) ⓓ　　　(4) ⓒ

5 (1) 가지고 오세요.
(2) 데리고 갔어요.
(3) 모시고 오세요.

6 (1) 나았습니다.
(2) 부었어요.
(3) 웃었습니다.

7 (1) 이라고 합니다
(2) 기다린다고
(3) 달라고
(4) 돌려 달라고

8 (1) ⓑ　　　(2) ⓐ　　　(3) ⓓ　　　(4) ⓒ

9 (1) 걸릴 거예요.
(2) 나빠졌어요.
(3) 배우기 시작했어요.
(4) 졸업하는 대로

10
ⓐ 남자 어서 오세요.
　　여자 이 동전을 만 원짜리로 바꿔 주세요.
ⓑ 남자 중국 돈을 한국 돈으로 바꾸고 싶은데요.
　　여자 네, 먼저 여권을 주시겠어요?
ⓒ 여자 뭘 도와 드릴까요?
　　남자 통장을 만들고 싶어요.
ⓓ 여자 계좌 번호를 모르는데 어떻게 하지요?
　　남자 송금을 하려면 계좌 번호가 있어야 합니다.

10 ⓑ

11
남자 여보세요. 박민준 씨 좀 부탁합니다.
여자 지금 자리에 안 계십니다. 메모를 남겨 드릴까요?
남자 네, 저는 박민준 씨 친구 마이클이라고 합니다. 제가 갑자기 일이 생겨서 이따가 저녁 모임에 못 간다고 전해 주세요.
여자 네, 알겠습니다. 그렇게 전해 드리겠습니다.

11 (1) ○　　　(2) ○　　　(3) ×

12
남자 어서 오세요. 무엇을 도와 드릴까요?
여자 통장을 새로 만들고 싶은데요.
남자 먼저 이 서류를 작성해 주시고 신분증을 보여 주세요.
여자 학생증도 되나요?
남자 학생증은 안 됩니다. 외국인등록증이나 여권이어야 해요.
여자 여권하고 외국인등록증 모두 안 가지고 왔는데 혹시 운전면허증은 안 되나요?

12 ⓑ

13
여자 114 안내입니다. 고객님,
남자 서울여행사 전화번호 좀 알려 주세요.
여자 문의하신 번호는 02-345-6789번입니다. 02-345-6789번입니다. 안내 받으신 번호로 바로 전화 연결을 원하시면 1번, 문자 메시지로 전화번호를 받고 싶으시면 2번을 눌러 주세요. 다시 듣고 싶으시면 3번을 눌러 주십시오.

13 ⓓ

阅读练习

14 (1) ⓒ　　　　(2) ⓑ

15 ⓓ

16 (1) ○　　　(2) ○　　　(3) ✕

书写练习

17 (1) 메이 씨가 내일 메이 씨의 생일 파티에 와 달라고
　　　했어요.
　　(2) 메이 씨가 메시지를 보면 전화해 달라고 했어요.
　　(3) 메이 씨가 내일 이사를 하는데 좀 도와 달라고 했어요.

19 (1) ⓑ, 날씨가 맑다가 갑자기 비가 왔어요.
　　(2) ⓐ, 드라마를 보다가 슬퍼서 울었어요.
　　(3) ⓒ, 한국어를 공부하다가 단어를 몰라서 사전을
　　　찾았어요.
　　(4) ⓓ, 잠을 자다가 시끄러워서 깼어요.

第 **11** 课

语法 1　练习

1 (1) 오늘 야근을 하게 되었어요.
　　(2) 지방으로 이사를 가게 되었어요.
　　(3) 승진을 하게 되었어요.

2 (1) ⓓ　　　(2) ⓐ　　　(3) ⓒ　　　(4) ⓑ

语法 2　练习

1 (1) 용돈을 다 써 버려서
　　(2) 기차를 놓쳐 버려서
　　(3) 남은 음식을 다 먹어 버려서

语法 3　练习

1 (1) 천천히 좀 말씀해 주시겠어요?
　　(2) 조용히 좀 해 주시겠어요?
　　(3) 잠깐만 기다려 주시겠어요?

2 (1) 정리해 주시겠어요?
　　(2) 보내 주시겠어요?
　　(3) 바꿔 주시겠어요?

语法 4　练习

1 (1) 거래처 손님을 마중 나가야 하거든요.
　　(2) 밤마다 영어 공부를 하거든요.
　　(3) 차가 고장 나서 수리점에 맡겼거든요.

作业 1　听力

1
(1) 여자　이 대리, 지금 바쁜가요?
　　남자　부장님께 업무 보고하러 가는 길이에요.
　　　　　뭐 부탁하실 일이 있으세요?
　　여자　오늘 회의에서 사용할 보고 자료를 만드는데

　　　　　컴퓨터 프로그램에 관해 물어볼 것이 있어서
　　　　　…….
　　남자　급하지 않으시면 부장님께 다녀와서 봐 드려도
　　　　　될까요?
　　여자　그래 주면 고맙겠어요.
　　남자　네, 이따가 찾아 뵙겠습니다.

(2) 남자　메이 씨, 노트북 좀 빌릴 수 있을까요?
　　여자　갑자기 노트북은 왜요? 마이클 씨도 노트북
　　　　　있잖아요.
　　남자　제 노트북은 고장이 나서 수리점에 맡겼거든요.
　　여자　그래요? 지금은 저도 노트북을 써야 하니까
　　　　　이따 저녁에 빌려 드려도 될까요?
　　남자　그럼요. 고마워요.

(3) 남자　메이 씨, 이따가 점심 어디에서 먹을 거예요?
　　여자　회사 구내식당에서 먹으려고 하는데 왜요?
　　남자　그럼 옆에 자리 좀 맡아 주시겠어요? 5분만
　　　　　늦어도 식당에는 자리가 없어서요.
　　여자　알았어요. 제가 먼저 올라가서 맡아 놓을게요.
　　남자　고마워요.

(4) 여자　마이클 씨, 지금 바쁘지 않으면 번역 좀
　　　　　도와주시겠어요?
　　남자　무슨 번역인데요?
　　여자　내일 회의에 쓸 서류인데 좀 많아서요.
　　남자　죄송하지만 지금은 좀 곤란한데 어떡하지요?
　　　　　제가 좀 이따가 거래처에 가 봐야 해서요.
　　여자　그래요? 괜찮아요. 다른 사람한테 부탁할게요.

1　(1) ✕, ○　　(2) ○, ✕　　(3) ○, ✕　　(4) ○, ✕

2
여자　이 차장, 이번 토요일에 오는 중국 거래처 손님들
　　　누가 공항에 마중 나가기로 했지요?
남자　김 대리가 가기로 했습니다.
여자　혹시 이 차장이 시간이 있으면 김 대리하고 같이
　　　가 줄 수 있겠어요?
남자　무슨 일 때문에 그러십니까?
여자　처음엔 그 쪽에서 세 분만 오시기로 했는데
　　　계획이 바뀌어서 한 분 더 오시기로 했어요.
　　　김 대리 혼자서는 좀 힘들 것 같아요. 또 그 한 분
　　　이 영어를 못 하셔서 중국어를 할 수 있는
　　　이 차장이 같이 가면 도움이 되지 않겠어요?
남자　토요일 몇 시지요?
여자　오후 1시예요.
남자　1시요? 그럼 좀 곤란한데요. 친한 친구의
　　　결혼식이 있어서요.
여자　그래요? 할 수 없지요. 다른 사람을 찾아보겠어요.

2　(1) ⓒ
　　(2) 친한 친구의 결혼식이 있기 때문에

1 (1) 프레젠테이션에 표 만드는 것을 도와 달라는 것
  (2) ○, ×, ×, ×
2 부탁: ㉠, ㉢, ㉣, ㉥, ㉢ / 거절: ㉡, ㉭, ㉧, ㉨, ㉦

第 12 课

语法 1 练习

1 (1) 불안해 보여요.
  (2) 한가해 보여요.
  (3) 행복해 보여요.
2 (1) 피곤해 보이는군요.
  (2) 즐거워 보이는군요.
  (3) 화가 나 보이는군요.

语法 2 练习

1 (1) 친구에게 주려고 선물을 샀어요.
  (2) 일찍 일어나려고 일찍 잤어요.
  (3) 기념품을 사려고 인사동에 갔어요.

语法 3 练习

1 (1) 가수처럼
  (2) 바다처럼
  (3) 천사처럼

语法 4 练习

1 (1) 예쁘게
  (2) 뚱뚱하게
  (3) 바쁘게
2 (1) ⓐ, 깨끗하게 방을 청소했어요.
  (2) ⓒ, 맛있게 빵을 만들었어요.
  (3) ⓑ, 예쁘게 그림을 그렸어요.

作业 1 听力

1
여자 오늘은 김용국 박사님과 함께 스트레스에 대해
　　 이야기해 보겠습니다. 박사님, 스트레스는 우리
　　 몸에 모두 나쁜 건가요? 좋은 스트레스도 있다고
　　 하던데요.
남자 스트레스는 우리에게 나쁜 영향을 주기도
　　 하지만 때로는 생활에 자극과 활력을 주기도
　　 합니다. 스트레스에는 긍정적인 스트레스도 있기
　　 때문이지요. 예를 들면 사랑하는 사람을 만날
　　 때의 긴장도 좋은 스트레스라고 할 수 있습니다.
　　 운동 경기에서 내가 응원하는 팀이 이기려고 할
　　 때 우리는 온몸이 긴장되고 흥분을 하는데 이것도
　　 긍정적인 스트레스입니다.
여자 그렇군요. 그럼 좋은 스트레스만 받으면서 살 수는
　　 없을까요?

남자 하하하, 물론 좋은 스트레스만 받고 살면
　　 좋겠지만 그럴 수는 없겠지요. 하지만 그렇다고
　　 스트레스를 나쁘게 생각하고 피하기만 한다면 안
　　 되겠지요. 스트레스를 꼭 나쁘게 생각하지 않는
　　 노력을 해 보세요.
여자 스트레스를 긍정적으로 생각하라는 말씀이지요?
남자 그렇지요. 스트레스는 힘들고 짜증날 때 받기도
　　 하지만, 우리를 자극해서 우리가 해야 할 일을 잘
　　 할 수 있게 돕기도 합니다. 내일이 시험이어서
　　 밤을 새워 공부한 경험이 모두 있지 않습니까?
　　 우리는 밤을 새워 공부할 때 스트레스를 많이
　　 받습니다. 하지만 그런 스트레스는 우리를 자극
　　 합니다. 스트레스를 극복한 후에 시험을 잘 보면
　　 우리는 더 큰 성취감과 만족감을 느낍니다.
　　 이렇게 스트레스는 어떤 과정을 겪을 때 우리가
　　 발전할 수 있는 자극을 줍니다.
　　 그러므로 스트레스 받는 것을 두려워해서 무조건
　　 스트레스를 피하는 것은 좋지 않은 방법입니다.
　　 스트레스도 받아들이는 긍정적인 생각이 중요하며
　　 스트레스가 쌓이면 그때그때 푸는 것도 좋은 방법
　　 입니다.
여자 박사님, 말씀 감사합니다. 이제부터 여러분도
　　 스트레스를 나쁘게만 생각하지 말고 긍정적으로
　　 생각해 보시기 바랍니다.

1 (1) ⓓ　　　　(2) ⓒ　　　　(3) ○, ×, ○

1 (1) ⓐ　　　　(2) ○, ×, ×
2 (1) 아랫집에서 올라오는 담배 연기 때문에 괴로워하고
　　 있습니다.
  (2) 자신의 집에서 마음대로 담배도 못 피우느냐고 화를
　　 냈습니다.

第 13 课

语法 1 练习

1 (1) 교실에 학생밖에 없습니다.
  (2) 주머니에 500원밖에 없습니다.
  (3) 책을 한 권밖에 안 읽었습니다.

语法 2 练习

1 (1) 주말에 일하는 대신에 평일에 쉬어요.
  (2) 동생을 돌봐 주는 대신에 부모님께 용돈을 받아요.
  (3) 저녁에 일을 많이 하는 대신에 오전에는 한가해요.

语法 3 练习

1 어때요, 어때서 / 그렇습니까?, 그래요, 그런 색 / 파랑

습니까?, 파래요, 파래서, 파란색 / 까맣습니까?, 까매요,
까매서, 까만색 / 하얗습니까?, 하얘서, 하얀색

语法 4 练习

1　(1) 택시를 잡지 말고
　　(2) 사지 말고
　　(3) 먼저 먹지 말고

作业 1 听力

1

남자 여러분, 요즘 인터넷과 텔레비전으로 쇼핑 많이
　　하시지요? 편리하기는 하지만 교환이나 환불이
　　어려울 때가 많은데요. 오늘 이 시간에는 소비자
　　상담원의 최윤미 팀장님을 모시고 교환과 환불에
　　대해 이야기해 보도록 하겠습니다. 안녕하세요,
　　팀장님. 요즘 많이 바쁘시지요?

여자 네, 소비자들이 교환과 환불에 대해 문의를 많이
　　해 오고 있습니다.

남자 그렇군요. 이 시간을 통해 소비자들의 궁금증을
　　풀 수 있었으면 좋겠네요. 먼저 백화점이나
　　마트에서 물건을 직접 산 경우에는 언제든지
　　교환을 할 수 있나요?

여자 그렇게 생각하시는 분들이 많은데 백화점에서
　　산 물건을 교환, 환불하려면 2주 안에 물건과
　　영수증을 가져가야 합니다. 물론 제품에 문제가
　　있으면 2주가 지나도 가능합니다. 새 상품이어야
　　하고요.

남자 그렇군요. 그럼 인터넷이나 홈쇼핑은 어떤가요?
　　물건을 사고 며칠 안에 교환이 가능합니까?

여자 홈쇼핑에서는 물건을 받은 후 30일 안에는
　　언제든지 교환이나 환불할 수 있습니다. 하지만
　　옷은 15일 안에만 가능하고 상표는 떼지 말아야
　　합니다.

남자 그렇군요. 교환을 할 때 따로 추가 비용이 있나요?

여자 물건을 살 때 배송비를 잘 봐야 합니다. 교환이나
　　환불을 할 때 배달하는 비용을 고객이 부담하는
　　경우가 많거든요.

남자 저는 전에 온라인 쇼핑몰에서 결혼식에 입고 갈
　　옷을 주문한 적이 있었는데 날짜보다 물건이 늦게
　　배달되어서 결혼식에 그 옷을 입지 못하고 다른
　　옷을 입고 갔습니다.

여자 그런 경우에도 환불이 가능합니다. 배송 날짜는
　　고객과의 약속이기 때문에 회사에서 말한
　　날짜보다 제품이 늦게 도착한 것은 약속을 어긴
　　것이지요.

남자 그렇군요. 그 옷을 산 지 3주일쯤 되었으니까
　　환불해도 되겠군요! 좋은 정보 감사드립니다.

1　(1) ⓐ　　　　(2) ⓓ　　　　(3) ○, ×, ○

作业 3 读和写

1　(1) ⓓ　　　(2) ⓑ　　　(3) ○, ○, ×

第 **14** 课

语法 1 练习

1　(1) 세웠습니다.
　　(2) 신겼습니다.
　　(3) 깨웠습니다.

语法 2 练习

1　(1) 아이가 이렇게 빨리 클 줄 몰랐어요.
　　(2) 비가 이렇게 많이 올 줄 몰랐어요.
　　(3) 그 가수가 이렇게 인기가 많을 줄 몰랐어요.
2　(1) 네, 출장이 이렇게 힘들 줄 몰랐어요.
　　(2) 네, 조카랑 노는 게 이렇게 피곤할 줄 몰랐어요.

语法 3 练习

1　(1) 고향 친구가 와서 같이 여기저기 다니느라고 바빴어요.
　　(2) 차가 막혀서 중간에 내려서 걸어오느라고 늦었어요.
　　(3) 중요한 회의에 참석하느라고 전화를 못 받았어요.

语法 4 练习

1　(1) 회사에 몇 시에 출근하느냐고 질문했어요.
　　(2) 좀 깎아 줄 수 있느냐고 말했어요.
2　(1) 언제 고향에 갈 거냐고 했어요.
　　(2) 숙제를 다 했느냐고 했어요.

作业 1 听力

1

여자 민준 씨, 집을 좀 알아보려고 하는데 바쁘지
　　않으면 같이 가 주시겠어요?

남자 집은 왜요? 지금 살고 있는 집도 좋잖아요?

여자 네, 집은 좋은데 위층이 너무 시끄러워서요.
　　어제도 한숨도 못 잤어요.

남자 그래요? 그럼 위층에 사는 사람에게 조용히 해
　　달라고 하지 그랬어요?

여자 몇 번이나 했지요. 그런데 아이들이 있어서 어쩔
　　수 없는 것 같아요. 그리고 마침 다음 달이면 계약
　　기간이 끝나니까 그냥 이사를 하는 게 좋을 것
　　같아요.

남자 이사 가고 싶은 곳은 있어요?

여자 네, 지금 살고 있는 집은 남향이 아니어서 햇빛이
　　잘 안 들어요. 좀 춥기도 하고요. 그래서 좀 밝은
　　집을 찾고 싶어요. 전망하고 주변 환경이 좋으면
　　더 좋고요.

남자 조용한 곳은 지하철역이나 버스 정류장이 좀 멀
　　텐데 괜찮아요?

여자 그건 괜찮아요. 운동이라고 생각하고 걸으면 돼요.

남자 그럼 먼저 인터넷으로 찾아봅시다. 요즘은 인터넷이
　　잘 되어 있어서 금방 찾을 수 있을 거예요.

1　(1) ⓐ　　　　(2) ⓓ

2

(1) 남자 오늘 계약서를 써야 하는데 도장은 가지고
　　　오셨지요?

　　여자 네, 가지고 왔어요. 오늘 보증금도 다 드려야
　　　하나요?

　　남자 아니요, 오늘은 계약금만 내시고 보증금은
　　　이사하기 일주일 전에 주시면 됩니다.

　　여자 제가 한국어를 잘 모르는데 계약하는 것 좀
　　　도와주시겠어요?

(2) 남자 메이 씨, 어제 이사 잘했어요? 짐 정리는 다
　　　끝냈고요?

　　여자 아니요, 어제는 너무 피곤해서 짐만 옮기고
　　　정리는 다 못 했어요. 이사가 이렇게 힘든 줄
　　　몰랐어요. 책상 옮기느라고 고생했더니 아직도
　　　허리가 아프네요.

　　남자 그걸 왜 메이 씨가 옮겼어요? 이삿짐센터 안
　　　불렀어요?

　　여자 그럴까 하다가 짐이 별로 없어서 친구들하고
　　　직접 했거든요. 친구들이 도와줘서 쉽게 했어요.

(3) 여자 전세를 찾는데 주택이 좋을까요, 아파트가
　　　좋을까요?

　　남자 편리하기는 아파트가 좋지만 조용하고 마당
　　　있는 집을 원하시면 주택이 좋을 거예요.
　　　요즘 아파트 값이 올라서 비싸기도 하고요.

　　여자 그럼 주택으로 알아봐 주세요. 남향이고 겨울에
　　　난방이 잘 되는 곳으로요.

　　남자 이사 날짜는 언제쯤으로 생각하고 계세요?

　　여자 빠르면 빠를수록 좋아요.

1 (1) ○, ×, ×

　　(2) ⓐ

　　(3) 남향이고 겨울에 난방이 잘 되는 집

1 (1) ⓐ　　　　(2) ⓒ　　　　(3) ①, ③, ⑤, ②

第 15 课

1 (1) ⓒ, 유행에 뒤떨어지다

　　(2) ⓐ, 질이 좋다

　　(3) ⓑ, 치수가 크다

　　(4) ⓓ, 유행이 지나다

2 짐을 싸다, 집을 구하다, 짐을 옮기다

3 울리는, 앉히고, 먹여, 웃겨

4 (1) ⓑ　　　(2) ⓐ　　　(3) ⓓ　　　(4) ⓒ

5 (1) 어려운 줄 몰랐어요.

　　(2) 잃어버렸어요.

　　(3) 하거든요.

6 (1) 빨갛고

　　(2) 파랗

　　(3) 까만

7 (1) 말고　　　(2) 되려고　　　(3) 밖에　　　(4) 나서

8 (1) ⓐ　　　(2) ⓓ　　　(3) ⓑ　　　(4) ⓒ

9 (1) 싣느냐고 했어요.

　　(2) 좋아 보이는데

　　(3) 일하게 됐어요.

10

여자 과장님, 죄송하지만 지금 시간이 있으세요?

남자 네, 무슨 일인데요?

여자 제가 이번에 처음으로 업무 보고 자료를
　　만들었는데 이렇게 하는 게 맞나요? 좀 봐
　　주시겠어요?

남자 아, 제가 곧 회의에 참석해야 해서 지금은 봐 드릴
　　수 없어요. 이따 회의가 끝난 후에 봐 드릴게요.

여자 네, 고맙습니다. 그럼 이따가 다시 오겠습니다.

남자 그러지 말고 자료를 놓고 가세요. 제가 다 보고
　　나서 연락 드릴게요.

10 (1) ○　　　　(2) ×　　　　(3) ○

11

남자 한양전자입니다. 무엇을 도와 드릴까요, 고객님.

여자 제가 지난주에 컴퓨터를 샀는데 교환을 좀 하고
　　싶어서요. 책상이 작아서 노트북으로 바꿨으면
　　좋겠는데요.

남자 고객님, 죄송하지만 전자 제품은 한번 설치하시면
　　교환할 수 없습니다.

여자 왜 교환할 수 없지요? 물건을 산 지 3일 밖에 안
　　되었는데요.

남자 설치를 안 하셨으면 괜찮은데 고객님은 설치를
　　이미 하셨습니다. 그리고 저희가 물건을 사실
　　때 설치 후에는 교환이 안 된다고 말씀을
　　드렸습니다.

여자 그럼 컴퓨터가 너무 커서 책상을 쓸 수 없는데
　　어떻게 하지요?

11 (1) ⓓ　　　　(2) ⓒ

12

여자 네, 하나홈쇼핑입니다.

남자 제가 얼마 전에 TV홈쇼핑에서 귤을 한 상자

샀는데요. 두 개를 먹어 봤는데 달지도 않고 맛이
　　　 없어요. 홈쇼핑에서는 맛있다고 해서 샀는데…….
여자　아, 고객님 그러시면 교환만 가능하십니다.
　　　 드시지 않은 새 상품이면 환불도 가능한데 드셨기
　　　 때문에 교환밖에 못 하십니다.

12 (1) ○　　　　(2) ×　　　　(3) ×

13

(딩동)

여자　누구세요
남자　아래층에 사는 사람인데요.
여자　네, 무슨 일이세요?
남자　아니 지금이 몇 시입니까? 피아노 치는 소리
　　　 때문에 잠을 잘 수가 없습니다.
여자　죄송하지만 며칠만 좀 참아 주시면 안 될까요.
　　　 저희 딸이 다음 주에 중요한 대회가 있어서
　　　 연습을 많이 해야 하는데 시간이 없어서요.
남자　다른 사람들도 좀 생각해 주셔야 하지 않습니까?
　　　 저희 집에도 고등학생 아들이 있는데 낮이나
　　　 밤이나 하루 종일 저 피아노 소리 때문에 공부를
　　　 할 수 없습니다.
여자　아, 정말 죄송합니다. 시끄럽게 하는 건 알지만
　　　 딸의 연습이 중요해서…….
남자　저도 아들이 있어서 이해합니다. 아침 일찍이나
　　　 밤에만 좀 조심해 주세요.
여자　네, 앞으로 오전이나 오후에만 치도록
　　　 하겠습니다. 이해해 주셔서 감사합니다.

13 ⓐ

阅读练习

14 (1) ⓓ

15 (1) ⓒ　　　　(2) ⓓ
　　　 (3) 부동산 소개소에서 계약을 하고 전기세, 수도세, 가스
　　　　　 비, 관리비는 매달 사용한 만큼 따로 내야 한다는 것

16 (1) ○　　　　(2) ×　　　　(3) ○

书写练习

17 (1) 메이 씨가 요즘 이사 준비를 하느라고 좀 바쁘게 지낸
　　　　　 다고 했어요.
　　　 (2) 메이 씨가 대기업에 입사한 사원은 보통 첫 월급이
　　　　　 얼마냐고 물었어요.
　　　 (3) 메이 씨가 그 사진 좀 보여 줄 수 있느냐고 했어요.

19 (1) ⓐ, 연극을 보는 대신에 뮤지컬을 봤어요.
　　　 (2) ⓒ, 물건을 환불해 주는 대신에 포인트를 적립해
　　　　　 줬어요.
　　　 (3) ⓑ, 아침에 일찍 출근하는 대신에 일찍 퇴근했어요.

对话译文

第**1**课

对话 1

美伊　故乡朋友来韩国留学，所以这个周末打算在我家开个欢迎会，您来吗？

民俊　不过你准备什么饮食？

美伊　本想做中国菜，可食材太难求，所以决定做韩国菜。

民俊　你怎么还会做韩国菜？难道在烹饪学院学过？

美伊　没有，看过几次电视上的烹饪节目。这次想照着烹饪书做，所以昨天在书店买了一本。

民俊　我也看着烹饪书做过，很有意思。我做得虽然不好，但可以早点儿过去帮你。

对话 2

民俊　美伊，准备了这么多东西啊！今天打算做什么菜？

美伊　打算做杂菜和烤肉。咱们先做杂菜好吗？

民俊　不过做烤肉得先用佐料把肉腌上一个小时左右才行，所以还是先把烤肉佐料做好吧！

美伊　啊，这样啊。佐料怎么做？

民俊　首先在酱油里放上糖和剁碎的葱、蒜、香油、芝麻盐等。有梨的话，榨成汁放进去更好。佐料最好不要做得太咸。

美伊　都说韩国饮食讲究的是手上的功夫，真是要动手的东西太多了。重要的是所有佐料都要放得适量。

第**2**课

对话 1

民俊　大婶，给我看看这种孩子的T恤衫。

大婶　这边的号全，进来挑吧。要买多大孩子的衣服？

民俊　要给十岁的侄子穿的。

大婶　这种T恤衫怎么样？和短裤是一套，一起穿肯定很漂亮。

民俊　尺寸不小吗？孩子们一天天长得可快了。和去年比，我侄子长高了好多呢。

大婶　那给你大一号的。穿上试试，不合适的话，再来换。

对话 2

美伊　给我领带看看？

店员　要送礼吗？

美伊　是的，打算送给年长的亲戚作生日礼物。年纪很大，所以请给挑一条显得庄重些的。

店员　这条怎么样？最近流行的，颜色有些鲜艳，但花纹并不华丽，很多客人都买这种。

美伊　好的，好像很适合，把它包装一下吧。对了，可以换吗？

店员　当然了。包装时给您放上一张交换券，万一不称心，可以随时来换。

第**3**课

对话 1

美伊　师傅，我要去曹溪寺，应该在哪里下车？

司机　这趟车不去曹溪寺那边。

美伊　啊？这不是去光化门那边的车吗？

司机　从光化门到曹溪寺要走好长时间呢。你在下一站下车换乘去曹溪寺的车吧！

美伊　好的。但我不知道该换几路车啊!

司机　所有车站都贴有汽车路线图，下车后找一下去曹溪寺的车就行。

对话 2

司机　这位客人，首尔广场已经到了，给您停在哪儿？

迈克　我在找韩国旅行社，您知道在哪里吗？这边我第一次来。

司机　哎呀。韩国旅行社我也第一次听说。你有没有那里的地图或地址？

迈克　有，旅行社名片后面写着地址呢。

司机　啊，在这里。它在首尔广场的对面。从这里过
　　　不去，得调头。

迈克　是啊。啊，我看到那边旅行社的招牌了。

第 **4** 课

美伊　民俊，今天去参加迈克的生日聚会吧？得去买
　　　生日礼物，一会儿见面后一起去好吗？

民俊　真抱歉，今天的聚会我去不了。

美伊　有什么事吗？

民俊　故乡的学弟今天突然说来韩国，晚上得去机场
　　　接他。

美伊　那没办法了。不过玛丽亚也说今天又急事不能
　　　去了。迈克一定会觉得很遗憾的。

民俊　那怎么办啊？真对不起迈克。一会儿请向迈克
　　　转达我的歉意吧！

医院职员　您好，这里是韩亚牙科。

玛丽亚　　你好！我是今天预约了的玛丽亚，请问预约
　　　　　时间可以更改一下吗？

医院职员　请稍等一下儿，玛丽亚 预约的时间是今天
　　　　　下午两点吧？

玛丽亚　　是的，不过今天有点忙，想把预约时间推迟
　　　　　到明天。

医院职员　可以，那明天下午两点，怎么样？

玛丽亚　　好啊，就改在明天吧。

医院职员　好的，给您重新约在了明天下午两点，请按
　　　　　时来。

第 **6** 课

职员　喂！这里是韩亚贸易。

迈克　喂！请朴民俊接电话。

职员　科长现在不在。需要留言吗？

迈克　那等民俊进来了请转告他马上给我打电话。有
　　　急事，可是民俊不接电话。

职员　知道了。不过告诉他是哪位？

迈克　对了，我忘了。我叫迈克。告诉他我在等电
　　　话，民俊就知道了。

民俊　尹代理，有我的电话吗？

职员　有，上午客户那边来过电话，说今天务必把出
　　　口资料发过去。

民俊　知道了。留下负责人的联络方式和地址了吧？

职员　是的，放在科长桌子上了。对了，还有一位叫
　　　迈克的人请您给回电话。说您一直不接手机，
　　　所以直接打到办公室来了。

民俊　是吗？原来是手机电池没电，关机了。几点来
　　　的电话？

职员　大概一个小时以前。说有急事，让科长一来就
　　　跟他联系。

第 **7** 课

美伊　哎呀！下雨了，怎么办？民俊，有伞吗？

民俊　没有，我也没带伞。好像是阵雨，过会儿就停
　　　了，在这里等一会儿吧。

美伊　最近好像总下阵雨。昨天也是，一天都好好
　　　的，晚上突然下起雨来了。

民俊　我昨天也是，下班路上突然下起雨来，真不知
　　　所措了。天气预报说这种天气还要持续一段时
　　　间。

美伊　是吗？每天都得带着雨伞出门了。

民俊　是的，还是那样好。现在雨停了，走吧。

(迈克的咳嗽声)

玛丽亚　迈克，咳嗽很严重，你得感冒了？

迈克　　是的，昨天晚上不是下雪了嘛。雪下得大，心
　　　　情也好，和朋友们开心地玩起了打雪仗，好像
　　　　得了感冒。

玛丽亚 晚上打雪仗了？最近天气那么冷。你去过医院
　　　了吗？

迈克　去了，早上去过医院了。说是吃一个星期药，
　　　休息休息，就会好的。

玛丽亚 早上天气预报说今天晚上还会下雪。这种天气
　　　最容易得感冒，今天别打雪仗了，在家休息
　　　吧。

迈克　好，今天吃完晚饭，早点睡觉。

第 **8** 课

对话 1

职员　欢迎光临！需要什么帮助？

迈克　想开个账户，该怎么办？

职员　开帐户得有护照。外国人登录证也可以。

迈克　护照有，但是没拿印章来。

职员　没关系。可以用签名替代印章。把护照给我，
　　　然后填写一下这份资料。

迈克　在这儿。对了，再办一张现金卡。

对话 2

美伊　我打算汇款，要等很长时间吗？

职员　是的，现在等待的人较多，汇款的话，利用门
　　　前的自动提款机会更快些。

美伊　自动提款机我一次也没用过。

职员　不难。我来帮你。收款人的账号拿来了吗？

美伊　在这儿。我没带存折来，没关系吗？

职员　没关系，转账的话，有现金卡就行。

第 **9** 课

对话 1

美伊　民俊经常在家打扫卫生吗？

民俊　可以算是常帮妈妈做家务的了。每星期两三次
　　　浴室清扫就由我来做。所有家务都是美伊你自
　　　己做一定很累吧？

美伊　还好，比开始熟练多了。但即使每天打扫，房
　　　间里的灰尘好像还很多。

民俊　你怎么打扫？

美伊　先用吸尘器，再用抹布擦。

民俊　你得先打开窗门换空气，然后用掸子将各个角
　　　落的灰尘掸掉，再使用吸尘器。用抹布擦完以
　　　后，要把抹布洗干净晾干。

对话 2

玛丽亚 迈克，你知道去除痕迹 的方法吗？

迈克　是什么痕迹？

玛丽亚 几天前喝咖啡，弄在T恤衫上了，怎么也去不
　　　掉。

迈克　先把衣服放在有洗衣粉的温水里泡一泡，然后
　　　用牙刷在有痕迹的地方刷完以后，再用放进厨
　　　房洗涤剂和食醋的水洗就能洗掉了。

玛丽亚 有这种方法呀。谢谢了。

迈克　痕迹时间久了就不好洗掉了，最好一出现就马
　　　上去除。

第 **11** 课

对话 1

美伊　民俊，能托您点儿事吗？

民俊　行，什么事？

美伊　明天早上能把这份资料送到总务部吗？我今天
　　　晚上突然得到釜山出差了？

民俊　知道了。得交给总务部的哪位？

美伊　去总务部交给李次长就行。我已经提前打过电
　　　话了，你把资料拿过去就行了。给你添麻烦，
　　　真对不起。

民俊　没关系！又不是什么难事，别担心，好好出差
　　　去吧。

对话 2

部长　迈克，会议准备好了吗？

迈克　对不起。部长，我不小心把开会时用的报告文
　　　件删掉了。

部长　什么？一个小时后就开会了，怎么办啊？据说
　　　这次会议社长也来参加，真出大麻烦了。

迈克　家里的电脑里有那个文件，我马上回去一趟。
　　　不远，很快就能回来。真抱歉，不能把我的发
　　　表往后推迟一下吗？

部长　知道了，快去快回。迈克得回趟家，金代理你
　　　先准备会议发表吧。

金代理　好的。部长。

第 12 课

美伊　民俊，最近有什么让你不高兴的事吗？看上去
　　　脸色不好。

民俊　事实上最近和部长的关系不太好了。本不想介
　　　意，可是做不到。

美伊　和部长有什么事？

民俊　我们部长喜欢喝酒，所以经常叫人一同作陪。
　　　我每次后因故推辞了。部长好像就因为那事觉
　　　得不高兴了。

美伊　拒绝的时候是怎么说的？民俊，你也很想去，
　　　但是实在没办法的情况，好好解决了吗？

民俊　现在想想我好像从没仔细说过我的状况。下次
　　　开始得好好说了。美伊，谢谢你的忠告。

迈克　美伊，最近看上去很健康啊。表情也显得很明
　　　朗。

美伊　是吗？为了减肥，每天都努力地运动。

迈克　美伊吗？现在就很苗条，为什么还要减肥？

美伊　因为不久前去体检，说和我的脂肪量相比，肌
　　　肉量太少。说要想健康就要通过运动，减少脂
　　　肪，增加肌肉才行。

迈克　是这样啊。我也得像美伊一样好好运动才行，
　　　可因为工作，忙得没有时间啊。

美伊　开始虽然难些，可开始后，身体也轻松了，心
　　　情也好了。

第 13 课

商谈员　这里是韩亚电视购物。有什么要帮忙的吗？顾
　　　　客！

迈克　我想买现在播放着的运动鞋。

商谈员　好的。请先讲一下您想要的颜色和号码吗？

迈克　260号、颜色嘛……有黑色的吗？

商谈员　先生，很遗憾，黑色和红色都断货了。剩有白
　　　　色的，白色的怎么样？这个也没剩下多少了。

迈克　是吗？我考虑考虑再给您打电话。

商谈员　订货的时间只剩下十分钟了，先生，别错过了
　　　　好机会，希望您再来电话。

商谈员　这里是韩亚网购顾客中心。

美伊　喂！我不久前买了一条裙子，穿上一看和网上
　　　写的号码不一样，腰太肥了，没法穿。

商谈员　是那样啊？顾客，那如果您能把商品重新寄回
　　　　来，我们一定给您换一件。

美伊　换的话，需要多长时间？

商谈员　需要一个星期左右。

美伊　时间太长了。还是我自己改改穿吧。我就不换
　　　了，但是您能不能就把它抵成修缮费算在我的
　　　积分里？

商谈员　当然可以。顾客，我现在就给您积攒积分，请
　　　　您别挂断电话，稍等一会儿。

第 14 课

美伊　喂！那里是韩亚搬家公司吧？我想问一下搬家
　　　费用的问题。

职员　好，是准备包装搬家吧？搬家日期是什么时候？

美伊　下个星期六。现在家在新村，要搬到木洞。

职员　一般周末比平日价格贵10%。确切的费用要等
　　　我们的职员上门后估价。家具或家电多的话，
　　　费用可能还会多一些。

美伊　搬家的时候，电视或网线也一起给安装吗？

职员　当然了。会按照你的位置要求安装的。

这职员　现在只要把这张桌子放好就行了。放在哪儿
　　　　啊？

美伊　放在那边吧。再有能在这边的墙上钉个钉子
　　　吗？我急着收拾行李忘了买锤子了。

职员　可以，钉在这里可以吗？

　　　（钉完钉子后）

职员　都弄好了。

美伊　谢谢！多亏您帮忙，比想象结束得快多了。真
　　　不知道搬家那么辛苦。

职员　一个外国人这么亲自找搬家公司搬家也不是件
　　　容易的事，真了不起。对了，我们社长问搬家
　　　费用的收据得给您寄到哪里？

美伊　啊，我把电子邮箱告诉您，发邮件寄吧。

文化之窗译文

第 **1** 课

삼계탕 参鸡汤

　　대체로 나라마다 계절에 따른 특별한 음식이 있습니다. 한국에도 어느 계절에 특별한 의미를 두고 먹는 음식이 있는데 날씨가 더운 여름에 이런 음식이 많습니다. 물론 다른 계절에도 먹지만, 삼계탕은 냉면, 콩국수, 보신탕과 함께 여름에 먹는 음식으로 알려져 있습니다. 삼계탕을 만드는 재료는 닭, 찹쌀, 인삼, 대추, 통마늘, 밤 등 몸에 좋은 것들입니다. 닭에다가 여러 가지 몸에 좋은 재료를 넣어 푹 끓이기 때문에 영양분이 아주 많습니다. 게다가 재료 사이에 궁합이 잘 맞아서 몸에 더욱 좋다고 합니다.

　　삼계탕을 여름에 먹는 이유 중의 하나는 삼계탕이 매우 뜨거운 음식이기 때문입니다. 더운 여름에 땀을 뻘뻘 흘리면서 먹으면 결국에는 땀을 통해 몸의 열기가 밖으로 나오기 때문에 시원함을 느끼게 되는 것입니다.

　　여러분도 근처에 삼계탕집이 있으면 한번 가 보십시오. 그런데 삼계탕은 재료만 준비되면 집에서도 만들어 먹을 수 있습니다. 그러니까 근처에 삼계탕집이 없더라도 여름에 한번 집에서 만들어 보십시오. 한국 요리에 대한 도전이라고 생각하시고요.

第 **2** 课

재래시장 传统市场

　　여러분은 '덤'이나 '에누리', 또는 '단골손님'과 같은 한국말을 들어 본 적이 있습니까? 한국에는 대형마트와 편의점들도 많지만 동네에 재래시장도 많습니다. 대형마트는 물건이 깨끗하고 잘 포장되어 있으며 한 장소에서 여러 물건을 쇼핑할 수 있습니다. 반면 재래시장에서는 물건을 사고 팔면서 대형마트에서 느낄 수 없는 한국인의 정과 인심을 느낄 수 있습니다.

　　마트와 슈퍼마켓에서는 모든 물건의 가격이 정찰제이기 때문에 물건을 골라서 바로 계산대에서 계산을 하면 끝이지만, 재래시장에서는 가격 흥정이 가능합니다. 계산을 하는 과정에서 '에누리'나 '덤'이라는 말을 들을 수 있는데, 에누리라는 말에는 제값보다 좀 더 깎아준다는 뜻이 있어서 "에누리 좀 해 주세요.", "에누리해 주시면 다음에 또 올게요."처럼 쓰입니다.

　　덤이란 제 값어치 외에 돈을 받지 않고 조금 더 얹어 주는 것을 말하는데 재래시장에서 귤을 열 개 사면 주인이 한, 두 개를 더 주는 게 바로 덤이라고 할 수 있습니다. 에누리와 덤은 한국인의 정을 나타내는 문화입니다. 이런 정때문에 손님들은 자주 가는 가게가 생기고 단골손님이 됩니다.

　　빠르게 돌아가는 요즘 세상에서 인터넷 쇼핑이나 홈쇼핑, 대형 마트가 주류를 이루고 있어 재래시장은 점점 사라져가는 추세입니다. 그러나 한국인의 인심과 정, 그리고 작은 시장의 상인들을 보호하기 위해 재래시장을 지키고자 하는 노력도 계속되고 있습니다.

第 **3** 课

교통카드 交通卡

　　여러분 나라에는 교통 카드가 있습니까? 교통 카드는 대중교통 수단의 운임이나 유료도로의 통행료를 지불할 때 주로 사용되는 일종의 전자화폐로 현금을 가지고 다닐 필요가 없어 휴대와 사용이 간편합니다.

　　한국에서는 현금을 내고 대중교통을 이용할 수도 있지만 많은 사람들이 교통 카드를 이용합니다. 지역마다 조금씩 다른데 서울시와 수도권 지역에서는 대중교통 이용 시 교통 카드를 만드는 것이 좋습니다. 기본요금 할인, 환승 할인 혜택을 받을 수 있기 때문입니다.

　　우선 교통 카드를 이용하면 기본요금(출발지 기준 도착지 10km 내)이 현금 승차 시 내는 버스, 지하철 요금보다 100원 정도 할인됩니다. 10km 초과 시 5km에 100원씩 추가되는 요금은 동일합니다.

　　교통 카드를 이용하면 환승 할인도 되는데, 환승 할인이란 버스→버스, 버스→지하철, 지하철→버스로 갈아탈 때 기본요금부터 다시 내지 않아도 되는 제도입니다. 버스나 지하철에서 내린 후 30분 이내에 다른 탈것으로 환승하면 추가 운임만 지급하면 됩니다. 4회 환승까지(최고 5회 탑승) 적용되며 요즘은 점점 환승의 폭이 넓어져 수도권 광역버스도 부분적으로 환승 할인을 받을 수 있습니다. 그러나 동일 노선 탑승, 지하철→지하철, 하차 후 30분이 경과한 경우에는 할인을 받을 수 없습니다.

　　교통 카드의 종류는 지갑에 넣어 다닐 수 있는 카드형과 휴대폰 장식으로 쓸 수 있는 스트랩형, 손목 밴드형, 시계형 등이 있으며 지하철역이나 대형 문구점(팬시점) 등에서 구매할 수 있습니다.

　　교통 카드 구매 후엔 교통 카드에 내장된 칩에 교통비를 충전해서 써야 합니다. 충전 장소는 각 지하철역 매표소나 교통 카드 로고가 그려진 편의점, 슈퍼마켓에서 할 수 있습니다. 요즘은 신용카드와 결합된 교통 카드도 많이 있는데 매번 충전을 해야 하는 번거로움이 없어서 많은 사람들이 이용하고 있습니다.

第 **4** 课

거절에 필요한 예절 表示拒绝时需要的礼仪

　　우리는 일상생활을 하다 보면 때때로 부탁을 받았을 때 거절하거나 약속을 취소 또는 변경할 일이 생기곤 합니다.

우리가 상대방에게 부탁을 할 때에도 조심스럽게 해야 하 듯이 거절을 할 때에도 지켜야 할 예의가 있습니다.

먼저 부탁을 받았을 때 거절을 해야 한다면 어떻게 해야 할까요? 도와주지 못해 미안한 마음을 표현하며 공손한 말 투로 거절해야 합니다. "미안합니다. 저도 도와 드리고 싶 지만……." 또는 "어쩌요? 죄송하지만 저도……."와 같 이 상대방의 상황을 이해하지만 본인의 사정 때문에 어쩔 수 없다는 것을 말하는 것이 좋습니다. 부탁을 거절할 때 조 심하지 않으면 상대방의 기분을 상하게 할 수 있고 오해를 사기도 하기 때문입니다.

또, 사정이 생겨서 약속을 바꾸거나 취소하고 싶을 때에 는 가능하면 일찍 알려줘야 합니다. 이때도 마찬가지로 정 해진 약속을 지키지 못해서 미안하다는 말을 한 후에 "제 가 사정이 생겨서……."또는 "제가 갑자기 급한 일 때문에 ……."와 같이 약속을 지킬 수 없는 이유를 말해 주는 것이 좋습니다. 또 약속 장소나 시간을 변경할 경우에는 상대방 에게 먼저 양해를 구해야 합니다.

第 6 课

기억하기 쉬운 전화번호 易于记忆的电话号码

여러분 나라에는 재미있는 전화번호나 여러분 나라의 말 과 관계있는 전화번호가 있습니까? 한국에는 외우기 쉽도 록 전화번호를 만드는 경우가 있습니다. 예를 들면 전화번 호의 뒷자리가 2424나 7788과 같은 것인데요. 뒷자리가 2424인 전화번호는 이삿짐센터의 번호인 경우가 많습니 다. '집을 옮기다'를 의미하는 이사라는 단어가 숫자 24와 발음이 똑같기 때문입니다. 그래서 뒷자리 번호가 '이사이 사'인 번호는 사람들이 기억하기 쉽기 때문에 이사를 하게 될 때 이 번호를 떠올릴 수 있습니다. 그럼 7788은 어디 번 호일까요? 바로 철도청입니다. 기차가 달릴 때 소리를 한국 사람들은 '칙칙폭폭'이라고 표현하는데 이것은 비슷한 소리 인 '칠칠팔팔'로 만든 것입니다. 기차표를 예매하거나 기차 시간을 알고 싶을 때 사람들은 '칙칙폭폭'을 떠올려서 철도 청에 전화할 수 있습니다.

비슷한 예로 집을 팔고 살 때 가는 부동산의 전화번호가 있습니다. 8924는 앞의 두 자리 89는 '팔고'를 나타내고 24 는 '이사'를 말합니다. 즉, '집을 팔고 이사한다'는 뜻으로 부 동산을 나타내지요.

또, 28은 '이빨'과 발음이 비슷해서 2828은 치과 전화번 호로 사용됩니다. 또 28뒤에 75을 써서 2875인 번호도 있 는데 여기서 75는 '치료'를 나타냅니다. 그래서 2875는 '이 빨을 치료하다'라는 뜻으로 치과 전화번호로 외우기 쉽습 니다.

第 7 课

한국의 24절기 韩国的二十四节气

여러분은 24절기에 대해 아십니까? 옛날부터 한국은 음 력을 이용해서 날짜를 세었는데 1년을 봄, 여름, 가을, 겨울 로 나누고, 다시 그것을 24절기로 나눠 놓았습니다. 서양에 서는 7일을 주기로 생활했으나 한국은 24절기를 이용해서 15일을 주기로 생활하였다고 보면 됩니다.

봄: 입춘, 우수, 경칩, 춘분, 청명, 곡우
여름: 입하, 소만, 망종, 하지, 소서, 대서
가을: 입추, 처서, 백로, 추분, 한로, 상강
겨울: 입동, 소설, 대설, 동지, 소한, 대한

이러한 배치를 기준으로 일조량, 강수량, 기온 등의 날씨 를 고려하여 농사를 지었습니다. 입춘은 보통 2월 초로 봄 이 온다는 뜻입니다. 대문 앞에는 봄이 오면서 큰 복이 들어 오길 기원하는 뜻으로 '입춘대길'이라는 말을 써서 붙여 놓 습니다. 경칩은 3월 초에 있는 절기로 겨울잠을 자는 동물 이 깨어 꿈틀대기 시작한다는 뜻입니다. 옛날 경칩 날에는 흙을 만지면 좋다고 하여 흙으로 담을 쌓거나 벽에 흙을 바 르는 일을 하였고, 이 날 보리 싹의 성장 상태로 보리농사가 풍년이 될지 흉년이 될지 점을 쳤다고 합니다.

주요 절기에는 절기 음식을 먹습니다. 계절이 겨울인 동 지는 12월 22일 경으로 밤이 가장 긴 시기를 뜻합니다. 이 날에는 붉은 팥으로 죽을 만들고 그 안에 찹쌀로 만든 새알 심을 넣어 먹었습니다. 또 나쁜 기운을 쫓는다는 의미로 팥 죽 국물을 벽이나 문에 뿌리기도 했습니다. 이렇게 실제 농 경 생활을 주로 했던 한국에서는 24절기를 따지고 절기에 따라 농경을 해 왔고, 또 어업과 그 밖의 관혼상제를 치르는 데에도 따져서 썼습니다.

第 8 课

한국의 은행 韩国的银行

여러분 나라에서 은행은 무슨 일을 합니까? 어느 나라나 마찬가지겠지만 보통은 환전, 저축, 송금을 하러 은행에 갑 니다. 또 대출 업무를 하기도 하고, 세금이나 공공요금을 내 러 은행에 가기도 합니다. 이밖에 요즘 한국의 은행에서는 더 다양한 일을 합니다. 복권과 각종 상품권도 판매하고 다 양한 공연의 티켓도 팝니다. 또 월드컵이나 올림픽, 세계 박 람회와 같은 국제적인 행사의 기념주화를 팔기도 합니다. 대부분의 은행들은 자사 신용카드도 함께 만들어 운영하고 있으며 펀드나 투자 상품을 개발하여 고객 유치에 힘을 쓰 기도 합니다.

한국의 중앙은행은 한국은행인데 우리가 일상생활에서 사용하는 지폐와 동전은 모두 한국은행에서 발행한 것입니다. 한국은행에서 발행된 화폐는 시중에서 사용되다가 예금이나 세금 납부 등으로 여러 금융기관으로 들어오게 되며 이중 일부는 다시 한국은행으로 돌아오게 됩니다. 이렇게 되돌아 온 화폐 중에서 깨끗한 것은 다시 시중에 유통시키고 파손되거나 더러워진 것은 골라내어 폐기합니다. 한국은행 뿐 아니라 다른 은행에서도 훼손이나 오염으로 인해 사용하기 어렵게 된 화폐는 언제든지 새 화폐로 교환할 수 있습니다.

한국의 은행 중에는 특별한 사업을 목적으로 설립된 것도 있습니다. 산업의 발전을 위해 설립된 산업은행도 있고 회사나 사업가를 주 고객으로 하는 기업은행도 있습니다. 농업인을 위한 농협은행, 축산업에 종사하는 사람을 위한 축협은행, 수산업에 종사하는 사람을 위한 수협은행은 이들만을 위한 적금 상품을 만들고 낮은 대출 이자 등을 적용하기도 합니다. 물론 다른 일반 은행처럼 일반 고객을 상대로 업무도 합니다.

최근에는 인터넷 뱅킹이나 텔레뱅킹의 발달로 장소나 시간의 제약 없이 언제 어디서나 간단한 은행 업무를 손쉽게 볼 수 있지만, 이로 인한 사기나 피해 사례가 생기기도 합니다.

第 9 课

여러분의 나라에서는 남자가 집안일을 하는 것에 대해 어떻게 생각합니까? 옛날부터 한국은 유교 사상과 남아선호사상의 영향으로 집안일은 여자가 당연히 해야 되는 것으로 여겨져 왔습니다. 그러나 시대가 변하면서 집안일을 하는 남자들이 늘어나고 있습니다. 맞벌이 부부가 늘어나고 여성의 사회활동 참여가 증가하면서 더 이상 집안일은 여성만의 일이 아니게 되었습니다. 성 역할이 분명했던 옛날과는 달리 부부들이 가사를 분담하고 함께 하면서 남편과 아내의 가정 내 역할 구분이 점차 사라졌기 때문입니다.

특히 2, 30대 신세대 부부들은 맞벌이와 가사 분담은 기본이라는 인식이 강하고 남성들도 가사를 생활의 일부로 받아들이고 있습니다. 남성들이 과거에는 보조적인 역할만을 했지만 이제는 청소, 설거지, 이불 개기, 세탁, 화장실 청소, 식사 준비 등 여성과 거의 동등하게 참여하고 있습니다. 한국의 기혼 여성들이 힘들어하는 명절 준비에서도 남성들의 참여율이 높아지고 있습니다. 이는 성 역할의 문제를 떠나서 서로 도우며 효율적으로 살아가는 부부 관계를 원해서 생겨나는 변화라고 할 수 있습니다.

그러나 이러한 변화가 남녀의 평등 문제와 일치하는 것은 아닙니다. 여성들의 사회적 참여와 남성들의 가사 참여가 증가하긴 했지만 여전히 주부들의 가사 노동 시간은 남성보다 훨씬 높고, 연령대가 높을수록 남성의 가사 참여는 소극적이기 때문입니다. 실제로 서울과 경기 지역의 가사 분담에 관한 조사에 따르면 2, 30대 남성의 참여율은 높고

가사에 대한 인식도 개방되어 있지만, 연령대가 높아질수록 집안일을 분담하지 않는다는 것을 알 수 있습니다.

다양한 가족의 형태가 생겨나고 여성의 지위가 향상된 현대사회에서 가사 분담 문제는 여성의 일이 아닌 가족의 일이라는 생각으로 풀어야 할 과제입니다.

第 11 课

여러분 나라에는 말과 관련된 속담이 있습니까? 한국에서는 옛날부터 전해져 오는 아주 유명한 속담이 있습니다. '가는 말이 고와야 오는 말이 곱다.'라는 속담의 유래를 들어본 적이 있습니까? 옛날에 박 씨 성을 가진 할아버지가 운영하는 정육점에 두 사람이 고기를 사러 왔습니다. 한 남자는 "어이 상길이, 여기 고기 한 근 줘."라고 말했고, 다른 한 남자는 "박 선생님, 여기 고기 한 근 주십시오."라고 말했습니다. 할아버지는 주문대로 고기를 썰어서 두 남자에게 주었습니다. 그런데 받은 고기를 살펴보니 주문은 똑같이 했는데 한 쪽은 양이 많고 고기도 좋은데, 다른 한 쪽은 양도 적고 고기의 질도 나빴습니다. 고기를 살펴보던 한 남자가 따졌습니다. "아니 상길이! 똑같이 주문을 했는데 왜 내 것은 양도 적고 고기의 질도 형편없는 거야?" 할아버지는 공손히 "저 분의 고기는 박 선생이 잘랐고, 당신의 고기는 상길이가 잘라서 그렇습니다. 박 선생의 인심이 더 후한가 봅니다."라고 말했습니다.

이 속담과 이야기는 내가 남에게 좋게 대해야 남도 내게 잘한다는 뜻으로 해석이 됩니다. 자신이 어떤 대접을 받느냐는 자신이 하기 나름입니다. 특히 말에서는 서로 오해의 여지를 많이 남길 수 있기 때문에 조심해야 합니다. 자신에게 상처가 되는 말은 다른 사람에게도 상처가 될 수 있기 때문입니다. 말 한마디, 작은 행동 하나로 내 인격을 나타낼 수 있으므로 예의를 갖추고 상대방을 배려하여 말해야 합니다.

第 12 课

여러분 나라에서는 감정을 표현하는 말이 다양합니까? 한국에는 기쁘다, 신나다, 노여워하다, 서글프다, 쓸쓸하다, 밉다 등 다른 나라의 언어보다 감정을 표현하는 어휘가 다양합니다. 기본적인 감정 표현보다 좀 더 섬세하고 복잡한 감정을 나타내기 위해서입니다. 이런 어휘들을 서로 결합하기도 하고 비유를 하면서 말이지요. 그렇다고 한국 사람들이 다른 사람에게 스스럼없이 감정을 잘 표현하는 것은 아닙니다. 한국인들은 전통적으로 유교의 영향을 받아왔기 때문에 감정을 직접 드러내지 않는 것이 맞다고 생각

해 왔습니다. 감정을 겉으로 드러내는 것은 자신의 감정을 다스리지 못한 것이며 성숙하지 못한 것이라고 여겼기 때문입니다. 이런 사상과 교육 때문에 한국인들은 즐겁거나 슬플 때도 표정에 잘 드러나지 않는 경우가 있습니다. 그래서 전에는 한국인은 항상 화가 나 있는 것 같다는 말을 외국인에게 듣기도 하였습니다. 그러나 시대가 바뀌고 문화의 교류가 늘면서 최근 자신의 감정을 솔직히 드러내는 사람들이 늘고 있습니다. 특히 젊은이들은 감정에 솔직한 것이 어른스럽지 못한 것이라는 사회적 통념도 바꿔 오히려 솔직하고 당당한 것이 부끄러운 것이 아니라 감각적인 것이라고 생각합니다.

第 **13** 课

　여러분 나라에서는 집에서 쇼핑을 할 수 있습니까? 한국의 쇼핑 문화는 과거에 비해 크게 변화했습니다. 텔레비전 유선방송과 인터넷이 활성화되면서 홈쇼핑 문화도 이제 우리 생활의 일부분이 되었습니다.

　홈쇼핑의 역사는 그렇게 길지 않습니다. 1977년 미국 플로리다주의 한 라디오 방송국에서 쇼핑 방송을 시작한 것이 시초가 되었습니다. 한국에서는 1995년 처음 텔레비전 방송으로 홈쇼핑의 역사가 시작되었는데 이제는 10년 전에 비해 시장 규모가 100배가 넘을 만큼 급성장하였습니다. 온라인 쇼핑과 홈쇼핑의 가장 큰 장점은 시장에 직접 가지 않으므로 시간이 절약된다는 것입니다. 또한 온라인 쇼핑의 경우 비용을 쉽게 비교할 수 있어 효율적인 가격에 물건을 구입할 수 있습니다. 그러나 제품을 직접 보거나 만질 수 없으므로 제품에 대한 신뢰성이 떨어진다는 것이 단점입니다. 배달과 제품 구입 후에 처리 과정 문제도 큽니다. 또한 일부에서는 온라인 쇼핑과 홈쇼핑이 충동구매를 일으켜 과소비를 조장한다는 우려도 있습니다. 허위 광고와 과대 광고에 피해를 보는 소비자들도 늘고 있습니다.

　한국에서는 이러한 소비자의 피해를 막기 위해 TV 홈쇼핑 관련법을 시행하고 있습니다. 허위, 과장 광고에 대해 사과방송 또는 프로그램 방송 정지를 명령할 수 있습니다. 그러나 이러한 법령들은 현실적인 대안이 아니므로 소비자가 현명한 소비 계획을 세워 잘 알아보고 꼼꼼히 따져 구매하는 안목을 길러야 한다는 것이 유통 전문가들의 지적입니다.

第 **14** 课

　여러분 나라에는 이사하기 좋은 날이 따로 정해져 있습니까? 한국에서 이사하기 좋은 날은 '손 없는 날'을 말합니다. '손 없는 날'이란 잡귀가 하늘에 올라가서 이승의 일에

관여하지 않는다고 하는 날로, 무속 신앙에서 유래되었습니다. 그래서 아직까지 많은 사람들은 손 없는 날을 골라서 이사를 합니다. 손 없는 날은 매월 음력으로 9, 19, 20, 29, 30일입니다. 손 없는 날에 이사를 하고 싶은 사람들이 많기 때문에 이 날들 중에 이사를 하려면 평일에 비해 얼마간의 추가 비용까지 지불해야 합니다.

　그래서 최근 실속을 더 중요하게 생각하는 사람들은 굳이 손 없는 날에 이사하지 않습니다. 오히려 일반적으로 사람들이 이사를 피하는 날을 선택해서 이사비용을 줄입니다. 한 포장 이사 회사의 정보에 따르면 평일은 손 없는 날보다 10%정도 싸고, 금요일과 토요일 보다 평일이 더 저렴하다고 합니다. 또한 매월 25일쯤부터 말일까지는 월말 요금이 적용되어 더 비싸질 수 있다고 합니다. 위에 언급한 날들을 꼼꼼히 따져 이사 날짜를 정한다면 이사 비용을 절감할 수 있습니다.

索引

ㅅ

ㅇ

기타

Practical Korean

赵恒录、李淑 著
金英子 译

Intermediate

练习册

3

DARAKWON

저자 서문

국제 사회에서 한국어 학습에 대한 열기가 뜨겁다. 한국의 경제가 발전하고 한류의 확산이 지속되면서 한국어와 한국 문화에 대한 관심이 높아졌기 때문이다. 이제 한국어 사용자는 문화적으로 남다른 욕구를 충족받을 수 있고 경제적으로도 자신의 이익을 실현할 수 있는 시대가 오고 있다. 그만큼 한국어 학습 시장은 전과는 비교할 수 없을 정도로 커졌다.

그럼에도 불구하고 아직도 한국어가 배우기 어려운 언어로 인식되고 있음은 안타깝다. 한국어가 갖고 있는 고도의 규칙성은 한국어를 처음 배우는 사람에게 높은 문턱을 실감하게 한다. 한국어에 내포되어 있고 한국어 사용 상황에서 필연적으로 뒤따르는 한국 문화 요소는 한국어 학습자를 괴롭히기도 한다.

하지만 달리 생각하면 한국어 학습은 일정 시간이 지나면 효율성이 높은 활동이다. 고도의 규칙성으로 이루어진 장벽을 잘 넘어가면 학습자는 한국어로 펼쳐지는 세계가 매우 평탄하고 광활함을 느끼게 된다. 한국어 학습이 재미있고 순탄해진다. 그리고 한국어 학습과 한국어 사용 상황에서 접하는 한국 문화는 힘든 것이 아니라 흥미를 돋우는 역할을 한다.

이 책은 한국어 학습의 어려운 문턱을 넘어가는 마지막 단계의 책이라고 볼 수 있다. 초급 단계에서 고도의 규칙성을 경험하면서 한국어에 대한 지식을 갖추고 일상생활과 관련한 기본적인 표현과 이해 능력을 갖춘 이가 중급 단계에 접어들면서 공부하는 책이다. 즉 어려운 문턱을 거의 다 넘었음을 확인하고 이제 한국어 사용 현장에서 자신의 의사를 표현하고 한국 사람의 메시지를 쉽게 수용할 수 있는 단계에서 학습하는 책이다. 학습자가 이 책을 성공적으로 공부한다면 일상생활에 대하여 한국인과 자연스럽고 유창하게 소통할 수 있다. 그리고 직장 생활 등 사회적 영역에서의 기초적인 소통이 가능할 것이다. 즉 이 책은 일상생활에서의 어려움을 해소한 학습자들이 사회생활에서의 기초적인 생활이 가능함을 목표로 집필되었다.

이러한 집필 목적을 달성하기 위하여 이 책에서는 기본 대화를 매 단원에 두 개씩 넣었고 문법도 네 개를 포함하여 학습 강도를 높였다. 그리고 〈Practical Expressions〉를 신설하여 좀 더 실제적인 언어 사용 능력을 키우고자 하였으며 과제와 문화 요소의 선정에서 일상생활과 공적 영역에서의 생활을 두루 다루도록 하였다.

이 책에는 오랜 기간 한국어 교육에 몸 담아온 저자들의 한국어 교육에 대한 열정과 사명감이 담겨 있다. 이 책이 한국어 학습에 대한 진정성과 지속성을 가진 외국인에게 유용하게 사용되기를 간절히 기원한다.

이 책의 집필에 도움을 준 분들이 많다. 우선 한국어 학습과 관련하여 수준 높은 책을 개발하여 보급하고자 하는 다락원의 정규도 사장님의 의지가 이 책의 출판을 가능하게 하였음을 밝히고 싶다. 그리고 한양대학교 국제어학원의 채윤미 선생님은 저자들이 이 책을 집필하는 동안 내내 곁에서 많은 도움을 주었다. 또한 전주대학교 송지영, 조서현 선생님은 워크북 집필 과정에서 큰 힘을 보태 주었다. 마지막으로 기획과 출판 과정에서 많은 의견을 주고받은 다락원의 이숙희 차장님께 감사를 드리고 출판 과정에서 궂은 일을 맡아 주신 한국어 출판부의 손여람 선생님과 백다흰 선생님에게도 감사의 마음을 전한다.

2015년 4월
조항록, 이 숙

前言

　　现在国际上学习韩国语的势头高涨。这是因为随着韩国经济的持续发展和韩流的广泛传播，引发了人们对韩国语和韩国文化的关注。现在使用韩国语，不仅能够满足文化生活的需求，还可以得到经济上的收益。这正说明韩国语学习已经发展到了一个前所未有的阶段。

　　但很遗憾，至今还有人认为韩国语是一门难学的语言。因为韩国语所具有的高度规律性使很多初学者望而却步，生活当中韩国语自身内含的韩国文化要素也在困扰着他们。

　　但是，如果长期坚持学习韩国语的话，一定会有很好的效果。经过了高度系统性的学习，才可以感受到无比广阔坦荡的韩国语世界，学习也会变得更有乐趣更加顺利，而学习生活中涉及的韩国文化也就不再深奥难懂，反而会使学习妙趣横生。

　　此书可以看作是韩国语入门的最后阶段用书。在初级阶段，经过集中系统的学习，我们掌握了韩国语基本知识，有了一定实际表达和理解能力，而此书正是帮助大家从初级向中级过渡的必备书籍。此书适用于有一定基础，希望在生活中能够准确表达自身想法、与韩国人进行深层沟通的人。学完此书，就可以在日常生活中与韩国人自然流畅地进行交流，也可在工作中做到基本沟通。亦即本书是以在日常生活中较无困难的学习者能进行基础社会生活为目标编写的。

　　为了实现这一目标，本书每课都安排了两段基本对话和四个语法以提高学习强度；为了能够真正提高语言实际应用能力还新增了[惯用表现]，选择了与日常生活和工作生活相关的一些课题和文化要素。

　　此书蕴含着多年从事韩国语教育的编写者们对于韩国语教育的热情与使命感。真诚期望此书能成为对坚持潜心攻读韩国语的外国人有用的学习工具。

　　这本书从编写到出版得到了多方人士的帮助，在此向各位表达最衷心的感谢！此书能够得以出版，首先要感谢致力于开发高水平韩国语学习用书籍的多乐园郑圭道社长给予的鼓励与支持；还要感谢汉阳大学国际语学院的蔡允美老师在此书的编写过程中自始至终给予的大力协助；感谢全州大学的宋智荣，赵书贤老师为编写练习册付出的辛勤工作。最后感谢负责此书设计和出版的多乐园韩国语出版部的李淑姬次长，并对孙如蓝先生及白多辉先生所付出的努力表达谢意。

2015年 4月

赵恒录，李淑

目录

实用生活韩国语3
练习册

第 **1** 课 한국 음식도 만들 줄 아세요?

1 그림을 보고 알맞은 것을 골라 순서대로 쓰십시오.

무치다 썰다 벗기다 볶다 섞다

〈잡채 만드는 법〉

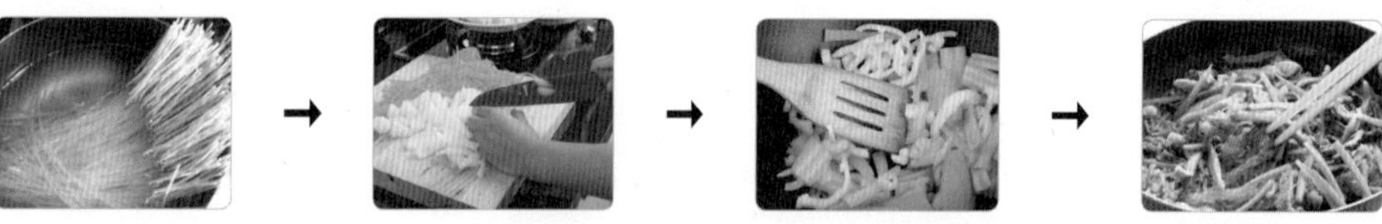

당면을 삶으세요. 야채를 _______________. 야채를 프라이팬에 _______________. 당면
과 야채를 _______________.

2 그림을 보고 알맞은 것을 연결하십시오.

(1) ·　　　　　　　· ⓐ 조기 구이

(2) ·　　　　　　　· ⓑ 갈치조림

(3) ·　　　　　　　· ⓒ 야채 튀김

(4) ·　　　　　　　· ⓓ 볶음밥

3 〈보기〉와 같이 대화를 완성하십시오.

> 〈보기〉 A 언제 __김장할 건가요__ ? (김장하다)
> B 이번 주말에 할 거예요.

(1) A 이번 연휴에 _______________? (등산하다)
    B 네, 등산할 거예요.

(2) A 다음 달에 고향으로 _______________? (돌아가다)
    B 네, 다음 달에 돌아갈 거예요.

(3) A 한국에 가면 어디에 _______________? (가 보다)
    B _______________.

(4) A 머리는 무슨 색으로 _______________? (염색하다)
    B _______________.

4 그림을 보고 〈보기〉와 같이 문장을 완성하십시오.

> 〈보기〉 한국 음식을 __만들 줄 알아요__ . (만들다)

(1) 

일본어를 _______________. (하다)

(2) 
풍경화를 _______________. (그리다)

(3) 
혼자 지하철을 _______________. (타다)

(4) 
탁구를 _______________. (치다)

5 그림을 보고 〈보기〉와 같이 문장을 완성하십시오.

A 축구하다가 넘어져서 무릎을 다쳤어요.
B 반창고를 __붙여 놓으세요__ . (붙이다)

(1)
A 제 전화번호를 가르쳐 드릴게요.
B 네, 전화번호를 잘 ______________. (저장하다)

(2)
A 야채를 썰기 전에 양념을 해야 하나요?
B 야채를 모두 ______________고 양념하세요. (썰다)

(3)
A 앗! 어떡하죠?
B 왜요? 무슨 일이 있어요?
A 나올 때 에어컨을 ______________고 나왔어요. (켜다)

6 〈보기〉와 같이 대화를 완성하십시오.

A 퇴근 시간에는 식당에 자리가 없을 거예요.
B 걱정하지 마세요. __예약해 놓았어요__ . (예약하다)

(1) A 언제 김장을 하나요?
　　B 집마다 다르지만 보통 12월에 ______________. (담그다)

(2) A 여름인데 감기에 걸리셨네요?
　　B 네, 문을 ______________고 잠을 잤어요. (열다)

(3) A 이 문법이 그렇게 중요해요?
　　B 네, 시험에 나오니까 ______________. (외우다)

(4) A 왜 전화를 안 받았어요?
　　B 미안해요. 수업 중이어서 휴대전화를 ______________. (끄다)

7   〈보기〉와 같이 대화를 완성하십시오.

〈보기〉 A 비빔밥은 어디가 __유명하지요__ ?
　　　　B 전주가 유명해요.

(1) A 베트남에서 한국 가수 중 누가 제일 _______________?
　　 B 빅뱅이 인기가 많아요.

(2) A 요리할 때 처음에 무엇을 _______________?
　　 B 먼저 재료를 씻어 놓아야 해요.

(3) A 언제부터 한국어를 _______________?
　　 B 6개월 전부터 배웠어요.

(4) A 베트남에서 사람들이 많이 먹는 음식이 _______________?
　　 B 쌀국수예요.

读和写

8   다음을 읽고 질문에 답하십시오.

　　한국의 전통 밥상은 밥, 국, 반찬이 기본입니다. 준비된 음식을 한꺼번에 모두 차려 놓고 먹습니다. 또 음식마다 재료와 조리법이 달라야 합니다. 한국 전통 상차림은 반찬의 수에 따라 3첩, 5첩, 7첩, 9첩, 12첩 반상이 있습니다. 보통 밥과 국은 앞줄 가운데에 놓는데 오른쪽에 국을, 왼쪽에 밥을 놓습니다. 그 뒤에 장류와 반찬을 놓습니다. 오른쪽에는 구이와 더운 음식을 놓고 왼쪽에는 채소와 마른반찬을 놓습니다. 그 뒷줄 가운데에는 김치를 놓습니다. 수저는 오른쪽에 놓는데 숟가락을 왼쪽에 놓고 그 오른쪽에 젓가락을 놓습니다.

(1) 위 글의 제목을 쓰십시오.

____

(2) 위의 내용과 같으면 ○, 틀리면 × 하십시오.

　　ⓐ 한국에서는 음식을 먹을 때 음식이 차례대로 나옵니다. 　　　　(　　)
　　ⓑ 반찬의 수에 따라 상차림의 이름이 다릅니다. 　　　　(　　)
　　ⓒ 상을 차릴 때 좋아하는 음식을 앞에 놓습니다. 　　　　(　　)
　　ⓓ 국의 오른쪽 위에 구이를 놓습니다. 　　　　(　　)

(3) 위의 글을 읽고 빈칸을 채우십시오.

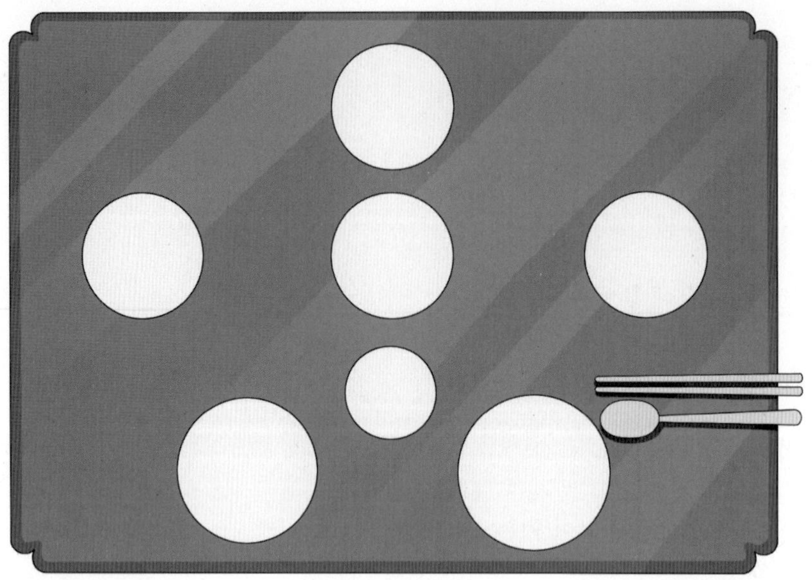

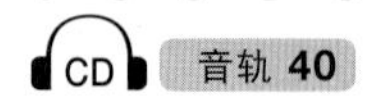

9　다음을 듣고 질문에 답하십시오.

(1) 제목으로 알맞은 것을 고르십시오.

    ⓐ 생강차의 효능

    ⓑ 목감기의 증상

    ⓒ 민간요법의 종류

    ⓓ 병원에 가지 않는 방법

(2) 병의 증상과 알맞은 민간요법을 연결하십시오.

    ⓐ 체했을 때　•　　　　　　•　① 소금물로 코를 세척합니다.

    ⓑ 비염　　　　•　　　　　　•　② 생강차를 마십니다.

    ⓒ 목감기　　　•　　　　　　•　③ 매실차를 마십니다.

(3) 목감기에 걸린 사람에게 좋은 것을 고르십시오.

    ⓐ   ⓑ   ⓒ   ⓓ

10 다음을 듣고 질문에 답하십시오.

(1) 들은 내용과 같은 것을 고르십시오.

ⓐ 가을에는 입맛이 떨어집니다.

ⓑ 지금은 여름이어서 날씨가 덥습니다.

ⓒ 운동할 때는 물을 자주 마시면 좋습니다.

ⓓ 다이어트를 위해서 아침 식사 후에 운동해야 합니다.

(2) 운동 전에 먹어야 할 것은 무엇입니까?

ⓐ 주스

ⓑ 생강차

ⓒ 음료수

ⓓ 바나나

词汇应用

11 식사와 관련된 표현을 나타낸 표입니다. 다음 중 알맞은 것을 골라 쓰십시오.

언제?	무엇을?	얼마나?
간식	육식	결식
		단식
야식	채식	소식
		과식
후식	*채식주의자	폭식

(1) 식사와 식사 사이에 먹는 음식　　　　　　　　　　　　　　(　　　　)

(2) 고기를 먹지 않고 채소만 주로 먹는 사람　　　　　　　　　(　　　　)

(3) 음식을 지나치게 많이 먹음　　　　　　　　　　　　　　　(　　　　)

(4) 식사 후에 먹는 과일이나 아이스크림 등의 간단한 음식　　(　　　　)

生词　　채식주의자 素食主义者

배달 문화 送货文化

"点炸酱面的哪位!"

即使送餐地点是大学校园也不在话下。 棒球场也好，海水浴场也好，从清晨到夜晚，在韩国只要一通电话，无论何时何地，你都可以享受到送来的美食。

韩国人凡事都讲究"快快地"，正是受这种性情的影响，用摩托车送餐的文化才得以盛行。不仅限于饮食，百货店、超市、家具店等也都可以迅速按时送货，除特殊情况外，基本都免费。

第**2**课　한 치수 큰 걸로 보여 드릴게요.

单词

1　그림을 보고 다음에서 알맞은 것을 골라 쓰십시오.

티셔츠　　남방　　코트　　반바지

(1)　　　　　　　　　(2)　　　　　　　　　(3)　　　　　　　　　(4)

___________　　　___________　　　___________　　　___________

2　다음에서 알맞은 것을 골라 문장을 완성하십시오.

할인　　사이즈　　할부　　영수증

(1) 옷을 3개월 (　　　　　)로 구매했습니다.

(2) 환불을 하려면 (　　　　　)을 가지고 가야 합니다.

(3) 어제 산 바지 (　　　　　)가 작아서 교환하고 싶습니다.

(4) 그 가게에서는 물건값을 20% (　　　　　)해서 팔고 있습니다.

3 그림을 보고 〈보기〉와 같이 대화를 완성하십시오.

〈보기〉
작년   올해

A 올해 겨울은 날씨가 춥지 않지요?
B 네, <u>작년 겨울에 비해서 안 추워요</u>.

(1) 영화   소설

A 이 작품은 무엇이 더 재미있어요?
B 소설에 비해서 _______________________.

(2) 동생   형

A 누가 키가 더 커요?
B _______________________.

(3)

A 우리 할머니는 연세가 65살이세요.
B 정말이요? _______________________.

(4) 원-달러 환율 추이
9월 3일   10일

A 환율이 좀 올랐어요?
B 아니요, _______________________.

4 〈보기〉와 같이 대화를 완성하십시오.

〈보기〉 A 누가 책을 읽겠어요?
B 제가 <u>읽을게요</u> . (읽다)

(1) A 축하해요. 이번에 승진하셨다고 들었어요.
   B 네, 오늘 _______________. (한턱내다)

(2) A 짐이 너무 무거운데 좀 들어 주시겠어요?
   B 네, _______________. (들어 드리다)

(3) A 옆 사람 시험지를 보지 마세요.
   B 죄송합니다. _______________. (보지 않다)

(4) A 소풍 갈 때 점심은 식당에서 먹을까요?
   B 아니요, 제가 _______________. (도시락을 준비해 가다)

5 〈보기〉와 같이 문장을 완성하십시오.

> 〈보기〉 요리하기 /
> 상 차리기 　　　제가 요리할 테니까 민준 씨는 상을 차리면 좋겠어요.

(1) 여행 계획 세우기 /
비행기 표 알아보기 　　____.

(2) 설거지하기 /
청소하기 　　____.

(3) 재료 사 오기 /
양념 준비하기 　　____.

(4) 농구장 빌리기 /
농구공 빌려 오기 　　____.

6 〈보기〉와 같이 대화를 완성하십시오.

> 〈보기〉 A 이것 좀 더 드세요.
> B 아니에요. 배불러요 . (배부르다)

(1) A 중국어와 한국어는 문법이 비슷하지요?
　　B 아니요, ________________. (다르다)

(2) A 한국의 전통 음악을 아세요?
　　B 아니요, 저도 잘 ________________. (모르다)

(3) A 서울까지 버스를 타면 빨리 갈 수 있어요?
　　B 버스에 비해서 기차가 더 ________________. (빠르다)

(4) A 머리를 어떻게 해 드릴까요?
　　B 날씨가 더우니까 짧게 ________________. (자르다)

7 다음을 읽고 질문에 답하십시오.

한복은 양복에 비해서 불편하기는 하지만 한국 고유의 멋이 살아있는 전통 의상입니다. 여자 한복은 저고리와 치마, 남자 한복은 저고리와 바지를 입습니다. 여러분은 한복을 입는 방법을 아십니까? 여자는 보통 속바지와 속치마를 입은 후 치마와 저고리를 입고, 남자는 속옷을 입은 후 바지와 저고리를 입습니다. 한복을 다 입은 후에는 버선을 신습니다. 저고리는 한복의 윗옷이고, 버선은 한복을 입을 때 신는 양말입니다.

한복 치마는 오른쪽이 위로 오게 하여 입습니다. 왜냐하면 오른손으로 일을 하고 왼손으로 치마를 잡았기 때문입니다. 한복을 입을 때, 가장 어려운 것이 바로 '고름'을 매는 것입니다. 여자 저고리에는 긴 끈이 있는데, 이것을 '고름'이라고 합니다. 고름은 짧은 고름과 긴 고름이 있습니다. 고름을 매는 방법은 오른쪽에 있는 짧은 고름을 왼쪽의 긴 고름 위에 놓고, 짧은 고름을 긴 고름 밑으로 넣어 위로 꺼낸 후, 긴 고름을 왼쪽으로 둥글게 한 후에 짧은 고름으로 묶습니다.

그리고 한복 색깔에는 다양한 뜻이 있습니다. 자주색 고름은 남편이 있다는 뜻이고, 남색 소매는 아들이 있다는 뜻입니다. 또, 노란색 저고리에 빨간색 치마를 입으면 '결혼을 안 한 여자'라는 뜻이고 연두색 저고리에 빨간색 치마를 입으면 '결혼한 여자'라는 의미입니다.

(1) 이 글의 제목으로 알맞은 것을 고르십시오.

　　ⓐ 한복 색깔의 뜻

　　ⓑ 한복 고름 매는 방법

　　ⓒ 한국의 전통 의상, 한복

　　ⓓ 한복의 저고리와 바지 종류

(2) 그림을 보고 이름을 쓰십시오.

(3) 위 글을 읽고 그림에 알맞은 내용을 쓰십시오.

ⓐ → ⓑ → ⓒ → ⓓ

________________ ________________ ________________ ________________

________________ ________________ ________________ ________________

________________ ________________ ________________ ________________

(4) 위의 내용과 같으면 ○, 틀리면 × 하십시오.

- 한국 전통 의상은 색에 따라 의미가 다릅니다.　　　　　　　　　(　　　)
- 고름은 바지에 있습니다.　　　　　　　　　　　　　　　　　(　　　)
- 고름의 길이는 똑같습니다.　　　　　　　　　　　　　　　　(　　　)
- 결혼한 여자는 노란 저고리를 입습니다.　　　　　　　　　　(　　　)

(5) 여러분 나라의 전통 의상의 이름은 무엇입니까? 전통 의상에 대해 소개해 보십시오.

____

____

____

____

CD　音轨 41

8　**다음을 듣고 질문에 답하십시오.**

(1) 들은 내용과 같은 것을 고르십시오.

　ⓐ 책을 광고하고 있습니다.

　ⓑ 사람들은 옷차림에 대해 고민하지 않습니다.

　ⓒ 면접에 갈 때 화려한 귀고리를 하면 예쁩니다.

　ⓓ 장례식에 갈 때 노란색 원피스를 입어도 됩니다.

(2) 옷차림에서 중요한 것 세 가지를 쓰십시오.

　________________ , ________________ , ________________

9 다음을 듣고 질문에 답하십시오.

(1) 남자가 전화를 한 곳은 어디입니까?

____

(2) 들은 내용과 같은 것을 고르십시오.

ⓐ 남자는 속옷을 바꾸고 싶습니다.

ⓑ 주문하고 3일 후에 속옷을 받을 수 있습니다.

ⓒ 방송이 끝난 후에 인터넷으로 살 수 있습니다.

ⓓ 사이즈가 맞지 않을 때 교환만 할 수 있습니다.

词汇应用

10 〈보기〉와 같이 그림과 맞는 단어를 연결하십시오.

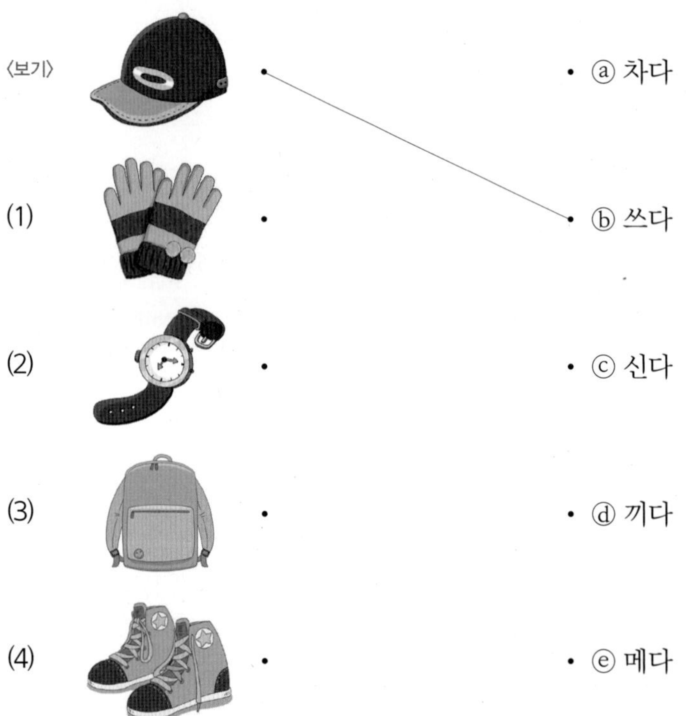

〈보기〉

(1)

(2)

(3)

(4)

ⓐ 차다

ⓑ 쓰다

ⓒ 신다

ⓓ 끼다

ⓔ 메다

백화점 층별 안내 百货商店各层分布图

10F	뷔페 自助餐厅
9F	병원 医院
8F	식당 餐厅
7F	문화센터 文化中心, 식당가 餐饮街, 가전 家电, 가구 家具
6F	아동 儿童, 유아 幼儿, 골프 高尔夫, 서적 书籍
5F	스포츠 运动
4F	남성 정장 男性正装, 남성 캐주얼 男性休闲服
3F	여성 패션 女性时装, 핸드백 皮包, 구두 皮鞋
2F	패션 잡화 时尚用品
1F	해외 패션 海外时装, 화장품 化妆品
B1F	식품 食品
B2F	주차장 停车场
B3F	주차장 停车场

第3课　저기 여행사 간판이 보여요.

1　〈보기〉와 같이 다음에서 알맞은 것을 골라 쓰십시오.

콜택시　　고속버스　　노선도　　교통 카드　　환승역

〈보기〉 서울에서 전주에 갈 때 이 버스를 타고 갑니다.　　　　　　(고속버스)

(1)　다른 지하철이나 버스로 갈아타는 곳입니다.　　　　　　　(　　　)

(2)　지하철이나 버스를 탈 때 이것을 요금 대신 사용합니다.　　(　　　)

(3)　전화를 걸어서 제가 있는 곳으로 부르면 이 차가 옵니다.　(　　　)

(4)　지하철이나 버스가 어디로 가는지 알고 싶을 때 이것을 봅니다.　(　　　)

2　〈보기〉와 같이 의미가 비슷한 것을 연결하십시오.

〈보기〉 오른쪽으로 갑니다. •　　　　　• ⓐ 직진합니다.

(1)　똑바로 갑니다. •　　　　　　　• ⓑ 횡단보도

(2)　왼쪽으로 갑니다. •　　　　　　• ⓒ 우회전합니다.

(3)　길을 건넙니다. •　　　　　　　• ⓓ 좌회전합니다.

3 그림을 보고 〈보기〉와 같이 대화를 완성하십시오.

〈보기〉
A 무슨 일이 있어요?
B   도둑이 잡혔어요   .

(1)
A 뭘 도와줄까요?
B 아기 옷을 ___________________아/어 주세요.

(2)
A 왜 안 들어가세요?
B 문이 ___________________아/어서 들어갈 수 없어요.

(3)
A 뭐부터 할까요?
B 먼지가 ___________________으니까/니까 먼지부터 떨어
주세요.

(4)
A 오늘 가게마다 초콜릿이 왜 이렇게 많이 팔리지요?
B 2월 14일은 밸런타인데이여서 초콜릿이 많이
___________________.

4 〈보기〉와 같이 대화를 완성하십시오.

〈보기〉 A 박물관에 가려면 몇 번 버스를 타요?
B 저도 몇 번 버스를   타는지 몰라요   .

(1) A 오늘 동창회는 어디에서 하나요?
B 글쎄요. 저도 ___________________.

(2) A 메이 씨가 언제 한국으로 ___________________?
B 네, 6월 10일에 돌아와요.

(3) A 라면을 ___________________?
B 네, 우선 물을 끓이세요.

(4) A 이 노트북을 어떻게 설치하지요?
B 글쎄요. ___________________.

5 〈보기〉와 같이 상황을 선택하여 문장을 완성하십시오.

〈보기〉 노래를 잘하고 싶다. ☑ 날마다 노래 연습을 하다.
○ 노래방에 자주 가다.
→ 노래를 잘하고 싶으면 _날마다 노래 연습을 하면 돼요_ .

(1) 한국말을 잘하고 싶다. ○ 한국 뉴스를 듣다.
○ 한국 친구를 사귀다.

→ 한국말을 잘하고 싶으면 ___________________________.

(2) 제주도에 가려고 하다. ○ 같이 갈 친구를 찾다
○ 아르바이트를 해서 돈을 모으다.

→ 제주도에 가려면 ___________________________.

(3) 차를 사고 싶다. ○ 할부로 사다.
○ 중고차를 사다.

→ 차를 사고 싶으면 ___________________________.

(4) 산 옷이 마음에 들지 않다. ○ 친구에게 주다.
○ 교환이나 환불을 하다.

→ 산 옷이 마음에 들지 않을 때는 ___________________________.

6 그림을 보고 〈보기〉와 같이 대화를 완성하십시오.

〈보기〉 A 여보세요? 김 부장님과 통화하고 싶은데요.
B 김 부장님은 _회의 중이십니다_ .

(1) A 그럼, 왕 과장님 계신가요?
B 왕 과장님은 ___________________.

(2) A 아, 윤 대리님은요?
B 윤 대리님은 ___________________.

(3) A 그럼, 메이 씨와는 통화할 수 있습니까?
B 정말 죄송합니다. 메이 씨는 ___________________.

7 다음을 읽고 물음에 답하십시오.

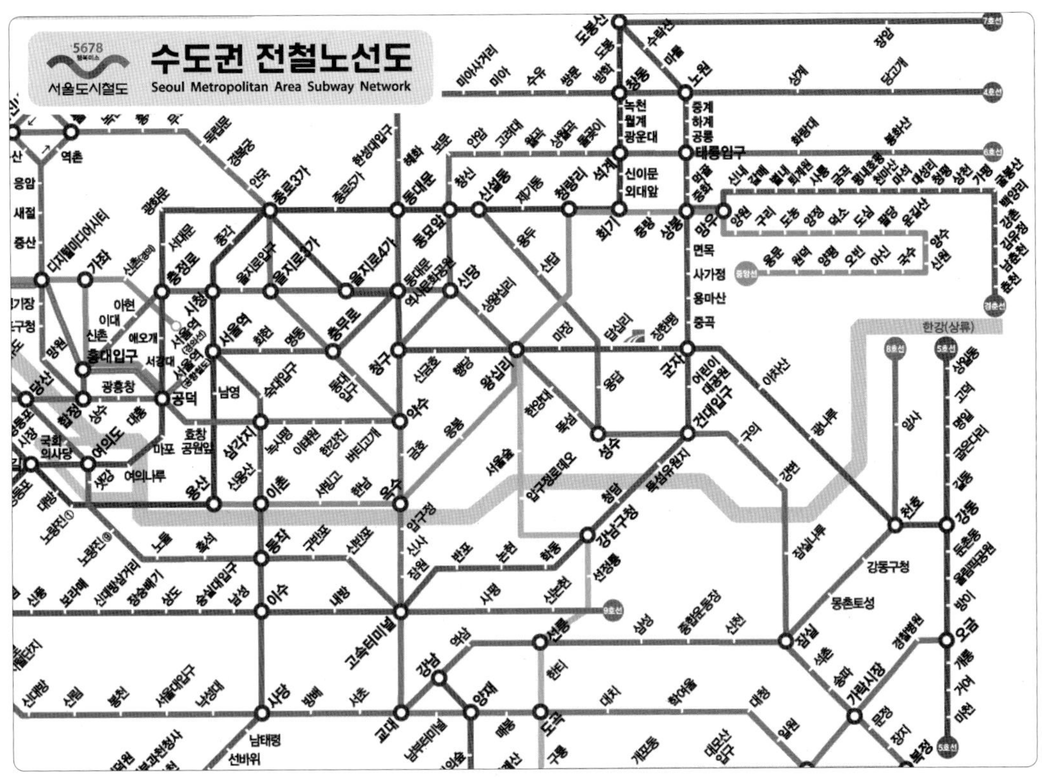

(1) 이것은 무엇입니까?

____

(2) 압구정에서 동대문에 가고 싶습니다. 어디에서 환승을 해야 합니까?

____

(3) 남부터미널에서 올림픽공원에 가고 싶습니다. 환승을 몇 번 해야 합니까?

____

(4) 서울대학교에서 고려대학교에 가는 방법을 친구에게 설명해 보십시오.

____

8　다음을 듣고 질문에 답하십시오.

(1) 한국의 대표적인 항공사를 쓰십시오.

_________________ , _________________

(2) 들은 내용과 같은 것을 고르십시오.

ⓐ 메이 씨는 대한항공을 타고 한국에 왔습니다.
ⓑ 메이 씨는 아시아나항공을 타고 일본에 갈 겁니다.
ⓒ 한국에는 대한항공과 아시아나항공, 두 회사만 있습니다.
ⓓ 한국에서 일본까지는 배를 타고 갈 수 있는데 보통 인천에서 탑니다.

9　다음을 듣고 질문에 답하십시오.

(1) 무엇에 대한 이야기입니까?
ⓐ 교통수단
ⓑ 버스 터미널
ⓒ 지하철 노선
ⓓ 시내버스의 종류

(2) 여자가 다음으로 물어볼 질문으로 맞지 <u>않는</u> 것을 고르십시오.
ⓐ 배는 어디에서 타요?
ⓑ 부산에도 지하철이 있어요?
ⓒ 기차에는 어떤 것이 있어요?
ⓓ 한국의 자동차 회사는 무엇이 있어요?

(3) 위의 내용과 같으면 ○, 틀리면 ✕ 하십시오.

- 한국의 교통수단에는 기차가 있습니다. 　　　　　　　　(　　　)
- 지하철은 서울에서만 탈 수 있습니다. 　　　　　　　　(　　　)
- 도시와 도시 사이를 다니는 버스는 시외버스입니다. 　　(　　　)
- 고속버스는 시외버스보다 빠릅니다. 　　　　　　　　　(　　　)

10 다음을 읽고 질문에 답하십시오.

> 여러분 나라에는 어떤 교통수단이 유명합니까?
>
> 
>
> 먼저 네덜란드 암스테르담에는 바이크 택시가 유명합니다. 암스테르담 거리에서 자주 볼 수 있는 이 택시는 3륜차인데 2명이 탈 수 있습니다.
>
> 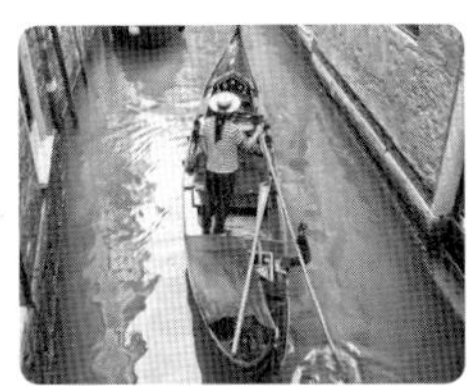
>
> 이탈리아 베니스에는 곤돌라가 유명한데 물의 도시 베니스 시내에 흐르는 물을 따라 운항됩니다. 이제는 곤돌라가 베니스의 상징이 되어서 관광객들에게 인기가 많습니다.
>
> 
>
> 앙콧은 인도네시아의 대중교통 수단인데 한국의 마을버스와 비슷합니다. 다양한 색깔과 화려한 그림으로 장식되어 있고 버스 노선도 정해져 있습니다. 하지만 정류장이 따로 없어서 내리고 싶으면 직접 말해야 합니다.
>
> 
>
> 태국에는 바퀴가 세 개 달린 툭툭이 있습니다. 시동을 걸면 '툭툭' 소리가 나서 이름이 툭툭이 되었습니다. 보통 가고 싶은 곳을 이야기한 후에 요금을 정합니다.

(1) 나라마다 유명한 교통수단을 알맞게 연결하십시오.

ⓐ 태국　　　　　　•　　　　　• ① 툭툭

ⓑ 네덜란드　　　•　　　　　• ② 곤돌라

ⓒ 인도네시아　•　　　　　• ③ 바이크 택시

ⓓ 이탈리아　　•　　　　　• ④ 앙콧

운전 면허 발급 절차 考取驾照的步骤

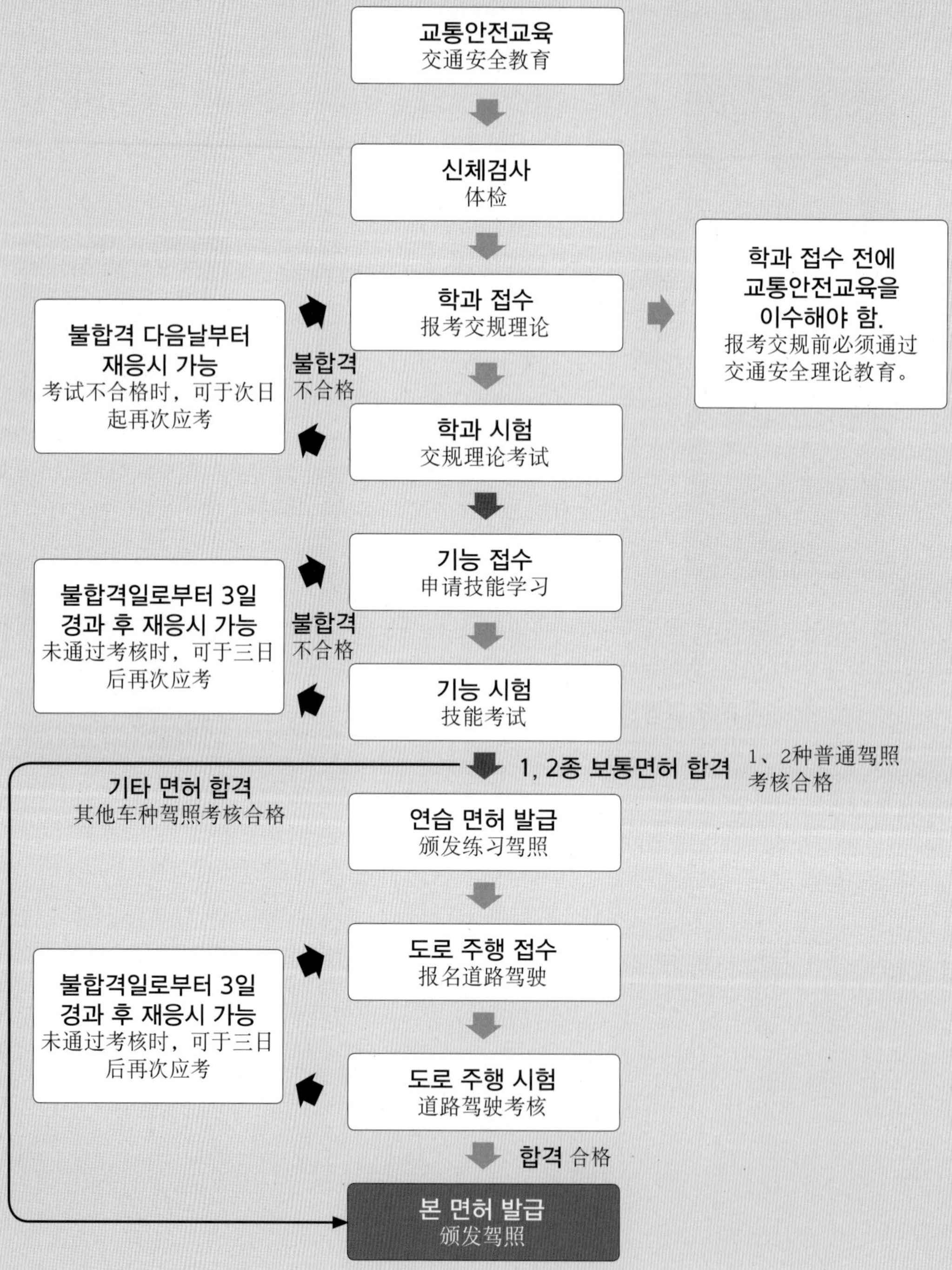

마이클 씨한테 미안하다고 전해 주세요.

1 그림을 보고 다음에서 알맞은 것을 골라 쓰십시오.

> 송별회   동창회   환영회   집들이

(1) 

(2) 

(3) 

(4) 

_______________   _______________   _______________   _______________

2 〈보기〉와 같이 다음에서 알맞은 것을 골라 쓰십시오.

> 정하다   취소하다   사정   변경하다   남기다

> 〈보기〉 민준 씨와 메이 씨는 오늘 3시에 학교 앞에서 만나기로 약속을 (정했습니다).

(1) 그런데 갑자기 민준 씨는 급한 (   )이 생겼습니다.

(2) 그래서 민준 씨는 메이 씨에게 전화를 걸어 약속을 5시로 (   )고 싶었습니다.

(3) 하지만 메이 씨가 전화를 받지 않아 민준 씨는 메시지를 (   ).

(4) 메이 씨는 메시지를 확인하였지만 메이 씨는 5시에는 시간이 없어서 약속을
(   ).

3 〈보기〉와 같이 다음에서 알맞은 말을 골라 대화를 완성하십시오.

> 재미있다　　슬프다　　힘들다　　부럽다　　귀엽다

> 〈보기〉　A 어제 아르바이트 어땠어요?
> 　　　　B 저는 괜찮았는데 같이 한 친구는 처음이어서 <u>힘들어했어요</u>.

(1) A 새로 나온 컴퓨터 게임 어때요?
　　 B 저는 재미없는데 친구들은 ＿＿＿＿＿＿＿＿＿＿.

(2) A 어제 본 영화 어땠어요?
　　 B 저는 안 슬펐는데 친구는 아주 ＿＿＿＿＿＿＿＿＿＿.

(3) A 전 한국말 잘하는 사람이 부러워요.
　　 B 뭘 ＿＿＿＿＿＿＿＿＿? 열심히 공부하면 잘할 수 있어요.

(4) A 부모님이 보고 싶어요.
　　 B 저는 할머니가 더 보고 싶어요. 저를 아주 ＿＿＿＿＿＿＿＿＿＿.

4 그림을 보고 〈보기〉와 같이 대화를 완성하십시오.

> 〈보기〉 A 어제 시험 어땠어요?
> 　　　　B 저는 시험이 어려웠는데 친구들은 <u>쉬웠다고 했어요</u>.

(1) 
A 친구와 화해했어요?
B 네, 친구가 먼저 ＿＿＿＿＿＿＿＿＿＿＿.

(2) 
A 오늘이 스승의 날인데 선생님께 카네이션 드렸어요?
B 네, 선생님이 ＿＿＿＿＿＿＿＿＿＿＿.

(3) 
A 고향에 가서 어머니께 한국 음식을 만들어 드렸어요?
B 네, 어머니가 한국 음식이 아주 ＿＿＿＿＿＿＿＿＿＿＿.

(4) 
A 주말에 등산을 가는데 날씨가 좋을까요?
B 일기예보에서 주말에 ＿＿＿＿＿＿＿＿＿＿＿.

5 〈보기〉와 같이 대화를 완성하십시오.

〈보기〉
A 시간이 가는 줄 모르고 이야기했네요. 지금 몇 시예요?
B 아, 벌써 __6시가 되었어요__ .

(1)
A 날씨가 많이 따뜻해졌지요?
B 네, 이제 겨울이 가고 ________________________.

(2)
A 학교를 졸업하면 뭐 할 거예요?
B 저는 ________________________.

(3)
A 아주 오랜만에 고향에 다녀오셨지요?
B 네, 5살 때 봤는데 조카가 벌써 ________________________.

(4)
A 팥빙수를 어떻게 만드는지 아세요?
B 얼음에 팥과 연유를 넣으면 ________________________.

6 〈보기〉와 같이 대화를 완성하십시오.

〈보기〉 A 언제까지 신청서를 내야 합니까?
B 내일까지 __써서__ 주십시오. (쓰다)

(1) A 어디를 그렇게 급하게 가세요?
B 배가 ____________ 병원에 갑니다. (아프다)

(2) A 세계 여행을 하고 싶은데 어떻게 하지요?
B 먼저 월급을 ____________ 필요한 돈을 준비해야지요. (모으다)

(3) A 눈이 왜 이렇게 부었어요?
B 어제 영화를 봤는데 ____________ 많이 울었어요. (슬프다)

(4) A 잘 어울리는데 왜 그 옷을 안 입어요?
B 옷이 좀 ____________ 동생한테 주었어요. (크다)

7   다음을 읽고 질문에 답하십시오.

> 　강아지를 키우고 싶어 하는 아이가 있었습니다. 하지만 아이의 엄마는 아이가 강아지를 잘 키울 수 있을지 걱정이 되었습니다. 강아지를 산책도 시키고 씻기고, 또 아프면 돌봐 주어야 하는데 어떻게 하면 아이가 짜증내지 않고 강아지를 잘 돌볼 수 있을지 고민했습니다. 그래서 아이의 엄마는 아이에게 강아지를 기르기 전에 두 가지 약속을 하도록 했습니다. 먼저 정해진 시간에 강아지에게 밥을 주고 하루에 한 번 산책을 시켜야 한다는 것이었습니다. 그리고 아이의 엄마는 아이에게 강아지는 말을 할 수 없기 때문에 표현을 할 수 없으니까 잘 살펴봐야 한다고 말했습니다. 두 번째는 강아지를 괴롭히거나 때리면 안 된다고 했습니다. 강아지도 사람처럼 감정이 있기 때문에 혼나면 기분이 나쁘고 슬플 거라고도 했습니다. 아이는 엄마의 말을 듣고 약속을 꼭 지키겠다고 했습니다. 아이의 엄마는 아이에게 강아지를 데려다주었고 아이는 강아지를 친구처럼 잘 돌봐 주었습니다.

(1) 내용과 같은 것을 고르십시오.

　　ⓐ 아이는 강아지를 때렸습니다.

　　ⓑ 아이는 약속을 잘 지켰습니다.

　　ⓒ 아이의 엄마는 강아지를 키우고 싶어 하지 않았습니다.

　　ⓓ 아이의 엄마는 강아지를 데려다준 후에 아이에게 약속을 하도록 했습니다.

(2) 강아지를 기르기 전에 아이의 엄마가 걱정한 것은 무엇입니까?

　　____

(3) 아이와 아이의 엄마가 한 두 가지 약속은 무엇입니까?

　　____

　　____

　　____

8　다음을 듣고 질문에 답하십시오.

(1) 남자의 여자 친구는 어떤 영화를 좋아합니까?

____

(2) 들은 내용과 같으면 ○, 틀리면 × 하십시오.
　　ⓐ '시간 여행'은 요즘 인기 있는 영화입니다.　　　　　　　(　　)
　　ⓑ '시간 여행'에는 싸우는 장면이 많습니다.　　　　　　(　　)
　　ⓒ 남자와 여자는 주말에 함께 영화를 볼 것입니다.　　(　　)
　　ⓓ 여자의 친구는 영화를 보고 슬퍼했습니다.　　　　　(　　)

(3) 남자가 이어서 할 행동으로 맞는 것을 고르십시오.
　　ⓐ 영화를 보러 갈 겁니다.
　　ⓑ 영화 표를 예매할 겁니다.
　　ⓒ 다른 영화를 찾을 겁니다.
　　ⓓ 친구들과 영화에 대해서 이야기할 것입니다.

9　다음을 듣고 질문에 답하십시오.

(1) 들은 내용과 같은 것을 고르십시오.
　　ⓐ 여자는 전화를 받지 않았습니다.
　　ⓑ 남자는 여자의 공연을 가기로 약속을 했습니다.
　　ⓒ 여자는 공연 준비를 많이 해서 긴장되지 않습니다.
　　ⓓ 다른 친구들은 공연 시간과 장소를 알고 있습니다.

(2) 여자의 공연의 제목은 무엇이고 언제 어디에서 합니까?

〈제목〉:

일시:

장소:

10 다음에서 알맞은 것을 골라 쓰십시오.

약혼식	계약금	맹세하다	계약서	계약하다

우리는 지난달에 결혼을 약속하는 (ⓐ   )을/를 하였습니다.

많은 사람들 앞에서 사랑을 (ⓑ   ).

어제는 함께 살 집을 구했습니다. 우리는 집주인과 (ⓒ   ).

집주인에게 (ⓓ   )을/를 주고, (ⓔ   )에 서명하였습니다.

ⓐ: (   )

ⓑ: (   )

ⓒ: (   )

ⓓ: (   )

ⓔ: (   )

새끼손가락 고리 걸다 小拇指拉钩儿

　　大家听说过表示约定时要用"小拇指拉钩儿"的由来吗？据说在某一个国家住着一位美丽的公主。为了向公主求婚，很多国家的王子都聚集到了城里。有五个国家的王子作为候选人，公主为了在五位王子中挑选出一位心心相映的人就出了这样一个问题。公主将右手放在背后，伸出一个手指让王子们猜伸出的是哪一个手指。其中最后一位王子伸出了与公主一样的小拇指，于是这两个人就结婚了。

　　他们一起过上了幸福的生活。有一天战争爆发，王子得去战场了，分手的时候王子伸出小拇指拉钩儿约定说一定会活着回来。但是战争漫长，十年了王子也没有回来。时间过了那么久，王子也没有回来，人们都认为王子肯定死去了。

　　就在公主沉浸在悲痛中的某一天，宫殿里出现了一个衣衫褴褛的乞丐。所有人都想把那个乞丐轰走，但公主却召见了他。那个乞丐来到公主面前伸出了小拇指，公主也同样伸出小拇指钩住了那个人的手指。公主认出了王子非常欣喜，两个人又幸福地生活在一起了。

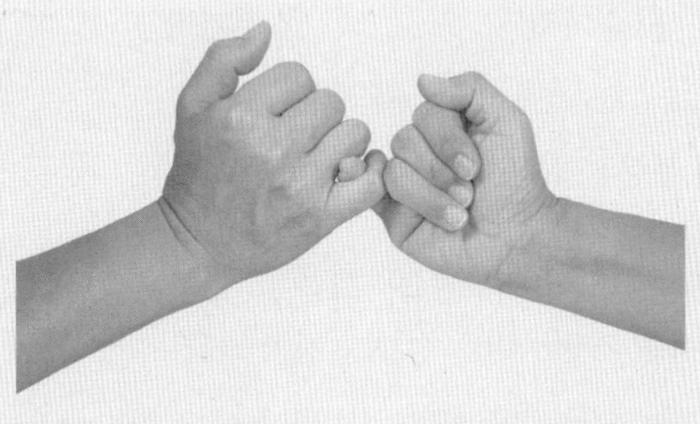

生词　　새끼손가락 고리 걸다 小拇指拉钩儿

第5课 复习 1~4

〔1~2〕〈보기〉와 같이 관계있는 말을 고르십시오.

〈보기〉	환승역	갈아타는 곳	나가는 곳	-행
✔ⓐ 지하철	ⓑ 버스	ⓒ 비행기	ⓓ 배	

1

정하다	어기다	취소하다	변경하다

ⓐ 만남　　　　ⓑ 약속　　　　ⓒ 연락　　　　ⓓ 메시지

2

칼	도마	국자	냄비

ⓐ 집게　　　　ⓑ 숟가락　　　　ⓒ 젓가락　　　　ⓓ 조리 기구

〔3~4〕〈보기〉와 같이 밑줄 친 부분과 같은 말을 고르십시오.

〈보기〉 A 이 근처에 백화점이 어디에 있습니까?
B 이 길로 <u>똑바로 가면</u> 버스 정류장 뒤에 있습니다.
ⓐ 유턴하면　　　ⓑ 지나가면　　　✔ⓒ 직진하면　　　ⓓ 돌아가면

3 손님 어제 산 옷이 치수가 작아서 바꾸고 싶습니다.
점원 영수증을 가지고 오시면 <u>바꿔</u> 드립니다.
ⓐ 할인해　　　　ⓑ 주문해　　　　ⓒ 교환해　　　　ⓓ 지불해

4 택시 기사 마을 입구에서 세워 드릴까요?
손님 아니요, <u>좁은 길</u> 로 들어가 주세요.
ⓐ 골목　　　　ⓑ 삼거리　　　　ⓒ 건널목　　　　ⓓ 횡단보도

[5~6] 〈보기〉와 같이 밑줄 친 부분과 같은 말을 고르십시오.

5 A 지금은 사전에서 단어를 찾을 수 있어요?
B 네, 이제는 사전에서 단어를 _찾을 수 있어요_.
ⓐ 몰라요   ⓑ 알아요   ⓒ 찾을 줄 알아요   ⓓ 찾을 줄 몰라요

6 A 요즘 제주도 날씨는 어때요?
B 날씨가 _얼마나 좋은지 몰라요_.
ⓐ 몰라요   ⓑ 알아요   ⓒ 얼마예요   ⓓ 아주 좋아요

[7~8] 〈보기〉와 같이 빈칸에 알맞은 말을 고르십시오.

7 A 전화를 잘못 걸었어요?
B 네, 친구 전화번호가 _______________.
ⓐ 바꾸었어요   ⓑ 바뀌었어요   ⓒ 걸었어요   ⓓ 걸렸어요

8 A 이 시계는 어떻게 할까요?
B 벽에 _______________.
ⓐ 걸어 놓으세요   ⓑ 걸어 있어요   ⓒ 걸려 있어요   ⓓ 걸려 놓으세요

[9~10] 다음을 읽고 질문에 답하십시오.

> A 지금 영화 보러 갈까요?
> B 네, 메이 씨는 외국인이어서 길을 잘 (㉮   ) 제가 운전할게요.
> A 시간이 늦었는데 좀 (㉯   ).
> B 그래도 천천히 가야지요. 잘못하면 사고가 나요.

9 ㉮에 알맞은 말을 고르십시오.

ⓐ 몰라서   ⓑ 알고 싶어서   ⓒ 알겠으니까   ⓓ 모를 테니까

10 ㉯에 알맞은 말을 고르십시오.

ⓐ 서둘러요   ⓑ 서두울러요   ⓒ 서두르러요   ⓓ 서둘을러요

[11~14] 다음에서 알맞은 것을 골라서 대화를 완성하십시오.

> -(으)면 되다   -어/어 하다   -다고 하다   -는 중이다

11 A 버스 노선도는 어디에서 찾아야 해요?

B _______________________________ (인터넷에서 찾다)

12 A 과장님은 어디에 계세요?

B _______________________________ (회의하고 있다)

13 A 마리아 씨가 바빠서 이번 방학에도 고향에 갈 수 없다고 해요.

B 네, _______________________________ (가족을 만날 수 없어서 슬프다)

14 A 선생님이 뭐라고 하셨어요?

B _______________________________ (우리 반이 말하기 대회에서 1등을 했다)

[15~16] 다음을 듣고 질문에 답하십시오.

15 한국의 대표적인 음식이 <u>아닌</u> 것을 고르십시오.

ⓐ 김치　　　　ⓑ 불고기　　　　ⓒ 자장면　　　　ⓓ 비빔밥

16 다음 중 들은 내용과 <u>다른</u> 것을 고르십시오.

ⓐ 비빔밥은 전주에서 유명하다.

ⓑ 비빔밥은 새해에 먹는 음식이다.

ⓒ 비빔밥은 비행기에서도 먹을 수 있다.

ⓓ 비빔밥은 밥과 반찬을 함께 먹는 음식이다.

[17~18] 다음을 듣고 질문에 답하십시오.

17 서울시티투어버스에 <u>없는</u> 코스는 무엇인지 고르십시오.

ⓐ 도심 코스　　　　ⓑ 야간 코스　　　　ⓒ 역사 코스　　　　ⓓ 파노라마 코스

18 다음 중 설명을 듣고 알 수 <u>없는</u> 것은 무엇인지 고르십시오.

ⓐ 코스 소개　　　　ⓑ 이용 안내　　　　ⓒ 이용 시간　　　　ⓓ 버스 시설 안내

[19~20] 다음을 듣고 질문에 답하십시오.

19 다음 중 들은 내용과 같은 것을 고르십시오.

ⓐ 여자하고 남자는 반장입니다.

ⓑ 선생님은 저녁에 수업이 있습니다.

ⓒ 방학동안 친구들을 만날 수 없습니다.

ⓓ 반 친구들은 방학이 끝난 후에 같이 식사하고 싶습니다.

20 남자가 이어서 할 행동으로 알맞은 것을 고르십시오.

ⓐ 저녁을 먹을 겁니다.

ⓑ 식당을 예약할 겁니다.

ⓒ 친구들에게 물어볼 겁니다.

ⓓ 메이 씨와 저녁 약속을 할 겁니다.

〔21~22〕 다음을 읽고 질문에 답하십시오.

　무더웠던 여름이 가고 연애하기 좋은 계절, 가을이 오고 있습니다. 외로운 계절, 가을에 연애를 하고 싶으신가요? 오늘은 제가 올 가을, 유행할 옷차림에 대해 말씀드릴게요.

　첫 번째, 운동복처럼 편안한 스포츠룩(sport look)입니다. 집 앞에 심부름 갈 때, 주말에 집에서 TV를 볼 때 입는 운동복을 말씀드리는 게 아니라는 거 여러분도 알고 계시죠? 신경 쓰지 않은 것 같지만, 예쁜 스포츠룩으로 여대생의 밝고 명랑한 느낌을 표현해 보세요.

　두 번째, 데님 패션입니다. 청바지는 물론, 치마, 재킷, 블라우스, 원피스까지 청으로 만든 옷들은 요즘 같은 환절기에 입기 좋습니다. 반팔 원피스에 청재킷을 입고, 귀여운 가방을 메면 여성스러운 분위기를 낼 수 있답니다. 환절기 감기 예방을 할 수 있을 뿐 아니라, 더울 때 재킷을 벗어서 허리에 묶으면 다른 스타일이 됩니다.

21 위 글을 읽은 독자의 옷차림을 고르십시오.

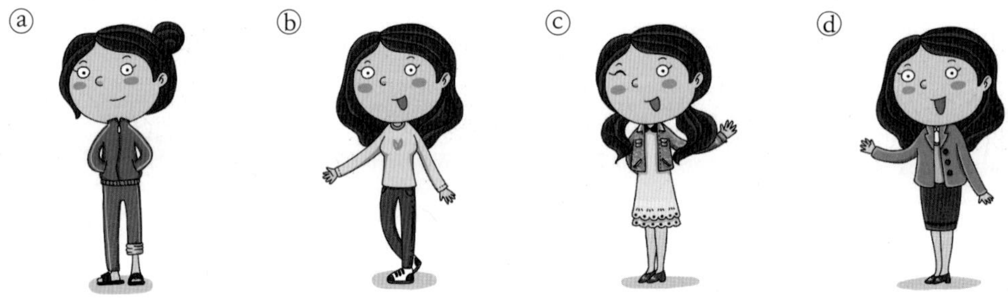

22 위 글을 쓴 사람의 목적이 무엇인지 고르십시오.

　ⓐ 남자 친구를 사귀고 싶어서

　ⓑ 운동복과 청재킷을 팔기 위해서

　ⓒ 새롭게 유행할 옷차림에 대해 알려 주려고

　ⓓ 방학이 끝나가는 슬픔을 친구에게 이야기하려고

[23~24] 다음을 읽고 질문에 답하십시오.

며칠 전, 버스 속에서 발을 밟힌 일이 있었습니다. 너무나 아파서 저도 모르게 소리를 지르고 말았습니다. 발을 밟은 사람은 무척 미안해했습니다.

(가) 택시를 타면 목적지까지 빠르고 편하게 갈 수 있지만, 택시에서는 사람 사이의 정을 느끼기 힘들기 때문입니다.

(나) 이렇게 붐비는 차 안에서는 가끔 발이 밟히고 단추가 떨어지기도 합니다.

(다) 이런 기분 때문에 저는 얼마 전부터 아무리 바쁜 일이 있어도 택시를 타지 않습니다.

(라) 그러나 오히려 그런 데서 살아 있다는 것을 느낄 수 있어 좋습니다.

오늘도 저는 버스 안에서 어떤 일이 일어날까 <u>두근거리는 마음으로 버스에 오릅니다.</u>

23 밑줄 친 부분에 나타난 글쓴이의 기분으로 알맞은 것을 고르십시오.

ⓐ 슬프다　　　　　ⓑ 설레다　　　　　ⓒ 안타깝다　　　　　ⓓ 부끄럽다

24 다음을 순서대로 맞게 배열한 것을 고르십시오.

ⓐ (가) – (나) – (다) – (라)　　　　　ⓑ (가) – (라) – (나) – (다)

ⓒ (나) – (다) – (라) – (가)　　　　　ⓓ (나) – (라) – (다) – (가)

1 그림을 보고 다음에서 알맞은 것을 골라 쓰십시오.

| 음성 사서함 | 부재중 | 통화 요금 | 통화 중 |

(1)　　　　　　(2)　　　　　　(3)　　　　　　(4)

_______________　_______________　_______________　_______________

2 〈보기〉와 같이 다음에서 알맞은 것을 골라 쓰십시오.

| 음성 메시지 | 연결되다 | 확인하다 | 녹음하다 | 문자 메시지 |

〈보기〉 메이 씨가 전화를 받지 않아서 마이클 씨는 (음성 메시지)을/를 남기고 싶었습니다.

(1) 민준 씨는 약속 시간을 변경하고 싶다는 말을 음성 사서함에 (　　　　　　　　).

(2) 메이 씨는 메시지를 (　　　　　　　　)고 민준 씨에게 전화를 했습니다.

(3) 민준 씨가 통화 중이어서 전화가 (　　　　　　　　)지 않았습니다.

(4) 메이 씨는 약속 시간을 바꿔도 괜찮다고 (　　　　　　　　)를 보냈습니다.

3 〈보기〉와 같이 대화를 완성하십시오.

> 〈보기〉 A 거기 선생님 댁이지요?
> B 네, 맞는데요. <u>누구시라고</u> 할까요? (누구시다)

(1) A 채 선생님 좀 바꿔 주세요.
　　B 채 선생님은 지금 ＿＿＿＿＿＿＿＿＿＿. (회의 중)

(2) A 조금 전에 누구한테서 전화 왔어요?
　　B 지난 학기 ＿＿＿＿＿＿＿＿＿＿. (학생)

(3) A 마이클 씨라고 했나요?
　　B 아니요, 마이클 씨가 ＿＿＿＿＿＿＿＿＿＿. (아니다)

(4) A 중국어로 '고맙습니다.'를 어떻게 말해요?
　　B 중국어로 ＿＿＿＿＿＿＿＿＿＿. ('시에시에')

4 〈보기〉와 같이 대화를 완성하십시오.

> 메이　여보세요? 민준 씨, 저 메이예요. 내일 아침 일찍 같이 등산 가시겠어요?
> 민준　좋아요. 어디로 갈 거예요?
> 메이　설악산이요.
> 민준　그럼, 저는 무엇을 준비하면 되지요?
> 메이　민준 씨는 물하고 카메라를 준비하면 돼요. 도시락은 제가 준비할게요.
> 　　　그리고 아침은 출발하기 전에 먹어요.

> 〈보기〉 A 누구 전화예요?
> B 친구 전화예요. 메이 씨가 내일 등산 <u>한다고 해요</u>.

(1) A 어디로 가요?
　　B 설악산으로 ＿＿＿＿＿＿＿＿＿＿.

(2) A 그럼 준비할 것은 없어요?
　　B 저는 물하고 카메라를 준비하고 메이 씨가 ＿＿＿＿＿＿＿＿＿＿.

(3) A 재미있겠군요. 아침 일찍 가면 아침 식사는 어떻게 해요?
　　B 아침은 출발하기 전에 ＿＿＿＿＿＿＿＿＿＿.

5 메이 씨의 오늘 계획을 나타낸 표입니다. 〈보기〉와 같이 문장을 완성하십시오.

메이 씨의 오늘 계획		
오전 9시	교실에 들어갑니다.	책을 폅니다.
오후 1시	수업이 끝납니다.	식당에서 점심을 먹습니다.
오후 2시	도서관에 갑니다.	숙제를 합니다.
오후 3시	친구를 만납니다.	영화를 보러 극장에 갑니다.
오후 5시	기숙사에 옵니다.	손을 씻습니다.

〈보기〉 교실에 <u>들어가는 대로</u> 책을 폅니다.

(1) 수업이 ______________________ 식당에서 점심을 먹습니다.

(2) 도서관에 ______________________ 숙제를 합니다.

(3) 친구를 ______________________ 영화를 보러 극장에 갑니다.

(4) 기숙사에 ______________________ 손을 씻습니다.

6 그림을 보고 〈보기〉와 같이 대화를 완성하십시오.

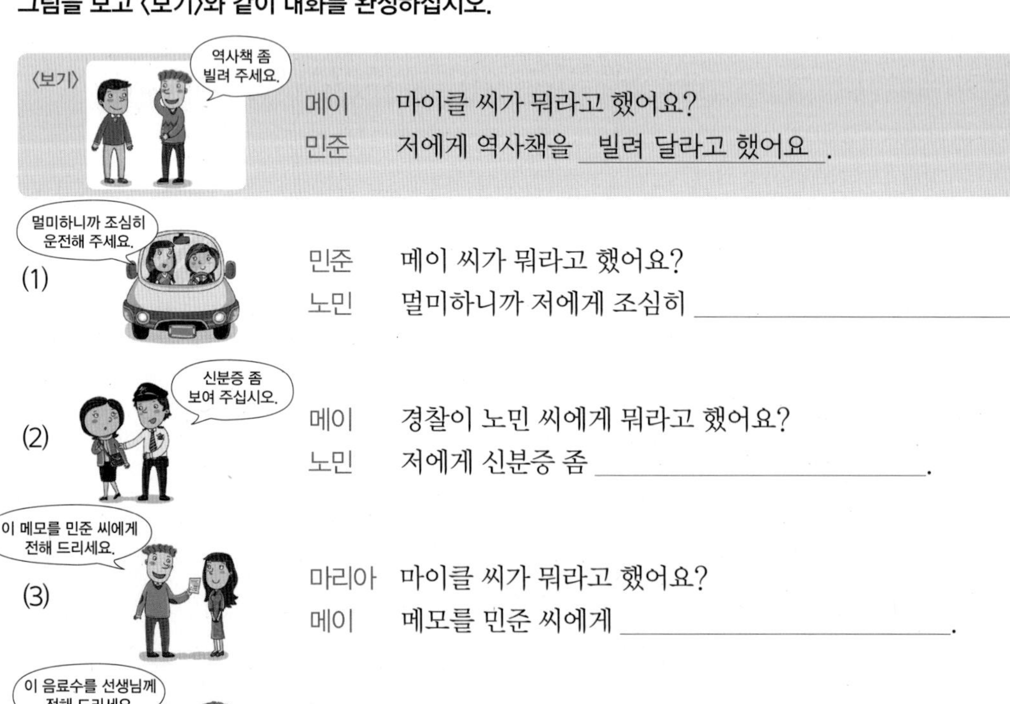

〈보기〉

메이　마이클 씨가 뭐라고 했어요?
민준　저에게 역사책을 <u>빌려 달라고 했어요</u> .

(1)

민준　메이 씨가 뭐라고 했어요?
노민　멀미하니까 저에게 조심히 ______________________.

(2)

메이　경찰이 노민 씨에게 뭐라고 했어요?
노민　저에게 신분증 좀 ______________________.

(3)

마리아　마이클 씨가 뭐라고 했어요?
메이　메모를 민준 씨에게 ______________________.

(4)

선생님　이게 뭐예요?
마이클　민준 씨가 선생님께 ______________________.

7　다음을 읽고 물음에 답하십시오.

> 2014. 11. 30, 비
>
> 　오늘 급한 일이 있어서 민준 씨에게 전화를 걸었습니다. 그런데 전화를 받은 목소리는 민준 씨가 아니었습니다. 조금 놀랐지만 "박민준 씨 휴대폰이지요?" 하고 말했습니다. 전화를 받은 사람은 "＿＿＿＿＿＿ⓐ＿＿＿＿＿＿" 하고 이야기했습니다. 그래서 저는 "＿＿＿＿＿ⓑ＿＿＿＿＿" 하고 전화를 끊었습니다. 저는 전화번호를 확인한 후에 다시 보면서 전화를 걸었습니다. 그런데 아까 전화를 받은 사람이 또 전화를 받았습니다. 깜짝 놀란 저는 전화를 끊었습니다. 잠시 후에 민준 씨에게 전화가 왔습니다. 민준 씨는 ＿＿＿＿＿＿ⓒ＿＿＿＿＿＿ 다고 말했습니다.

(1) 메이 씨는 누구에게 전화를 걸었습니까?

＿＿

(2) ⓐ와 ⓑ에 알맞은 말을 쓰십시오.

　　ⓐ: ＿＿＿＿＿＿＿＿＿＿＿＿＿＿＿＿＿＿＿＿＿＿＿＿＿＿＿＿＿＿＿＿＿＿

　　ⓑ: ＿＿＿＿＿＿＿＿＿＿＿＿＿＿＿＿＿＿＿＿＿＿＿＿＿＿＿＿＿＿＿＿＿＿

(3) 민준 씨는 뭐라고 말했을까요? ⓒ를 완성해 보십시오.

＿＿

8　다음을 듣고 질문에 답하십시오.

(1) 다음 중 전화를 받은 여자는 누구입니까?

　　ⓐ 하숙집 아주머니

　　ⓑ 이웃집 아주머니

　　ⓒ 민준 씨의 어머니

　　ⓓ 민준 씨의 여동생

(2) 위의 내용과 같으면 ○, 틀리면 × 하십시오.

- 민준 씨는 집에 없습니다.　　　　　　　　　　　　　　　(　　)
- 전화를 건 사람은 마이클 씨입니다.　　　　　　　　　　(　　)
- 마이클 씨는 민준 씨와 같은 회사에 다닙니다.　　　　　(　　)
- 마이클 씨는 잠시 후에 다시 전화를 걸겠다고 했습니다.　(　　)

9　다음을 듣고 질문에 답하십시오.

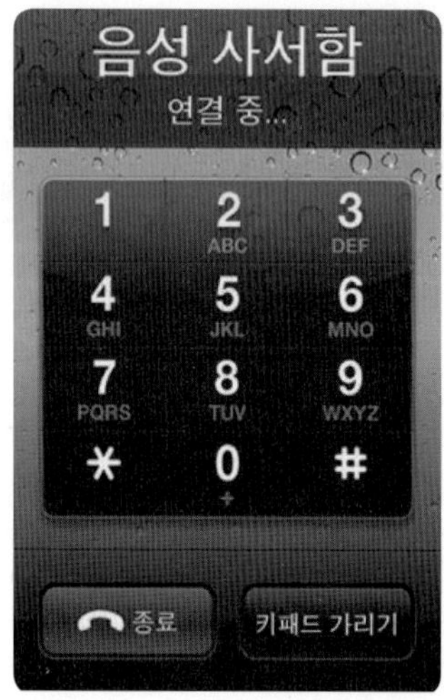

(1) 음성 메시지를 남기는 순서에 맞게 버튼을 눌러 보십시오.

　　(　　　) → (　　　) → (　　　) → (　　　)

(2) 음성 메시지를 남긴 사람은 누구입니까?

　　________________________

(3) 음성 메시지를 받은 사람은 누구입니까?

　　________________________

10 〈보기〉와 같이 그림과 맞는 단어를 연결하십시오.

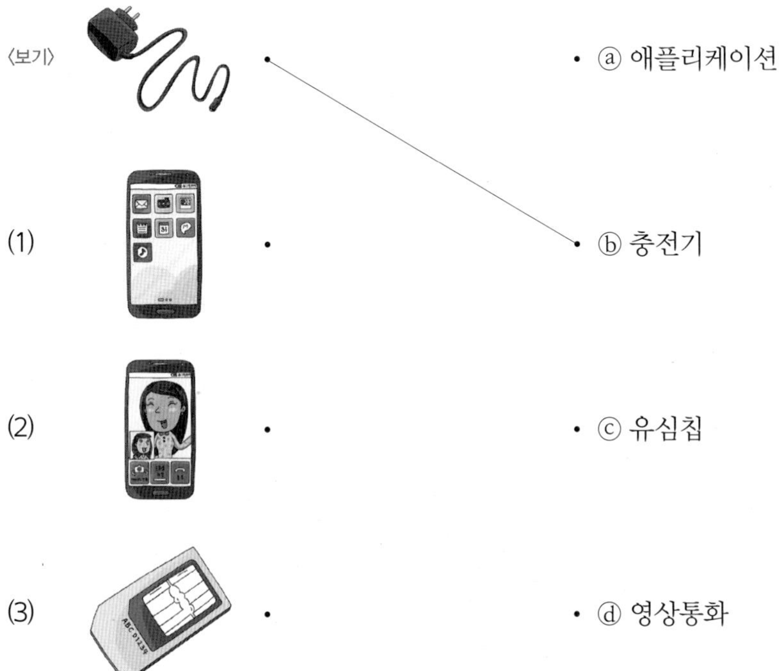

휴대전화의 종류 手机的种类

　　최신폰, 선불폰, 임대폰 等，在韩国的手机店里可以看到各种各样的手机名。최신폰(最新型手机)是最近新上市的手机。선불폰(预付费手机)要先付2-3万元左右的电话费才能使用的手机，多为外国人使用。因为没有保证金，便于短期使用。임대폰(租赁手机)则为自己使用的手机出现故障或手机丢失时，在一定期间内向通信公司借来使用的手机。

맑다가 저녁부터 비가 내리기 시작하겠습니다.

1 그림을 보고 〈보기〉와 같이 알맞은 단어를 쓰십시오.

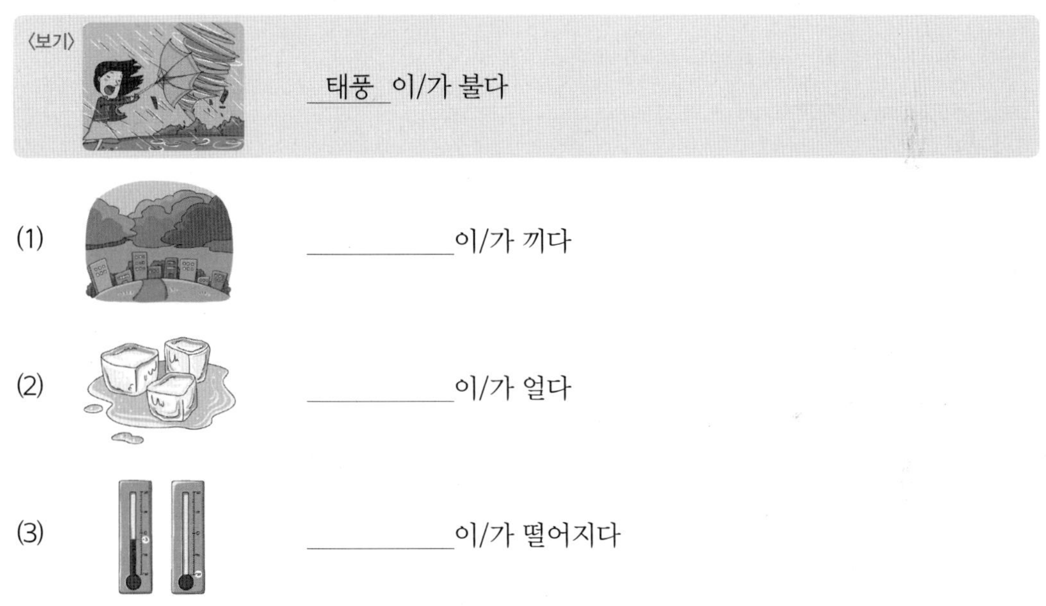

2 〈보기〉와 같이 다음에서 알맞은 것을 골라 쓰십시오.

강하다	그치다	사고 소식	미끄럽다	치다

〈보기〉 어제는 태풍이 남쪽에서 올라오고 있어서 바람이 (강하게) 불었습니다.

(1) 태풍의 영향으로 비바람이 (   )아/어서 공항에서는 비행기 도착 시간이 지연되었습니다.

(2) 비가 많이 내려서 길이 (   )았/었습니다.

(3) 고속도로에서는 빗길에 (   )이/가 이어졌습니다.

(4) 오늘은 비가 (   )고 날씨가 개었습니다.

3 〈보기〉와 같이 대화를 완성하십시오.

> 〈보기〉 A 언제부터 한국어에 관심을 가졌어요?
> B 한국 영화를 보면서 관심을 _가지기 시작했어요_ .

(1) A 언제부터 눈이 왔어요
　 B 어제 오후부터 ＿＿＿＿＿＿＿＿＿＿＿＿＿＿＿.

(2) A 어제 저녁에 전화를 왜 안 받았어요?
　 B 피곤해서 ＿＿＿＿＿＿＿＿＿＿＿＿＿＿＿.

(3) A 요즘은 날씨도 좋고 단풍도 참 아름답군요!
　 B 네, 덥지도 않고 춥지도 않아서 ＿＿＿＿＿＿＿＿＿＿＿＿＿＿.

(4) A 요즘도 많이 바빠요?
　 B 네, 바빠서 ＿＿＿＿＿＿＿＿＿＿＿＿＿.

4 〈보기〉와 같이 대화를 완성하십시오.

> 〈보기〉 A 점심을 먹은 후에 보통 뭘 하세요?
> B _점심을 먹고 나서_ 조금 쉬어요.

(1) A 한국 친구를 사귀면 정말 재미있겠어요.
　 B ＿＿＿＿＿＿＿＿＿＿＿＿ 한국말이 늘었어요.

(2) A 언제 연락 주실 건가요?
　 B 일을 ＿＿＿＿＿＿＿＿＿＿＿ 연락 드리겠습니다.

(3) A 취직을 하면 제일 먼저 무엇을 하고 싶어요?
　 B ＿＿＿＿＿＿＿＿＿＿＿ 제일 먼저 부모님께 선물을 사 드리고 싶어요.

(4) A 야채를 썰기 전에 양념을 만들어야 하나요?
　 B 아니요, ＿＿＿＿＿＿＿＿＿＿＿ 야채를 썰어야 해요.

5 〈보기〉와 같이 문장을 완성하십시오.

〈보기〉 이 그림과 관계가 있는 단어를 찾아서 선을 __그으세요__ . (긋다)

(1) 상처는 다 _________________았/었어요? (낫다)

(2) 밥을 _________________ㄹ/을 때에는 물의 양이 중요해요. (짓다)

(3) 어제 슬픈 영화를 보고 울어서 아침에 눈이 _________________았/었습니다. (붓다)

(4) 자, 찍습니다. _________________(으)세요. (웃다)

(5) 집에 들어가면 먼저 손을 _________________아/어야 합니다. (씻다)

6 〈보기〉와 같이 대화를 완성하십시오.

〈보기〉 A 오늘 날씨가 참 이상하군요.
　　　 B 맞아요. __맑다가__ 갑자기 천둥 번개가 쳤어요.

(1) A 왜 책상에서 잠을 자요?
　　 B _________________ 저도 모르게 잠이 들었어요.

(2) A 왜 다시 들어오니?
　　 B _________________ 숙제를 놓고 온 것이 생각나서요.

(3) A 무릎을 다치셨네요?
　　 B 네, _________________ 넘어졌어요.

(4) A 무슨 일로 전화하셨어요?
　　 B _________________ 생각이 나서요.

7 다음을 읽고 질문에 답하십시오.

> 저는 사계절 중에서 겨울을 제일 좋아합니다. 왜냐하면 아름다운 눈이 오는 겨울에는 따뜻한 이불 속에 누워 책 읽기에 좋기 때문입니다. 그리고 하얀 눈이 내리면 밖에서 친구들과 같이 눈사람을 만들고 눈싸움을 하면서 놀 수 있습니다. 겨울이 되면 하얀 눈이 세상을 하얗게 만듭니다. 그래서 겨울에는 경치가 더욱 아름다워집니다. 찬바람이 불어서 춥지만 기분은 상쾌해집니다.
>
> 저는 겨울에 많이 먹는 음식 중에서 군고구마와 군밤을 특히 좋아합니다. 어릴 때 아버지가 퇴근하면서 군고구마와 군밤을 사 오시면 저와 동생은 호호 불어가면서 먹었습니다. 그때마다 옆에서 어머니는 천천히 먹으라고 식혜를 주셨는데 지금도 그 시원한 식혜 맛을 잊을 수 없습니다.
>
> 겨울에 시간이 있을 때마다 여행을 가는데 이번 겨울에는 스키장에 가서 스키를 타 보고 싶습니다. 저는 스키를 한 번도 타 본 적이 없어서 겨울방학이 되면 친구에게 배우기로 했습니다. 빨리 겨울이 오면 좋겠습니다.

(1) 글쓴이가 가장 좋아하는 계절은 무엇입니까?

    ⓐ 봄   ⓑ 여름   ⓒ 가을   ⓓ 겨울

(2) 겨울에 나타나는 날씨의 특징을 위 글에서 찾아 쓰십시오.

____

(3) 어릴 때 겨울에 먹은 음식이 <u>아닌</u> 것을 고르십시오.

    ⓐ 군고구마   ⓑ 군밤   ⓒ 호떡   ⓓ 식혜

(4) 위의 글처럼 좋아하는 계절과 그 계절에 나타나는 날씨의 특징을 넣어 글을 쓰십시오.

____

____

____

____

____

____

8　다음을 듣고 질문에 답하십시오.

(1) 들은 내용의 제목으로 알맞은 것을 고르십시오.

    ⓐ 태풍의 종류

    ⓑ 태풍 이름의 유래

    ⓒ 태풍이 주는 피해

    ⓓ 나라마다 다른 태풍 이름

(2) 들은 내용과 같은 것을 고르십시오.

    ⓐ 한 번 사용한 태풍의 이름은 다시는 사용하지 않습니다.

    ⓑ 태풍의 이름을 짓기 시작한 것은 2차 세계대전 이후입니다.

    ⓒ 2000년부터 세계 14개 나라에서 이름을 정해서 사용합니다.

    ⓓ 처음 태풍의 이름은 예보를 하던 사람의 가족 이름만 사용했습니다.

9　다음을 듣고 질문에 답하십시오.

(1) 들은 내용과 <u>다른</u> 것을 고르십시오.

    ⓐ 지금은 밤입니다.

    ⓑ 봉숭아는 꽃입니다.

    ⓒ 여자들은 집에 갈 겁니다.

    ⓓ 여자들은 봉숭아물을 들일 겁니다.

(2) 봉숭아물이 언제까지 남아있으면 첫사랑이 이루어진다고 하는지 쓰십시오.

____

(3) 여우비는 어떤 비인지 고르십시오.

    ⓐ 첫눈과 함께 오는 비

    ⓑ 해가 떠 있을 때 내리는 비

    ⓒ 봉숭아물을 들일 때 내리는 비

    ⓓ 호랑이가 장가가는 날 내리는 비

10 다음에서 알맞은 것을 골라 문장을 완성하십시오.

> 햇볕　비바람　파도　황사　빙판길

(1) 새벽에 __________이 치는 소리 들었어요? 창문이 깨지는 줄 알았어요.

(2) 눈이 많이 왔는데 날씨까지 추워서 길이 모두 얼었어요. 이런 __________에서는 운전을 조심해야 해요.

(3) 바다의 __________가 높아서 오늘은 배를 탈 수 없다고 해요.

(4) 모래 바람이 많이 부는 일반 마스크가 아닌 __________ 마스크를 써야 해요.

(5) 오늘 __________이 좋으니까 빨래를 밖에 널어야겠어요.

조상들의 날씨 예측　祖先们的天气预测

　　韩国的祖先们是如何预测天气的呢？我们来了解一下能体现出祖先智慧的几句话。首先是与阴天相关的话中有这样一句话：개미가 줄을 지어서 지나가면 비가 온다.(蚂蚁列队行走雨将到来。)这是因为夏季如果烈日暴晒，蚂蚁不会出来活动，只有在乌云密布的时候才会爬出地面，由此可以预测雨势将临。

　　此外还有"아침에 거미줄에 이슬이 맺히면 날씨가 맑다.(清晨蜘蛛网露珠悬挂则天气晴好。)"这样的说法。这是因为人们观察到蜘蛛有在晚上比在白天，特别是在湿度高的时候更喜欢结蜘蛛网的现象，因此用它来预测天气。因为在湿度稍高天气晴好的日子，蜘蛛网上容易挂上露水。

　　尽管没有现代化的科学技术，但我们的祖先仅仅依据一些自然现象就可以预测天气，不正说明我们祖先有着惊人的聪明智慧吗？

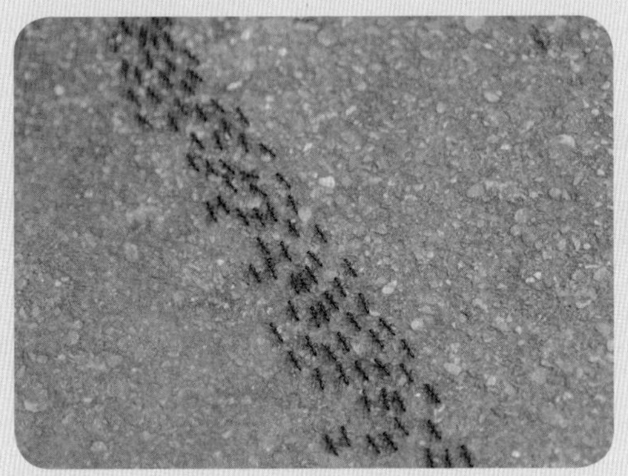 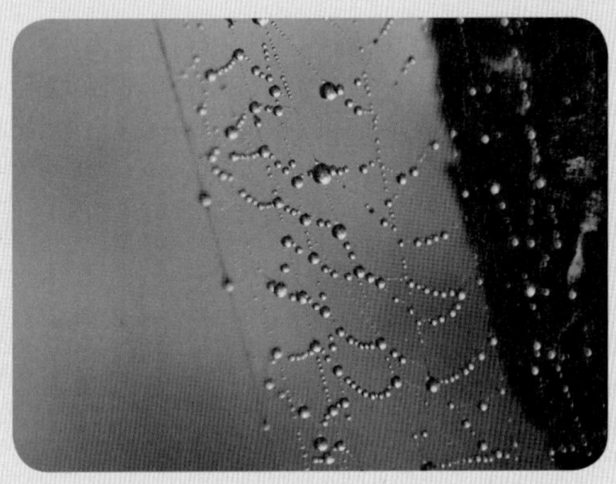

<table><tr><td>第8课</td><td>여권은 있는데 도장을
안 가지고 왔는데요.</td></tr></table>

1 그림을 보고 다음에서 알맞은 것을 골라 쓰십시오.

통장 지폐 동전 현금카드

(1)　　　　　(2)　　　　　(3)　　　　　(4)

___________　___________　___________　___________

2 〈보기〉와 같이 다음에서 알맞은 것을 골라 문장을 완성하십시오.

환전하다　들다　개설하다　잔액 조회　계좌 이체

〈보기〉 부모님이 보내 주시는 용돈을 받을 통장을 (개설하였습니다).

(1) 아르바이트를 하면서 적금을 (　　　　　)았/었습니다.

(2) 친구가 돈을 빌려 달라고 해서 친구의 계좌로 (　　　　　)를 해 주었습니다.

(3) 다음 달에 외국에 여행을 가려고 은행에 가서 (　　　　　)았/었습니다.

(4) (　　　　　)를 해 보니까 이번 달에는 돈을 많이 써서 남은 돈이 별로 없었습니다.

3 〈보기〉와 같이 대화를 완성하십시오.

> 〈보기〉 A 내일은 날씨가 어떨까요?
> B 아마 비가 _올 거예요_ .

(1) A 한국에서 가장 아름다운 곳이 어디인가요?
 B 아마 제주도가 _____________________.

(2) A 이번 토픽 시험은 어떨까요?
 B 아마 _____________________.

(3) A 이번 중간시험은 누가 제일 잘 본 것 같아요?
 B 아마 메이 씨가 _____________________.

(4) A 그 영화는 재미있을까요?
 B 인기가 많은 걸 보니 _____________________.

4 〈보기〉와 같이 대화를 완성하십시오.

> 〈보기〉 A 놀이공원에 누구와 함께 가셨어요?
> B 동생을 _데리고 갔어요_ .

(1) A 한국에 어떻게 오셨어요?
 B _____________________ 왔어요.

(2) A 왜 다시 기숙사에 가세요?
 B 숙제를 책상 위에 _____________________.

(3) A 내일 산에 가는데 준비할 것이 있나요?
 B 특별한 건 없지만 등산화를 _____________________.

(4) A 어디에 가세요?
 B 어머니가 편찮으셔서 어머니를 _____________________.

5 〈보기〉와 같이 문장을 완성하십시오.

> 〈보기〉 A 요즘 날씨가 덥지요?
> B 네, 정말 __더운데요__ .

(1) A 여보세요? 박민준 씨 계신가요?
B 네, 제가 ___________________.

(2) A 내일 주민등록증을 가져오세요.
B 저는 외국인이어서 ___________________.

(3) A 다음 주 금요일에 문화 체험을 간대요.
B 어디로 ___________________?

(4) A 이 스마트폰은 최신형이에요.
B 다른 스마트폰과 무엇이 ___________________?

(5) A 맛있는 식당을 아는데 같이 저녁 먹을까요?
B 저는 벌써 저녁을 ___________________.

6 〈보기〉와 같이 대화를 완성하십시오.

> 〈보기〉 A 저 분은 __누구신가요__ ?
> B 우리 선생님이세요.

(1) A 어디에서 돈을 ___________________?
B 환전 창구에서 바꾸세요.

(2) A 다음 주말에 무엇을 ___________________?
B 친구를 만나서 영화를 볼 거예요.

(3) A 통장을 만들고 싶은데 ___________________?
B 외국인등록증을 가지고 오시면 돼요.

(4) A 고향에 있을 때 좋은 추억이 ___________________?
B 겨울에 친구들하고 눈싸움을 했던 일이 생각나요.

7　다음을 읽고 질문에 답하십시오.

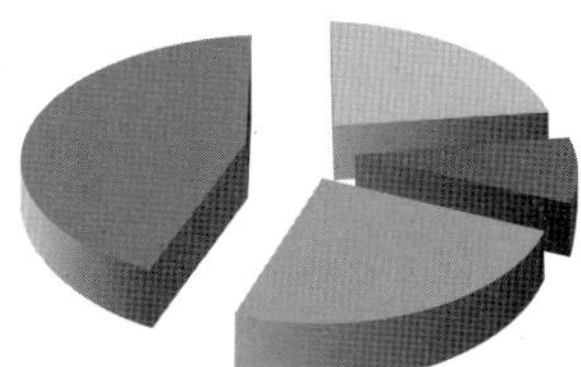

〈소비 성향의 예〉

　지출에도 우선순위가 있습니다. 이 우선순위를 정해 놓지 않으면 꼭 써야 할 돈을 지출하지 않아도 되는 곳에 지출하느라 우선순위가 높은 곳에 지출을 못 해 곤란할 수 있습니다. 예를 들면, 집세, 각종 세금 등 매달 생활에 꼭 필요한 고정비용을 우선순위로 정해 놓지 않고 옷이나 가방, 신발 같은 것을 산다면 다음 달이 되기 전에 친구에게 돈을 빌려야 할지도 모릅니다. 그러므로 자신의 재정 상태를 정확히 알고 계획을 세우는 것이 좋습니다.

　자신의 소비 성향을 알기 위해서는 일단 6개월 정도 가계부를 쓰는 것이 좋습니다. 6개월 동안 가계부를 쓰면서 중요하게 볼 부분은 다음과 같습니다.

　첫째, 미래를 위한 투자입니다. 미래를 위한 투자는 단순히 재테크만을 말하는 것이 아니라 10년이나 20년 뒤의 자신을 위해 투자를 하고 있는지 확인하는 것입니다. 혹시 자격증을 위한 학원비 등에 써야 할 돈을 당장의 즐거움을 위해 사용하고 있는 건 아닌지 살펴봐야 합니다.

　둘째, ____

____

____

____

(1) 이 글을 쓴 이유는 무엇인지 고르십시오.

　　ⓐ 연습하기 위해서

　　ⓑ 광고하기 위해서

　　ⓒ 재미를 주기 위해서

　　ⓓ 정보를 제공하기 위해서

(2) 여러분은 가계부에서 중요하게 확인해야 할 것이 무엇이라고 생각합니까? 친구들과 이야기를 나눈 후 위 글을 완성해 보십시오.

8　다음을 듣고 질문에 답하십시오.

(1) 들은 내용과 같은 것을 고르십시오.

ⓐ 여자가 산 가방은 명품 가방입니다.

ⓑ 여자는 지금 면세점에 갈 것입니다.

ⓒ 여자는 기분이 나쁠 때만 쇼핑을 합니다.

ⓓ 남자는 출장을 다녀오면서 가방을 샀습니다.

(2) 여자와 남자가 싸우는 이유를 고르십시오.

ⓐ 남자가 한 충고가 기분이 나빠서

ⓑ 회사 일 때문에 스트레스를 받아서

ⓒ 남자가 사 준 가방이 마음에 들지 않아서

ⓓ 여자가 출장 준비는 하지 않고 쇼핑만 해서

(3) 대화 중에 나온 속담과 의미를 쓰십시오.

ⓐ 속담: ____

ⓑ 의미: ____

9　다음을 듣고 질문에 답하십시오.

(1) 여자가 앞으로 해야 할 일을 고르십시오.

ⓐ 은행에서 적금을 들 겁니다.

ⓑ 이사할 집을 알아볼 겁니다.

ⓒ 은행에 가서 적금을 알아볼 겁니다.

ⓓ 집에 돌아가서 신분증을 가지고 올 겁니다.

(2) 여자가 적금을 들자고 한 이유를 쓰십시오.

____

(3) 들은 내용과 다른 것을 고르십시오.

ⓐ 남자와 여자는 원룸에 삽니다.

ⓑ 여자는 은행에 가서 적금을 들었습니다.

ⓒ 신분증이 있어야 적금을 들 수 있습니다.

ⓓ 남자와 여자는 모두 여행 다니는 것을 좋아합니다.

10　〈보기〉와 같이 알맞은 것을 골라서 연결하십시오.

〈보기〉　보험에　　　　　•　　　　　　•　ⓐ 내다

(1)　통장을　　　•　　　　　　•　ⓑ 가입하다

(2)　적금을　　　•　　　　　　•　ⓒ 개설하다

(3)　계좌 이체를　•　　　　　　•　ⓓ 들다

(4)　수수료를　　•　　　　　　•　ⓔ 하다

스마트뱅킹 手机银行

　　手机银行四千万时代，“掌上银行”，智能银行大势所趋。现在各家银行全部着眼于称为“내 손안의 은행(掌上银行)”的 스마트뱅킹市场展开了攻略，现在스마트뱅킹的使用者已经超过了四千万人，金融服务市场正在迎来一个崭新的变革期。据最新报道显示，最近各家银行都在忙于스마트뱅킹应用程序的升级，为客户增加更广泛的服务范围。现在的服务范围已不只限于以往查看账户信息或资金转帐等单纯金融往来服务，而涵盖了让客户不用登门就可以享受像贷款等各种多样化的服务。有一家银行为了在这种竞争中生存下去，还在银行系统首推了“모바일 통장(手机存折)”。即使没有纸质存折，只要有一台智能手机，就可以在银行窗口或自动服务机上办理存取业务。现在像查看余额、转账、取款等常用的银行业务往来和需要申请存款、理财、贷款商品的金融中心业务分离开来，为使用者提供了方便。

<table><tr><td>第9课</td><td>먼지를 떨고 청소기를
돌리도록 하세요.</td></tr></table>

1 그림을 보고 다음에서 알맞은 것을 골라 쓰십시오.

얼룩	먼지떨이	쓰레기봉투	청소기

(1)

(2)

(3)

(4)

______________   ______________   ______________   ______________

2 〈보기〉와 같이 다음에서 알맞은 말을 골라 쓰십시오.

분리수거	떨다	환기	닦다	돌리다

〈보기〉 오늘은 대청소를 하는 날이어서 창문을 열고 (환기)를 시켰습니다.

(1) 그 다음에 먼지떨이로 먼지를 (　　　　　)았/었습니다.

(2) 청소기를 (　　　　　)아/어서 바닥을 청소했습니다.

(3) 그리고 걸레로 깨끗하게 바닥을 (　　　　　)았/었습니다.

(4) 쓰레기도 종이, 플라스틱, 병 등 따로따로 모아서 (　　　　　)를 하였습니다.

3 〈보기〉와 같이 대화를 완성하십시오.

> 〈보기〉 A 무슨 음식을 좋아하세요?
>
> B 저는 고기보다 채소를 __좋아하는 편이에요__ .

(1) A 집안일을 자주 하세요?
   B 아니요, 바빠서 잘 ________________________.

(2) A 한국 생활은 많이 적응되었나요?
   B 네, ________________________.

(3) A 요즘 바쁜가요?
   B 아니요, 시험이 끝나서 ________________________.

(4) A 저 분이 한국에서 유명한가요?
   B 네, ________________________.

4 〈보기〉와 같이 대화를 완성하십시오.

> 〈보기〉 A 청소할 때 무엇을 먼저 해야 되나요?
>
> B 먼저 창문을 열어 환기를 __시키도록 하세요__ .

(1) A 세탁기를 돌릴 때에는 빨래 비누를 넣어요?
   B 아니요, 세탁 세제를 ________________________.

(2) A 원고를 몇 시까지 보내 드리면 될까요?
   B 오늘 오후 5시까지 ________________________.

(3) A 오늘 약속이 있어서 집에 좀 늦을 것 같아요.
   B 늦으면 ________________________.

(4) A 실크 옷은 세탁을 어떻게 하면 좋을까요?
   B 세탁소에 ________________________.

5 〈보기〉와 같이 대화를 완성하십시오.

(1) A 오후 시간보다 지금 도로가 복잡하네요.
　　B 네, 퇴근 시간이어서 ________________________.

(2) A 요즘 운동하신다고 들었어요.
　　B 네, 날마다 운동을 하니까 ________________________.

(3) A 백화점 세일 기간이네요?
　　B 네, 백화점이 세일을 하니까 사람이 ________________________.

(4) A 어제 커피 마실 때 옷에 흘리셨는데 어떻게 하셨어요?
　　B 세탁소에 보냈어요. 집에서 빨았는데 얼룩이 안 ________________________.

6 〈보기〉와 같이 대화를 완성하십시오.

(1) A 어제 집에 가서 뭘 했어요?
　　B 너무 배가 고파서 집에 ________________ 밥을 먹었어요.

(2) A 숙제를 다 한 후에 뭐 할 거예요?
　　B 숙제를 ________________ 테니스를 칠 거예요.

(3) A 오늘 시험 끝난 후에 같이 영화 볼까요?
　　B 미안해요. 시험이 ________________ 전 바로 도서관 가려고 해요.

(4) A 왜 그래요? 장난 전화인가요?
　　B 네, 전화를 ________________ 끊는 전화가 요즘 자주 와요.

7　다음을 읽고 질문에 답하십시오.

> ⓐ 최근 창업에 관심을 가지는 여성의 수가 많아졌습니다. 조사 결과에 따르면 2014년 여성 창업이 작년보다 3.1% 증가하였다고 합니다. 특히, 출산과 육아 등의 이유로 직장을 그만둔 여성들이 창업을 많이 하는 것으로 나타났습니다. 오랜 기간 사회생활을 하지 않은 주부들이 창업을 준비할 때는 요리, 육아, 청소 등 가사 노동 경력을 활용할 수 있는 것을 선택하는 것이 유리하다고 전문가는 말합니다.
>
> 　그중 부모와 아이가 모두 즐길 수 있는 키즈 카페나 가정에서 아이들의 학습에 도움을 주는 공부방을 많은 사람들이 선호한다고 조사되었습니다. 또한 1인 가족이 늘어나면서 세탁 편의점도 인기를 얻고 있습니다.
>
> 　ⓑ 독신 여성들이 늘어나면서 여자들이 하기에 어려운 일을 대신 해 주는 '가사 도우미 서비스'가 유행처럼 생기고 있습니다. 예전의 가사 도우미는 보통 청소나 빨래, 육아 등을 도와줬다면 '새로운 가사 도우미'는 혼자 생활하는 여성들이 해결하기 힘든 일을 도와주는 서비스입니다.
>
> 　벽에 못을 박아 주거나, 싱크대·변기를 수리하는 일 등을 어디든지 가서 도와주는 이 서비스의 주 고객은 독신 여성이지만 최근에는 노인들도 이용하고 있다고 합니다.

(1) 위 기사의 제목을 쓰십시오.

　ⓐ: ____

　ⓑ: ____

(2) 위의 내용과 같으면 ○, 틀리면 × 하십시오.

- 새로운 가사 도우미 서비스는 독신 여성만 이용합니다.　　　　（　　　）
- 최근에는 요리, 청소, 육아도 창업을 위한 경력이 될 수 있습니다.　（　　　）
- 2013년에 비해 창업을 하는 사람이 늘어났습니다.　　　　　（　　　）
- 새로운 가사 도우미 서비스는 언제든지 이용할 수 있습니다.　　（　　　）

(3) 여러분이 만약 집안일과 관련이 있는 사업을 한다면, 어떤 일을 하겠습니까? 이유를 쓰십시오. 상호명도 만들어 보십시오.

____

____

____

____

____

8   **다음을 듣고 질문에 답하십시오.**

(1) 두 사람의 관계는 무엇입니까?
ⓐ 룸메이트
ⓑ 엄마 – 딸
ⓒ 언니 – 동생
ⓓ 선생님 – 학생

(2) 두 사람이 싸우고 있는 이유는 무엇입니까?
ⓐ 한숨을 쉬어서
ⓑ TV를 못 보게 해서
ⓒ 방 청소를 하고 싶어서
ⓓ 한 사람만 집안일을 해서

9   **다음을 듣고 질문에 답하십시오.**

(1) 남자와 여자는 무엇에 대해 이야기하고 있는지 쓰십시오.

____

(2) 위의 내용과 같으면 ○, 틀리면 ✕ 하십시오.
- 한국 남자들은 군대에서 다림질을 많이 합니다. (   )
- 요즘에는 많은 사람들이 다림질을 세탁소에 맡깁니다. (   )
- 남자와 여자는 결혼을 할 겁니다. (   )
- 남자는 직접 다림질을 하지 않습니다. (   )

10 다음에서 알맞은 것을 골라 쓰십시오.

> 빨래를 삶다　　빨래를 개다　　빨래를 널다

(1) 옷을 단정하게 접어서 겹치게 하는 것　　(　　　　　　)

(2) 젖은 옷이 마르도록 햇볕 아래 펼쳐 놓는 것　　(　　　　　　)

(3) 더러운 옷을 물에 넣고 끓여서 얼룩을 없애거나 깨끗하게 하는 것　　(　　　　　　)

补充内容

채소 종류별로 보관하기　蔬菜的分类保管

　　所有蔬菜都按照同一方法进行保管的话，就会降低它们的新鲜度和口感。我们来了解一下根据蔬菜特性采用的不同保管方法。

- 黄豆芽－整理干净后放进有拉锁的保鲜袋中，再在保鲜袋上扎一个孔，然后冷藏保管。
- 青椒－买颜色深的青椒，将其放入密闭的容器或放在有拉锁的保鲜袋中保管。
- 蘑菇－将有皱褶的那面朝上放置保管。
- 黄瓜－用报纸包好再放进蔬菜室，可保存一个星期以上。

[1~2] 〈보기〉와 같이 밑줄에 공통적으로 들어갈 말을 고르십시오.

> 〈보기〉 은행에 지폐를 동전으로 ＿＿＿＿＿＿＿＿ 갑니다.
> 김 대리님과 통화하고 싶은데요, 계시면 좀 ＿＿＿＿＿＿＿.
> 사이즈가 커서 작은 사이즈로 ＿＿＿＿＿＿＿ 싶습니다.
> ✔ⓐ 바꾸다　　　　ⓑ 보내다　　　　ⓒ 환전하다　　　　ⓓ 교환하다

1　친구가 전화를 받지 않아 문자 메시지를 ＿＿＿＿＿＿＿.
식당에서 음식을 많이 주문해서 음식을 많이 ＿＿＿＿＿＿.
시험 기간을 며칠 안 ＿＿＿＿＿＿＿ 친구는 병원에 입원했습니다.
　ⓐ 남다　　　　　　ⓑ 남기다　　　　　ⓒ 보내다　　　　　ⓓ 생기다

2　눈이 많이 ＿＿＿＿＿＿＿ 교통이 복잡합니다.
길을 모르면 버스에서 ＿＿＿＿＿＿＿ 전화하세요.
환율이 ＿＿＿＿＿＿＿ 미국에 계신 부모님께 돈을 송금했습니다.
　ⓐ 내리다　　　　　ⓑ 오르다　　　　　ⓒ 내려가다　　　　ⓓ 올라가다

[3~4] 〈보기〉와 같이 밑줄 친 부분과 같은 말을 고르십시오.

> 〈보기〉 A 오늘 날씨는 어떤가요?
> B 태풍이 ＿온다고＿ 해요.
> 　ⓐ 끼다　　　　ⓑ 치다　　　　✔ⓒ 불다　　　　ⓓ 내리다

3　은행원　어떻게 오셨습니까?
손님　통장을 ＿만들고＿ 싶은데요.
　ⓐ 바꾸고　　　　ⓑ 주문하고　　　　ⓒ 정리하고　　　　ⓓ 개설하고

4　A 오늘 저녁 잘 먹었어요.
B 저는 남은 음식을 정리할 테니까 민준 씨는 그릇을 좀 ＿씻어＿ 주세요.
　ⓐ 삶아　　　　ⓑ 털어　　　　ⓒ 설거지해　　　　ⓓ 청소해

[5~6] 〈보기〉와 같이 밑줄 친 부분과 같은 말을 고르십시오.

5 A 메모를 남기시겠어요?
B 네, 사무실에 _들어오면 바로_ 전화해 달라고 전해 주세요.
ⓐ 들어오고   ⓑ 들어오니까   ⓒ 들어오는 대로   ⓓ 들어올 테니까

6 A 이 일을 언제까지 끝내면 됩니까?
B 급하니까 5시까지 _끝내세요_ .
ⓐ 끝내겠어요   ⓑ 끝낸다고 해요   ⓒ 끝내도록 하세요   ⓓ 끝낼 거예요

[7~8] 〈보기〉와 같이 빈칸에 알맞은 말을 고르십시오.

7 A 다리를 다쳤네요?
B 네, 자전거를 _______________ 넘어졌어요.
ⓐ 타서   ⓑ 타다가   ⓒ 타니까   ⓓ 타려고

8 A 메이 씨 동생은 키가 커요?
B 동생 친구들은 모두 170cm인데, 제 동생은 180cm이니까 _______________.
ⓐ 키가 보통이에요   ⓑ 키가 작아요   ⓒ 키가 큰 편이에요   ⓓ 키가 작은 편이에요

〔9~10〕 다음을 읽고 질문에 답하십시오.

〈보기〉 A 여보세요? 민준 씨 좀 바꿔 주세요.
B 민준 씨는 지금 병원에 입원 중인데요. 메모 남기시겠어요?
A 저는 마이클인데요, 다 (㉮   ) 저에게 (㉯   ) 전해 주세요.
B 네, 알겠습니다.

9 ㉮에 알맞은 말을 고르십시오.
ⓐ 나으면　　　　ⓑ 낫으면　　　　ⓒ 나스면　　　　ⓓ 낫스면

10 ㉯에 알맞은 말을 고르십시오.
ⓐ 달라고　　　　ⓑ 전화해 달라고　　　　ⓒ 말해 달라고　　　　ⓓ 전해 주라고

〔11~12〕 다음을 읽고 질문에 답하십시오.

〈보기〉 A 선생님, 고향에 잘 다녀오겠습니다.
B 네, 공항에 (㉮   ) 메시지 보내요.
A 알겠어요. 날씨가 (㉯   ) 선생님도 감기 조심하세요.
B 네, 메이 씨도 조심히 잘 다녀오세요.

11 ㉮에 알맞은 말을 고르십시오.
ⓐ 도착하자마자　　　ⓑ 도착하도록　　　ⓒ 도착할 테니까　　　ⓓ 도착하기 시작하면

12 ㉯에 알맞은 말을 고르십시오.
ⓐ 추워서　　　　ⓑ 추우면　　　　ⓒ 추워져서　　　　ⓓ 추우니까

[13~14] 다음에서 알맞은 것을 골라서 문장을 완성하십시오.

<보기> A 안녕하세요? 마이클입니다.
        B 처음 뵙겠습니다. 저는 __메이라고 합니다__. (메이)

13 A '사랑해요'가 중국어로 뭐예요?
        B _______________________. ('워 아이 니')

14 A 사장님 어디 가셨어요?
        B _______________________. (외출 중이다)

听力   CD 音轨 49

[15~16] 다음을 듣고 질문에 답하십시오.

15 여자는 남자에게 왜 전화를 했습니까?
        ⓐ 산책을 함께 하자고   ⓑ 대청소를 도와 달라고 부탁하기 위해
        ⓒ 청소를 하다가 심심해서   ⓓ 계절이 바뀌어서 안부 인사를 하려고

16 다음 중 들은 내용과 <u>다른</u> 것을 고르십시오.
        ⓐ 지금은 가을입니다.   ⓑ 오늘은 날씨가 좋습니다.
        ⓒ 여자는 대청소 중입니다.   ⓓ 남자는 떡볶이를 만들 것입니다.

[17~18] 다음을 듣고 질문에 답하십시오.

17 미세 먼지가 무엇인지 고르십시오.
        ⓐ 이상한 날씨   ⓑ 공기 중에 있는 나쁜 먼지
        ⓒ 흐리면서 맑은 날씨   ⓓ 중국에서 불어오는 모래 바람

18 여자가 다음으로 할 일을 고르십시오.
        ⓐ 병원에 갈 겁니다.   ⓑ 집으로 돌아갈 겁니다.
        ⓒ 마스크를 사러 갈 겁니다.   ⓓ 손을 깨끗하게 씻을 겁니다.

〔19~20〕 다음을 듣고 질문에 답하십시오.

19 신용카드를 만들 때 반드시 필요한 것이 <u>아닌</u> 것을 고르십시오.

 ⓐ 서명   ⓑ 신분증   ⓒ 신청서   ⓓ 직장 주소

20 들은 내용과 같은 것을 고르십시오.

 ⓐ 남자는 도장이 있습니다.

 ⓑ 남자는 집 주소를 모릅니다.

 ⓒ 카드는 일주일 후에 받을 수 있습니다.

 ⓓ 남자는 카드를 집에서 받겠다고 했습니다.

〔21~22〕 다음을 읽고 질문에 답하십시오.

> 오늘 통장을 만들려고 학생회관에 있는 은행에 갔습니다. 은행에는 학생들이 많아서 좀 복잡했습니다. 기다리고 있는데 은행 안내원이 와서 번호표를 뽑았냐고 물었습니다. 저는 그 말을 이해할 수 없어서 눈을 크게 뜨고 그 사람을 봤습니다. 안내원은 웃으면서 번호표를 뽑아 줬습니다. 번호표를 보니까 기다리는 사람이 몇 명 있는지 알 수 있었습니다. 기다리는 사람이 몇 명인지 아니까 시간이 빨리 가는 것 같았습니다. 은행에 책과 잡지도 있었습니다. 잡지를 보다가 '띵동' 소리가 들려서 보니까 제 번호였습니다. 창구에 있는 직원이 오래 기다리게 해서 죄송하다고 했습니다. 처음 은행에 가서 걱정을 많이 했는데 다음부터는 잘할 수 있을 것 같습니다.

21 위 글을 쓴 사람이 느낀 기분이 <u>아닌</u> 것을 고르십시오.

 ⓐ 뿌듯하다   ⓑ 걱정하다   ⓒ 당황하다   ⓓ 지루하다

22 위 글의 내용과 <u>다른</u> 것을 고르십시오.

 ⓐ 학교 안에 은행이 있습니다.

 ⓑ 은행 창구 직원이 미안해했습니다.

 ⓒ 저는 오래 기다려서 화가 났습니다.

 ⓓ 저는 번호표를 뽑는 방법을 몰랐습니다.

〔23~24〕 다음을 읽고 질문에 답하십시오.

요즘 현대인들은 휴대전화로 많은 일을 합니다. 전화를 걸고, 전화를 받을 수 있을 뿐만 아니라 사진을 찍을 수도 있습니다. 그리고 시간을 확인할 때도, 사전을 찾을 때도, 메모를 할 때도 휴대전화를 사용합니다. 그러나 휴대전화가 있어서 항상 좋은 것은 아닙니다. 휴대전화가 없으면 불안해서 일을 못 하기도 하고, 쉬고 싶을 때에도 전화가 오면 받아야 하기 때문입니다.

가장 큰 문제점은 휴대전화 때문에 사람들과의 대화가 적어진다는 것입니다. 식당에서도, 버스에서도, 집에서도 눈을 보고 이야기를 하는 사람보다는 휴대전화만 보고 있는 사람들이 많아졌습니다. 그런 사람들을 볼 때마다 '소중한 사람과 함께 있을 때는 잠시 꺼 두셔도 좋습니다.'라는 광고가 생각납니다.

23 휴대전화로 할 수 <u>없는</u> 일을 고르십시오.

    ⓐ 전화하기   ⓑ 시계 보기   ⓒ 단어 찾기   ⓓ 광고 만들기

24 위 글에서 제일 하고 싶은 이야기를 고르십시오.

    ⓐ 휴대전화로 많은 일을 할 수 있습니다.

    ⓑ 휴대전화가 없으면 불안해서 일을 못 합니다.

    ⓒ 휴대전화가 있는 사람은 언제나 전화를 받아야 합니다.

    ⓓ 휴대전화 때문에 사람들 사이에 대화가 적어져서 걱정입니다.

1 그림을 보고 다음에서 알맞은 것을 골라 쓰십시오.

| 보험회사 | 구내식당 | 증권회사 | 대기업 |

(1) 

(2) 

(3) 

(4) 

_______________ _______________ _______________ _______________

2 〈보기〉와 같이 다음에서 알맞은 것을 골라 쓰십시오.

| 출장 | 야근 | 보너스 | 마중 | 조퇴하다 |

〈보기〉 오늘은 일이 밀려서 퇴근하지 못하고 (야근)을 해야 해요.

(1) 어제 해외 (　　　　　　)에서 돌아왔기 때문에 해야 할 일이 쌓였어요.

(2) 거래처에서 손님이 와서 공항으로 (　　　　　　)을 나가야 해요.

(3) 오늘 집에 급한 일이 생겨서 (　　　　　　)고 일찍 집에 가 봐야 해요.

(4) 연말에 받은 (　　　　　　)로 새 노트북을 살 거예요.

3   〈보기〉와 같이 대화를 완성하십시오.

> 〈보기〉 A 오늘 출근 안 하고 여행 가세요?
> B 아, 갑자기 해외로 출장을 <u>가게 되었어요</u>.

(1) A 어떻게 한국에 왔어요?
 B K-POP을 좋아해서 ___________________.

(2) A 어떻게 그렇게 승진을 할 수 있었어요?
 B 뭐든지 열심히 했더니 ___________________.

(3) A 어떻게 여자 친구를 만났어요?
 B 등산 모임에서 ___________________.

(4) A 왜 기차를 타고 가세요?
 B 버스를 놓쳐서 ___________________.

4   〈보기〉와 같이 대화를 완성하십시오.

> 〈보기〉 A 왜 이렇게 물건을 많이 샀어요?
> B 마음에 드는 것이 많아서 다 <u>사 버렸어요</u>.

(1) A 동생이 왜 이렇게 울어요?
 B 제가 동생 과자를 다 ___________________.

(2) A 친구 만난다고 했는데 왜 벌써 왔어요?
 B 30분 기다리다 화가 나서 그냥 ___________________.

(3) A 언제까지 서류 정리를 하면 될까요?
 B 내일까지 미루지 말고 오늘 안으로 ___________________.

(4) A 어제 사 놓은 음료수가 어디 있는지 알아요?
 B 아! 아까 제가 목이 말라서 ___________________.

5 〈보기〉와 같이 문장을 완성하십시오.

> 〈보기〉 A 뭘 도와 드릴까요?
>
> B 짐이 많아 문 열기가 힘든데 문 좀 __열어 주시겠어요__ ?

(1) A 사장님께 무슨 말씀을 전해 드릴까요?
   B 사장님께 이 메모를 __________________?

(2) A 문화 체험 때 찍은 사진을 __________________?
   B 네, 내일 보내 드릴게요.

(3) A 추운데 에어컨 좀 __________________?
   B 네, 꺼 드릴게요.

(4) A 지갑을 놓고 왔는데 __________________?
   B 네, 빌려 드릴게요.

(5) A 사진을 좀 __________________?
   B 이 버튼을 누르면 되지요?

6 〈보기〉와 같이 문장을 완성하십시오.

> 〈보기〉 A 어떻게 오셨어요?
>
> B 이 옷의 허리 좀 줄여 주세요. 허리가 __크거든요__ .

(1) A 오늘 기분이 좋아 보이네요.
   B 네, 오늘 여자 친구를 __________________.

(2) A 근무 시간인데 어디 나가세요?
   B 외근을 __________________.

(3) A 왜 이렇게 기분이 안 좋으세요?
   B 제가 실수로 서류를 __________________.

(4) A 오늘 왜 이렇게 일찍 나오셨어요?
   B 일이 많이 __________________.

7　다음을 읽고 물음에 답하십시오.

"이것 좀 해 주세요.", "좀 도와주세요." 여러분은 이런 부탁을 받으면 어떻게 합니까? 하고 싶지 않은데 거절하지 못해서 도와 준 적이 있습니까? 보통 사람들은 다른 사람들에게 착한 사람이 되고 싶어 합니다. 다른 사람들이 나를 어떻게 생각할까를 걱정해서 거절하기를 무서워합니다. 하지만 거절한다고 해서 착하지 않은 것은 아닙니다. 내가 행복하기 위해서 '거절'은 꼭 필요합니다. 거절하지 못했을 때 일어날 수 있는 심각한 결과에 대해 생각해 본 적이 있습니까? 그리고 상대방이 기분 나쁘지 않도록 거절할 수 있는 방법은 많습니다. 이 책에서는 사람들이 거절하지 못하는 이유와 거절의 의미, 관계를 나빠지게 하지 않으면서 효과적으로 거절하는 방법에 대해 설명하고 있습니다. 다른 사람들의 부탁을 들어주느라 자기 자신의 삶에는 충실하지 못했던 사람들을 위한 다양한 거절의 기술이 이 책에 있습니다. 이 책을 읽은 후에 여러분은 부탁을 들어줄지 거절할지 결정하기 전에 스스로에게 그 부탁을 들어주고 싶은지를 먼저 질문을 하게 될 것입니다. 거절하고 싶습니까? 당신이 정말로 원하는 일이 무엇인지 알고 싶습니까? 그렇다면 이 책이 당신에게 길을 알려 줄 것입니다.

(1) 이 글은 책 광고입니다. 책 제목으로 알맞은 것을 고르십시오.

　　ⓐ 부탁의 방법　　　　ⓑ 부탁의 이유　　　ⓒ 거절의 기술　　　ⓓ 질문의 대답

(2) 들은 내용과 같으면 ○, 틀리면 × 하십시오.

- 거절하는 사람은 착한 사람입니다.　　　　　　　　　　　(　　)
- 거절하면 항상 상대방이 기분이 나쁩니다.　　　　　　　(　　)
- 거절을 하면 상대방이 행복해질 수 있습니다.　　　　　(　　)
- 이 책을 읽으면 거절의 의미를 알 수 있습니다　　　　　(　　)

(3) 보통 사람들은 왜 거절하기를 무서워합니까?

____

____

____

8　다음을 듣고 질문에 답하십시오.

(1) 들은 내용과 <u>다른</u> 것을 고르십시오.

ⓐ 여자는 혼자 사진을 찍었습니다.

ⓑ 사진을 찍을 때, '김치'라고 말합니다.

ⓒ 아저씨는 사진을 찍어 달라는 부탁을 들어주었습니다.

ⓓ 아저씨에게 사진을 찍어 달라고 부탁을 한 사람은 여자입니다.

(2) 부탁할 때, 어떻게 말했는지 쓰십시오.

____

9　다음을 듣고 질문에 답하십시오.

(1) 마이클 씨가 사장님께 부탁한 일이 무엇인지 고르십시오.

ⓐ 발표 준비를 도와 달라고 했습니다.

ⓑ 다른 학생의 일자리를 부탁했습니다.

ⓒ 아르바이트를 하루 쉬겠다고 했습니다.

ⓓ 단체 손님 예약을 받아 달라고 했습니다.

(2) 다음 중 사장님이 이어서 할 일을 고르십시오.

ⓐ 발표 준비를 할 겁니다.

ⓑ 단체 손님 예약을 취소할 겁니다.

ⓒ 다른 아르바이트생을 구할 겁니다.

ⓓ 예전에 아르바이트생에게 연락을 할 겁니다.

(3) 오늘은 무슨 요일인지 쓰십시오.

____

10 〈보기〉와 같이 알맞은 것을 골라서 연결하십시오.

〈보기〉 외근 •		• ⓐ 직장으로 근무하러 나가는 것
(1) 출근 •		• ⓑ 직장에서 근무를 끝내고 돌아가는 것
(2) 결근 •		• ⓒ 직장 밖에 나가서 근무하는 것
(3) 야근 •		• ⓓ 근무해야 할 날에 빠지는 것
(4) 퇴근 •		• ⓔ 퇴근 시간이 지나 밤늦게까지 근무하는 것

직장 생활 잘하는 법 胜任职场生活方法

对于一个在职场工作的人来说，待人接物时彬彬有礼的态度虽然很重要，但是在职场生活中最重要应该还是做好本职工作吧？

下面就了解一下要想成为公司能干职工的职场生活忠告吧！

1. 要成为受人尊敬的前辈、受到关爱的后辈才能提高业务效率。

2. 要安排好业务顺序。

3. 要掌握好业务的流程。

4. 要随时整顿好业务环境

5. 要用热衷、专注的态度工作。

第12课 안색이 안 좋아 보여요.

1 〈보기〉와 같이 다음에서 알맞은 것을 골라 문장을 완성하십시오.

| 무섭다 | 흐뭇하다 | 짜증나다 | 답답하다 | 불안하다 |

〈보기〉 날씨가 더운데 에어컨이 고장 난 사무실에서 일하니까 (짜증나요).

(1) 공포 영화를 보고 나니 집에서도 계속 생각이 나서 (　　　　　).

(2) 동생에게 운전을 가르쳤는데 동생이 운전 면허증을 따서 아주 (　　　　　).

(3) 중국 친구와 이야기를 하는데 제가 중국어를 잘 못해서 (　　　　　).

(4) 내일이 시험인데 공부를 하나도 안 해서 (　　　　　).

2 〈보기〉와 같이 다음에서 알맞은 것을 골라 문장을 완성하십시오.

| 긍정적 | 갈등 | 원만하다 | 극복하다 | 풀다 |

〈보기〉 충간 소음으로 이웃 간에 (갈등)이 생기는 경우가 많습니다.

(1) 민준 씨는 뭐든지 좋게 생각하는 (　　　　　)인 사람이에요.

(2) 룸메이트와 오해로 갈등이 생겼는데 서로 나쁜 감정을 (　　　　　)기로 했습니다.

(3) 저는 소심한 성격을 (　　　　　)기 위해 날마다 발표를 하려고 노력합니다.

(4) (　　　　　) 인간관계를 유지하려면 감정을 잘 조절해야 합니다.

3 〈보기〉와 같이 대화를 완성하십시오.

> 〈보기〉 A 어디 아파요? 안색이 <u>안 좋아 보여요</u>.
> B 네, 감기에 걸린 것 같아요.

(1) A 다이어트 하시나 봐요. ____________________.
    B 네, 요즘 밥을 적게 먹고 있어요.

(2) A 이 치즈 케이크를 먹을까요? ____________________.
    B 네, 그걸로 먹읍시다.

(3) A 얼굴이 ____________________.
    B 네, 어제 밖이 시끄러워서 잠을 못 잤거든요.

(4) A 좋은 일 있어요? ____________________.
    B 네, 승진했거든요.

4 〈보기〉와 같이 대화를 완성하십시오.

> 〈보기〉 A 일요일인데 왜 도서관에 가요?
> B 도서관에서 친구를 <u>만나려고</u> 가요.

(1) A 왜 이렇게 일찍 자요?
    B 내일 아침에 ____________________ 일찍 자요.

(2) A 시내에는 무슨 일로 나가세요?
    B 쇼핑도 하고 영화도 ____________________ 가요.

(3) A 어디에 가세요?
    B 서점에 ____________________ 가요.

(4) A 은행에는 무슨 일이세요?
    B 통장을 ____________________ 왔어요.

5 〈보기〉와 같이 대화를 완성하십시오.

(1) A 한국에서 누가 잘해 주시나요?
    B 하숙집 아주머니가 _______________________ 잘해 주세요.

(2) A 누구랑 제일 친해요?
    B 방 친구요. 그 친구는 _______________________ 착해요.

(3) A 어떤 여자를 좋아하세요?
    B 저는 피부가 _______________________ 하얀 여자를 좋아해요.

(4) A 과장님은 항상 야근을 하시네요.
    B 맞아요. 주말에도 _______________________ 일만 하세요.

6 〈보기〉와 같이 대화를 완성하십시오.

(1) A 오늘 그렇게 _________________ 입고 어딜 가세요?
    B 네, 친구 생일 파티가 있어서요.

(2) A 방이 너무 더러운데 대청소 좀 할까요?
    B 네, _________________ 청소합시다.

(3) A 노란색이 예쁜데 이걸로 입으세요.
    B 아니에요. _________________ 보일 것 같아요.

(4) A 질문이 있나요?
    B 이 문법이 어려우니까 _________________ 설명해 주세요.

7　다음을 읽고 질문에 답하십시오.

직장에서는 서로의 역할을 잘 해내야 업무 효율이 높아지는데요. 내가 선배라고 해서 후배가 먼저 잘해 주기를 바라면 안 됩니다. 후배에게 먼저 다가가야 합니다. 후배들과 관계를 잘 유지해야 회사 생활이 즐거워지고 일의 능률도 오르는 법! 지금부터 그 방법을 알려 드리겠습니다.

먼저 팀원들에게 관심을 가져 주세요. 윗사람이 아랫사람의 고민을 자기 일처럼 생각하고, 사소한 것까지 조언해 주는 선배가 되면 팀원들은 감동할 것입니다. 또, 할 수 있다는 말과 함께 후배를 믿는 모습을 보여 주세요. 일을 맡기고 잘하고 있는지 5분마다 확인하는 대신 후배에게 할 수 있다는 말과 함께 자신감을 갖도록 해 준다면 좋은 성과를 보여 줄 것입니다. 그리고 격려와 칭찬을 할 때는 진심을 담아서 해야 합니다. 후배가 업무 때문에 실망하거나 힘들어 할 때 "수고했어요.", "힘내세요."라는 말을 진심으로 하면 후배는 용기와 자신감을 얻고 더 열심히 일할 것입니다. 마지막으로 나와 의견이 달라도 후배의 의견을 무시하거나 내 마음대로 바꾸면 안 됩니다. 후배의 생각이 나와 다른 점은 무엇인지, 함께 더 나은 방법을 찾으면 어떨지 고민해야 합니다.

서로 믿고 존중하는 직장 동료가 되기 위해서는 같이 노력해야 합니다. 존경받는 선배가 되고 싶습니까? 그러기 위해서는 먼저 나 자신부터 바뀌어야 합니다.

(1) 내용과 알맞은 제목을 고르십시오.

ⓐ 업무를 잘하는 방법

ⓑ 선배와 후배의 다른 점

ⓒ 존경받는 선배가 되는 법

ⓓ 사랑받는 후배가 되는 법

(2) 내용과 같은 것을 고르십시오.

ⓐ 후배의 고민도 내 일처럼 들어 줍니다.

ⓑ 후배가 먼저 노력하면 선배도 바뀔 수 있습니다.

ⓒ 진심이 아니지만 후배에게 수고했다고 말합니다.

ⓓ 선배와 후배의 의견이 다르면 후배의 의견을 듣습니다.

(3) 이 글은 어떤 사람이 읽으면 좋겠습니까?

____

8　다음을 듣고 질문에 답하십시오.

(1) 남자에 대한 설명으로 맞는 것을 고르십시오.

ⓐ 남자는 지금의 아내를 만난 것이 후회가 됩니다.

ⓑ 장인, 장모가 반대를 해서 남자는 기분이 나빴습니다.

ⓒ 남자는 집안이 가난해서 대학교에 다니지 못했습니다.

ⓓ 남자는 하고 싶은 일을 하기 위해 공장에 취직했습니다.

(2) 남자가 행동이 변화한 이유는 무엇입니까?

____

(3) 아내와 남편의 관계를 고르십시오.

ⓐ 감정을 숨기는 사이

ⓑ 서로를 배려하는 사이

ⓒ 감정을 부정적으로 푸는 사이

ⓓ 상대방의 입장을 생각하지 않는 사이

9　다음을 듣고 질문에 답하십시오.

(1) 여자는 왜 남자가 우울하다고 생각하는지 고르십시오.

ⓐ 봄이 와서

ⓑ 일이 있어서

ⓒ 가을을 타서

ⓓ 남자가 싫어하는 계절이어서

(2) 여자의 의견에 대한 남자의 생각을 고르십시오.

ⓐ 부분적으로 인정합니다.

ⓑ 아주 심각하게 생각합니다.

ⓒ 강하게 부정하고 있습니다.

ⓓ 웃기지만 맞는 이야기는 아닙니다.

(3) 여러분 나라에도 '계절을 타다'라는 말이 있습니까? 그 말을 쓰고 의미를 설명해 보십시오.

____

____

____

10 알맞은 것을 골라서 연결하십시오.

(1) 마음에 흡족하여 매우 만족스럽다. •   • ⓐ 억울하다

(2) 몸이나 마음이 편하지 않고 고통스럽다. •   • ⓑ 괴롭다

(3) 아무 잘못 없이 꾸중을 듣거나 벌을 받게 되어서 화가 나고 답답하다. •   • ⓒ 속상하다

(4) 화가 나거나 걱정이 되어서 마음이 불편하고 우울하다. •   • ⓓ 흐뭇하다

감정 노동 情绪劳动

　　有这样一种劳动，作为工作的一部分，首先必须抑制和控制自己的感情，还要像做戏一样费尽口舌、使用各种肢体语言来抒发情感，这就是所谓的情绪劳动。这是随着产业高度化的形成，服务业从业人口增加，出现的一种新型劳动形态。

　　众所周知服务业从业人员付出的情绪劳动是最多的，然而情绪劳动作为一种工作形态存在于各行各业，大部分在职人员都饱受痛苦。

　　据韩国职业能力开发院对203个职业中从业的5667名劳动者为对象进行的问卷调查表明：飞机乘务员付出的情绪劳动最多。劳动强度在5分满分的情况下，飞机乘务员为4.7分占据榜首；仅居其后的分别是：广告宣传员(4.6分)、手机推销员(4.5分)、广播员、通讯员(4.46分)、餐厅服务员(4.44分)、呼叫中心商谈员(4.38分)、美容师(4.35分)、电话推销员(4.35分)、银行窗口职员(4.34分)。

주문 시간이 10분밖에 안 남았습니다.

1 그림을 보고 다음에서 알맞은 것을 골라 쓰십시오.

영수증	TV 홈쇼핑	쇼핑 호스트	상표

(1) 

(2) 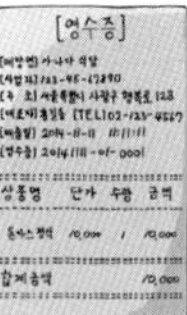

(3) 

(4) 

________________ ________________ ________________ ________________

2 〈보기〉와 같이 다음에서 알맞은 것을 골라 문장을 완성하십시오.

배송료	할부	치수	소재	반품하다

〈보기〉 신발을 샀는데 (치수)이/가 맞지 않아 발이 아프다.

(1) 이 티셔츠는 (　　　　　)이/가 면이라서 부드럽습니다.

(2) 나는 노트북을 사고 싶은데 비싸서 (　　　　　)로 사려고 해요.

(3) 원피스를 인터넷에서 샀는데 색깔이 마음에 들지 않아서 (　　　　　)고 싶어요.

(4) 이 책은 인터넷에서 사면 (　　　　　)이/가 무료이고 무겁게 들고 오지 않아도 되니까 좋아요.

3 〈보기〉와 같이 대화를 완성하십시오.

〈보기〉 

A 정장이 몇 벌 있어요?
B __한 벌밖에__ 없어요.

(1) 

A 아침을 드세요?
B ________________ 안 마셔요.

(2) 

A 하루에 몇 시간 잠을 자요?
B ________________ 안 자요.

(3) 

A 고기도 좋아하세요?
B 아니요, ________________ 안 먹어요.

(4) 

A 한국에 온 지 얼마나 되셨어요?
B ________________ 안 되었어요.

4 〈보기〉와 같이 대화를 완성하십시오.

〈보기〉 책상 옮기기   A 마이클 씨, 같이 교실을 청소할까요?
메이 ⇄ 마이클   B 그래요, 제가 __책상을 옮기는 대신에__ 메이 씨는 창문 좀
창문 닦기   닦아 주세요.

(1) 메이 한국어 (○)   A 메이 씨는 한국어를 정말 잘하는군요.
영어 (✕)   B 뭘요. 저는 ________________________ 영어는 잘 못해요.

설거지   A 마리아 씨, 제가 설거지 좀 도와줄까요?
(2) 메이 ⇄ 마리아 B 그럼, 제가 ________________________ 메이 씨가 냉장고
용돈   좀 정리해 주세요.

(3) 리에 춤 (✕)   A 리에 씨는 노래를 잘하시니 부러워요.
노래 (○)   B 저는 ________________________ 춤은 잘 못 춰요.

(4) 민철   공부 (×)   A 민철 씨는 운동을 참 잘하시네요.
      운동 (○)   B 뭘요. ________________________ 공부는 잘 못해요.

5 〈보기〉와 같이 대화를 완성하십시오.

> 〈보기〉 A 여름에는 피부가 많이 타니까 좀 싫어요.
>   B 전 _까만_ 피부가 건강해 보여서 좋은데요. (까맣다)

(1) A 어떤 날씨를 좋아하세요?
    B 저는 하늘이 __________고 맑은 날씨를 좋아해요. (파랗다)

(2) A 가을에는 단풍이 들어서 산이 참 아름다워요.
    B 맞아요. 나뭇잎 색깔이 __________. (빨갛다)

(3) A 녹색은 파란색과 무슨 색을 섞어서 만들어요?
    B 파란색과 __________색을 섞으면 녹색이 돼요. (노랗다)

(4) A 겨울에 한국은 눈이 많이 내리지요?
    B 네, 눈이 많이 내려서 __________ 세상이 돼요. (하얗다)

6 〈보기〉와 같이 대화를 완성하십시오.

> 〈보기〉 냉면 (×)   A 저는 냉면을 먹고 싶어요.
>   삼계탕 (○)   B 찬 음식을 많이 먹으면 배가 아프니까 냉면을 _먹지 말고_
>   삼계탕을 드세요.

(1) 버스 (×)   A 버스를 타고 갈까요?
    지하철 (○)   B 차가 밀리니까 ________________________.

(2) 클럽 (×)   A 클럽에 갈까요?
    노래방 (○)   B 아니요, 클럽은 비싸니까 ________________________.

(3) 주말 (×)   A 주말에 영화 보러 갈까요?
    금요일 (○)   B 주말에는 복잡하니까 ________________________.

(4) 기다리다 (×)   A 민준 씨 왜 아직 안 오세요?
    먼저 출발하다 (○)   B 제가 좀 늦을 테니까 ________________________.

7   다음을 읽고 질문에 답하십시오.

> 반값 사이트를 아십니까?
>
> 오늘은 여러분들께 반값 사이트를 소개하고자 합니다. 반값이어서 놀라셨나요?
>
> 누구나 한 번쯤 홈쇼핑이나 인터넷 쇼핑을 통해 물건을 구입해 보신 경험이 있으시지요? 구입하신 물건이 모두 마음에 드셨나요? 우리는 홈쇼핑이나 인터넷 쇼핑에서 쉽게 물건을 구입하기도 하지만 쉽게 반품을 하기도 합니다. 그렇게 소비자들에게 선택받지 못한 물건들이 모여 있는 사이트가 바로 반값 사이트입니다.
>
> 이 반값 사이트의 물건들은 반품된 물건이나 전시된 상품을 팔기도 하고, 잠깐 사용했다가 반품된 상품을 팔기도 합니다. 반품된 물건이라서 걱정이 되시나요? 마음에 드는 물건을 클릭하시면 반품된 이유까지 알 수 있기 때문에 안심하셔도 됩니다.
>
> 또한, 소비자가 직접 물건을 팔 수 있는 중고 시장도 함께 운영되고 있습니다. 구입하셨다가 사용하지 않는 물건이 있으신가요? 그렇다면 인터넷 검색창에서 반값 사이트를 검색해 보세요.
>
> 언제, 어디서나 편리하게 제품을 받아 보실 수 있으며 7일 이내에 반품과 교환, 환불이 가능합니다. 걱정하지 말고 클릭해 보세요!

(1) 위와 같은 글의 종류는 무엇인지 고르십시오.

    ⓐ 일기   ⓑ 수필   ⓒ 광고   ⓓ 감상문

(2) 반값 사이트에서 살 수 <u>없는</u> 물건을 고르십시오.

    ⓐ 사이즈가 맞지 않아 반품된 구두

    ⓑ 아이가 가지고 놀다가 부서진 장난감

    ⓒ 어울리지 않아서 옷장 속에만 있던 옷

    ⓓ 집들이 선물로 들어왔지만 사용하지 않은 청소기

8　다음을 읽고 질문에 답하십시오.

> 　여러분은 '공동 구매'라는 말을 들어 본 적이 있습니까? 공동 구매란 소비자가 둘 이상 모여 필요한 물건을 함께 구매하는 것을 말합니다. 특히 오프라인보다는 구매자가 모이기 쉬운 인터넷 전자 상거래에서 공동 구매가 활발하게 이루어지고 있습니다. 소비자는 물건을 한꺼번에 많이 구입함으로써 개인이 따로 구입하는 것보다 가격이 낮아지는 효과를 얻을 수 있습니다. 공동 구매가 처음 생겼을 때는 생활용품이나 문구 등 쇼핑과 배달이 비교적 간단한 물건들이 공동 구매 대상이었는데 이제는 생활용품뿐만 아니라 외식 상품권, 호텔 숙박권, 비행기 티켓, 미용실 이용권 등 공동 구매의 대상이 아주 넓어졌습니다. 공동 구매는 전통적 상거래나 다른 전자 상거래에 비해 훨씬 소비자가 중심이 되어 이루어집니다. 그래서 더 많은 소비자가 공동 구매에 흥미를 느끼는데 인터넷에서 공동 구매가 확산되면서 기존의 판매 방식에 변화를 가져오고 있습니다.

(1) '공동 구매'란 무엇을 말하는지 쓰십시오.

____

(2) 내용과 <u>다른</u> 것을 고르십시오.

　ⓐ 소비자가 물건을 많이 사면 가격이 낮아집니다.

　ⓑ 공동 구매는 오프라인보다 인터넷에서 더 인기가 많습니다.

　ⓒ 요즘 인터넷에서 공동 구매가 활발하게 이루어지고 있습니다.

　ⓓ 공동 구매가 처음 생겼을 때 외식 상품권을 공동 구매로 살 수 있었습니다.

9　다음을 듣고 질문에 답하십시오.

(1) 들은 내용과 같은 것을 고르십시오.

　ⓐ 남자는 카메라를 사려고 합니다.

　ⓑ 방송이 끝난 후에는 제품을 살 수 없습니다.

　ⓒ 방송 중에 이 제품을 사면 선물을 받을 수 있습니다.

　ⓓ 이 제품은 2년 동안 A/S가 되지만 돈을 내야 합니다.

(2) 오늘 주문하면 언제 물건을 받을 수 있는지 고르십시오.

    ⓐ 일주일 후

    ⓑ 이주일 후

    ⓒ 주문하면 곧 받을 수 있습니다.

    ⓓ 방송이 끝나고 기다리면 받을 수 있습니다.

(3) 여자가 남자에게 질문할 내용이 <u>아닌</u> 것을 고르십시오.

    ⓐ 이름

    ⓑ 주소

    ⓒ 결제 방법

    ⓓ 노트북 가격

10　다음을 듣고 질문에 답하십시오.

(1) 들은 내용과 빈칸에 들어갈 알맞은 단어끼리 연결된 것을 고르십시오.

> 여자는 (ㄱ   )에서 옷을 샀는데 (ㄴ   ) 교환하려고 합니다. 새로운 옷은
> (ㄷ   ) 후에 받을 수 있습니다.

ㄱ	ㄴ	ㄷ
ⓐ 인터넷	커서	1~2일
ⓑ 인터넷	작아서	2~3일
ⓒ 홈쇼핑	커서	1~2일
ⓓ 홈쇼핑	작아서	2~3일

(2) 다음 빈칸에 알맞은 단어를 쓰십시오.

교환해야 하는 옷은 택배 회사 직원에게 주면 됩니다. 택배 회사 직원을 못 만났을 때에는 하나홈쇼핑 회사로 (   )로/으로 보내면 됩니다.

11 다음에서 알맞은 것을 골라 대화를 완성하십시오.

> 택배　　　택배비　　　사이즈가 크다　　　교환권

점원　어서 오세요. 뭘 도와 드릴까요?
손님　제가 치마를 선물받았는데 (　ⓐ　)어/아서 교환하고 싶어서요.
점원　아, 그러시군요. 선물받으신 제품의 (　ⓑ　)이 있어야 교환해 드릴 수 있습니다.
손님　여기 있습니다.
점원　네, 같은 제품으로 교환하시겠어요? 아니면 다른 디자인을 보시겠어요?
손님　저는 이 디자인이 마음에 들어요. 사이즈만 한 치수 작은 것으로 바꿔 주세요.
점원　네, 손님. 잠시만 기다려 주세요.

점원　손님, 어떡하지요? 그 제품은 지금 매장에 없네요. 원하시면 (　ⓒ　)로 보내 드릴게요.
손님　네, 그렇게 해 주세요. (　ⓓ　)은/는 따로 내야 하나요?
점원　아니요, 무료입니다. 여기에 주소하고 전화번호를 써 주세요.

ⓐ: (　　　　　)　　　ⓑ: (　　　　　)　　　ⓒ: (　　　　　)　　　ⓓ: (　　　　　)

> ### 소셜커머스 团购

　　소셜커머스是利用像脸书、维特等社交网络进行的一种电子买卖方式，是当购买人数达到一定数额以上时，就会以破格的优惠价进行商品销售的方式。也被称为소셜쇼핑。这是因为希望购买商品的人为了确保折扣价，主要通过社交网络召集共同购买者，故得此名。

　　在소셜커머스企业平台上登录的商品一般销售二十四个小时，折扣率高达50%-90%，但条件是必须达到一定的购买人数。例如，一百名以上共同购买时的价格可以是原价的50%。能够提供这么高的折扣是因为商家期待的是薄利多销和广告效应。在韩国最具代表性的소셜커머스企业平台有：티켓몬스터、쿠팡和위메프等。

第14课 책상은 저쪽으로 옮겨 주세요.

1 그림을 보고 다음에서 알맞은 것을 골라 쓰십시오.

원룸　　　부동산 중개소　　　계약서　　　주택가

(1)   (2)   (3)   (4)

_______________   _______________   _______________   _______________

2 〈보기〉와 같이 다음에서 알맞은 것을 골라 쓰십시오.

남향　　　풀다　　　월세　　　집들이　　　주변 환경

〈보기〉 마이클 씨는 한국에서 살 집을 매달 돈을 내는 (월세)로 구했습니다.

(1) 마이클 씨는 새 집에 도착하자마자 짐을 (　　　　　　　).

(2) 햇빛이 아주 잘 들어오는 (　　　　　　)이라서 마음에 들었어요.

(3) 게다가 (　　　　　　)은 병원, 약국, 편의점, 식당 등 편의 시설이 많아서 좋았습니다.

(4) 다음 주쯤에 짐을 정리하면 친구들을 불러 (　　　　　　)를 해야겠다고 생각했어요.

3 〈보기〉와 같이 대화를 완성하십시오.

〈보기〉
A 메이 씨, 뭐 하세요?
B 강아지가 아파서 강아지에게 약을 __먹이고__ 있어요.

(1)
A 배가 고픈데 뭘 먹으면 좋을까요?
B 간단하게 라면을 _______________아/어/여 먹읍시다.

(2)
A 무엇을 도와 드릴까요?
B 짐이 많아서 짐 좀 _______________고 싶은데요.

(3)
A 여보, 내일은 일찍 출근하지요?
B 네, 6시에 좀 _______________아/어/여 줘요.

(4)
A 주차장이 어디에 있어요?
B 여기는 주차장이 따로 없으니까 저쪽에 차를
_______________(으)세요.

4 〈보기〉와 같이 대화를 완성하십시오.

〈보기〉 A 아침 8시인데 차가 많이 막히는군요.
B 출근 시간에는 차가 이렇게 __막히는 줄 몰랐어요__. (막히다)

(1) A 어제 그 뮤지컬 재미있었어요?
B 뮤지컬이 그렇게 _______________. (재미있다)

(2) A 메이 씨, 이사 잘했어요?
B 네, 그런데 이사하는 게 _______________. (힘들다)

(3) A 한국어 실력이 많이 늘었지요?
B 조금요. 그런데 한국어가 이렇게 _______________. (어렵다)

(4) A 지난주 메이 씨 집들이 어땠어요?
B 메이 씨가 음식을 직접 만들었다는데 메이 씨가 그렇게 _______________.
(요리를 잘하다)

5 〈보기〉와 같이 대화를 완성하십시오.

〈보기〉 A 요즘 왜 연락이 없었어요?
　　　　B 미안해요. __시험공부를 하느라고__ 바빴어요. (시험공부를 하다)

(1) A 좀 피곤해 보이는데 잠을 못 잤어요?
　　 B 네, 밤새도록 ＿＿＿＿＿＿＿＿＿＿＿＿ 못 잤어요. (영화를 보다)

(2) A 왜 하루 종일 식사를 안 했어요?
　　 B 내일이 이삿날이어서 ＿＿＿＿＿＿＿＿＿＿＿＿ 못 먹었어요. (이삿짐을 싸다)

(3) A 왜 전화를 안 받았어요?
　　 B 미안해요. ＿＿＿＿＿＿＿＿＿＿＿＿ 전화벨 소리를 못 들었어요. (음악을 듣다)

(4) A 어제 왜 모임에 안 나왔어요?
　　 B 부모님이 오셔서 ＿＿＿＿＿＿＿＿＿＿＿＿ 모임에 못 갔어요. (같이 시간을 보내다)

6 〈보기〉와 같이 대화를 완성하십시오.

〈보기〉　A 메이 씨가 뭐라고 해요?
　　　　B __지금 어디에 있냐고__ 물었어요.

(1)

　A 메이 씨가 다른 말은 하지 않았어요?
　B ＿＿＿＿＿＿＿＿＿＿＿＿ 물었어요.

(2)

　A 메이 씨가 또 다른 말은 하지 않았어요?
　B ＿＿＿＿＿＿＿＿＿＿＿＿ 물었어요.

(3)

　A 그리고 다른 말은 없었어요?
　B ＿＿＿＿＿＿＿＿＿＿＿＿ 물었어요.

(4)

　A 그리고 또 다른 말은 하지 않았어요?
　B ＿＿＿＿＿＿＿＿＿＿＿＿ 물었어요.

7 다음을 읽고 질문에 답하십시오.

집을 구할 때에 꼭 확인하세요!!

◆ 시세보다 방이 싸다고요?

전세나 월세를 구할 때 방값이 너무 싸다면 일단 계약하지 말고 꼼꼼히 살펴보세요. 시세보다 싼 방은 문제가 있는 방이 많습니다.

ⓐ 집주인이나 부동산 중개소에서 하는 이야기보다는 그 집에 살고 있는 사람에게 직접 물어보는 것이 좋습니다.

◆ 계약 기간을 얼마나 해야 할지 고민이시지요?

전세는 보통 2년 계약을 하지만, 월세는 1년으로 하는 것이 좋습니다. 갑작스러운 일이 생길 수도 있고, 집에 문제가 있을 수도 있으니 너무 길게 계약하지 마세요.

◆ 계약서에 무엇을 넣어야 할까요?

ⓑ ____

(1) ⓐ의 이유가 무엇일까요?

____

____

(2) ⓑ에 알맞은 말을 쓰십시오.

____

____

8　다음을 듣고 질문에 답하십시오.

(1) 새로 이사한 집의 문제가 <u>아닌</u> 것을 고르십시오.

    ⓐ 집주인 아주머니가 무섭습니다.

    ⓑ 음식점 손님 때문에 시끄럽습니다.

    ⓒ 집 근처에서 음식 냄새가 많이 납니다.

    ⓓ 밤에 술에 취한 사람이 많이 있습니다.

(2) 위의 내용과 같으면 ○, 틀리면 × 하십시오.

  • 여자는 지난 토요일에 이사했습니다.　　　　　　　　　　（　　　）

  • 남자는 여자의 이사를 도와줬습니다.　　　　　　　　　　（　　　）

  • 여자는 집을 구할 때 가 보지 않고 계약했습니다.　　　　（　　　）

  • 여자의 집은 햇빛이 잘 드는 밝은 집입니다.　　　　　　　（　　　）

9　다음을 듣고 질문에 답하십시오.

(1) 두 사람은 무엇에 대해 이야기를 나누고 있는지 고르십시오.

    ⓐ 귀국

    ⓑ 취직

    ⓒ 하숙비

    ⓓ 하숙생

(2) 하숙비를 돌려주지 않는 이유로 적당하지 <u>않은</u> 것을 고르십시오.

    ⓐ 미리 말하지 않아서

    ⓑ 하숙생을 구하지 못해서

    ⓒ 아직 방을 비워 주지 않아서

    ⓓ 고향에서 취직이 되었기 때문에

10 다음에서 알맞은 것을 골라 대화를 완성하십시오.

| 남향 | 난방비 | 관리비 |

마이클   아주머니, 이번 달 (ⓐ)이/가 좀 많이 나온 것 같은데요? 지난달보다 전기하고 물도 많이 안 썼는데요.

아주머니   아, 그건 이번 달에 (ⓑ)이/가 많이 나와서 그래요. 날씨가 추워져서 보일러를 많이 틀면 그렇게 돼요.

마이클   그렇군요.

아주머니   그래도 그 방은 (ⓒ)이어서 적게 나오는 편이에요. 북향이나 서향인 방은 겨울에 햇볕이 잘 안 드니까 더 많이 나와요.

ⓐ: (   )   ⓑ: (   )   ⓒ: (   )

셰어하우스　合租房

　　셰어하우스指的是：若干人同住一所房子，除了寝室是自己的独享空间外，客厅、洗手间、浴室等全部公用的居住方式。虽然是过去不曾有过的居住文化，但伴随着房地产、经济萧条长期化，在韩国也就出现了合租房这样一种新型居住文化模式。

　　셰어하우스在国内一个接一个地增加是由于人口结构的变化已成定局。韩国社会随着家庭的快速解体，一、两个人的小家庭在大幅度增加。根据统计厅的实际调查：自2010年开始，一人家庭数量剧增。因此预计合租房的需求还将不断增加。

第15课 复习 10~14

[1~2] 〈보기〉와 같이 밑줄 친 부분과 의미가 반대되는 말을 고르십시오.

> 〈보기〉 A 이삿짐은 언제 __싸나요__ ?
> B 이사하지 않기로 해서 짐을 ________________ 있어요.
> ☑ 풀고　　　　ⓑ 싸고　　　　ⓒ 보내고　　　　ⓓ 포장하고

1 A 물건이 비싼데 __할부로__ 하시겠어요?
　　B 아니요, ________________ 계산하겠습니다.
　　ⓐ 무료로　　　　ⓑ 할부로　　　　ⓒ 일시불로　　　　ⓓ 좋은 걸로

2 A 백화점에서 일하니까 화가 나도 감정을 __숨겨야__ 하니까 힘들어요.
　　B 네, 힘드시겠어요. 손님에게 기분 나쁜 감정을 ________________ 수 없겠네요.
　　ⓐ 숨길　　　　ⓑ 남길　　　　ⓒ 배려할　　　　ⓓ 표현할

[3~4] 〈보기〉와 같이 밑줄 친 부분과 같은 말을 고르십시오.

> 〈보기〉 A 화장품은 어디서 __파나요__ ?
> B 네, 손님. 화장품은 2층에서 ________________.
> ⓐ 있습니다　　　ⓑ 주문합니다　　　☑ 판매합니다　　　ⓓ 구입합니다

3 A 곧 이사하시죠? 어디에 집을 __얻었어요__ ?
　　B 학교 근처로 집을 ________________.
　　ⓐ 구했어요　　　ⓑ 보았어요　　　ⓒ 옮겼어요　　　ⓓ 이사했어요

4 A 이 옷은 요즘 __인기가 좋은가요__ ?
　　B 네, TV에 유명한 가수가 입고 나와서 요즘 ________________ 있어요.
　　ⓐ 이상이　　　ⓑ 유행하고　　　ⓒ 잘 맞아　　　ⓓ 뒤떨어져

[5~6] 〈보기〉와 같이 밑줄 친 부분과 같은 말을 고르십시오.

〈보기〉 A 내일까지 서류를 이메일로 좀 보내 주시겠어요 ?
　　　 B 네, 내일까지 보내 드릴게요.

　　　 ⓐ 보낼게요　　　　ⓑ 드릴게요　　　　ⓒ 보내 줄게요　　　✔ 보내 주세요

5　A 어제 전화했는데 왜 전화를 안 받았어요?
　　 B 미안해요. 음악을 듣고 있어서 전화벨 소리를 못 들었어요.
　　 ⓐ 들으면　　　　　ⓑ 들으니까　　　　ⓒ 듣느라고　　　　ⓓ 들을 테니까

6　A 용돈이 얼마나 남았어요?
　　 B 천 원만 남았어요 .
　　 ⓐ 천 원만 없어요　　　　　　　　ⓑ 천 원만 안 남았어요
　　 ⓒ 천 원밖에 남았어요　　　　　　ⓓ 천 원밖에 안 남았어요

[7~8] 〈보기〉와 같이 빈칸에 알맞은 말을 고르십시오.

〈보기〉 A 왜 이렇게 늦었어요?
　　　 B 퇴근 시간에 이렇게 차가 ________________.
　　　 ✔ 막히는 줄 몰랐어요　　　　　ⓑ 막히는 줄 알았어요
　　　 ⓒ 고장 나는 줄 몰랐어요　　　　ⓓ 고장 나는 줄 알았어요

7　A 내일 아침 6시에 저 좀 깨워 주세요.
　　 B 제가 일찍 나가야 하니까 알람을 ________________.
　　 ⓐ 우세요　　　　　ⓑ 울리세요　　　　ⓒ 맞히세요　　　　ⓓ 맞추세요

8　A 오늘 기분이 좋아 보이네요.
　　 B 네, 토픽 시험에 ________________.
　　 ⓐ 붙었느라고요　　　ⓑ 합격했거든요　　　ⓒ 떨어졌거든요　　　ⓓ 합격했느라고요

[9~10] 다음을 읽고 질문에 답하십시오.

<보기> A 어디 아프세요? 안색이 (㉠).
B 기분이 안 좋아서 그래요.
A 무슨 일 있어요?
B 회사 후배가 회의에 쓰려고 민든 자료를 실수로 (㉡).

9 ㉠에 알맞은 말을 고르십시오.
ⓐ 좋아요　　　　　ⓑ 좋거든요　　　　　ⓒ 안 좋겠어요　　　　　ⓓ 안 좋아 보여요

10 ㉡에 알맞은 말을 고르십시오.
ⓐ 지워 주세요　　　　　ⓑ 지워 버렸어요　　　　　ⓒ 지워 줬어요　　　　　ⓓ 지워 봤어요

[11~12] 다음을 듣고 질문에 답하십시오.

<보기> A 네, 홈쇼핑입니다.
B 지금 판매 중인 구두를 사고 싶은데요.
A 네, 빨간색은 (㉠ 품절이다) 까만색 구두는 많이 남아 있습니다.
B 그래요? 그럼, 까만색 구두로 살게요.
A 감사합니다. 주소를 말씀해 주시고 전화를 (㉡) 잠시만 기다려 주십시오.

11 ㉠에 알맞은 말을 고르십시오.
ⓐ 품절인 대신에　　　ⓑ 품절이었다가　　　ⓒ 품절인 대로　　　ⓓ 품절일 테니까

12 ㉡에 알맞은 말을 고르십시오.
ⓐ 걸고　　　　　ⓑ 걸고 나서　　　　　ⓒ 끊지 말아서　　　　　ⓓ 끊지 말고

〔13~14〕 [보기]와 같이 대화를 완성하십시오.

> 메이 언제 이사하세요?
>
> 〈보기〉 A   메이 씨가 뭐라고 했어요?
> B   언제 이사하느냐고 물었어요.

13 친구   서울 날씨는 좋아요?

A   친구가 뭐라고 했어요?

B   ____ .

14 선생님 숙제를 다 했어요?

A   선생님께서 뭐라고 말씀하셨어요?

B   ____ .

〔15~16〕 다음을 듣고 질문에 답하십시오.

15 신입 사원의 성격이 <u>아닌</u> 것을 고르십시오.

ⓐ 꼼꼼하다   ⓑ 멋을 내다   ⓒ 불성실하다   ⓓ 사교적이다

16 다음 중 들은 내용과 <u>다른</u> 것을 고르십시오.

ⓐ 신입 사원의 이름은 민준입니다.   ⓑ 신입 사원은 인기가 많습니다.

ⓒ 남자는 신입 사원을 질투합니다.   ⓓ 남자는 신입 사원의 이름을 몰랐습니다.

〔17~18〕 다음을 듣고 질문에 답하십시오.

17 내용에 맞게 그림의 순서를 쓰십시오.

ⓐ    ⓑ    ⓒ    ⓓ 

______ → ______ → ______ → ______

18 다음 중 들은 내용과 같은 것을 고르십시오.

ⓐ 아들 청개구리는 엄마가 돌아가시고 반성을 했습니다.

ⓑ 엄마 청개구리와 아들 청개구리는 시냇가에 살았습니다.

ⓒ 아들 청개구리는 엄마 말을 잘 듣는 착한 아들이었습니다.

ⓓ 아들 청개구리는 엄마의 마지막 부탁을 들어주지 않아서 비가 오면 웁니다.

〔19~20〕 다음을 듣고 질문에 답하십시오.

19 남자는 어디에서 자주 쇼핑을 하는지 고르십시오.

ⓐ 인터넷　　　　　ⓑ 홈쇼핑　　　　　ⓒ 백화점　　　　　ⓓ 동대문시장

20 남자가 이어서 할 행동으로 알맞은 것을 고르십시오.

ⓐ 여자와 동대문시장에 갈 겁니다.

ⓑ 정장을 사러 백화점에 갈 겁니다.

ⓒ 누나의 옷을 홈쇼핑으로 주문할 겁니다.

ⓓ 동대문을 찾아가는 방법을 알려 줄 겁니다.

读

〔21~22〕 다음을 읽고 질문에 답하십시오.

저는 오늘 민준 씨에게 학교 근처에 괜찮은 원룸이 있으면 소개해 달라고 부탁을 했습니다. 민준 씨는 예전에 기숙사에 사는 것이 좋다고 하지 않았냐고 저에게 물었습니다. 방학 동안 기숙사에서 지낼 수 없는 사정을 이야기하니까 민준 씨는 원룸보다 하숙집에서 지내는 것이 좋겠다고 조언을 해 주었습니다. 오랜 기간 지내려면 원룸을 구하는 것이 좋겠지만 방학 동안만 사는 집이면 하숙집이 돈이 적게 든다고 이야기했습니다. 생각해 보니까 원룸을 구하면 가구도 사야 하고 이불, 식기 등 필요한 것이 너무 많아서 돈이 많이 들 것 같았습니다. 그래서 하숙집을 구하기로 결정했습니다. 한국에 온 후에 지금까지 기숙사에서만 살아서 한국 사람과 함께 지낼 기회가 없었는데 하숙집에 들어갈 생각을 하니까 벌써 이사 날이 기다려집니다.

21 밑줄 친 부분에 나타난 글쓴이의 기분으로 알맞은 것을 고르십시오.

    ⓐ 설레다   ⓑ 억울하다   ⓒ 속상하다   ⓓ 우울하다

22 위 글의 내용과 <u>다른</u> 것을 고르십시오.

    ⓐ 하숙집에서는 한국 사람과 지낼 수 있습니다.

    ⓑ 민준 씨는 하숙집을 구하라고 조언했습니다.

    ⓒ 저는 사정이 있어서 원룸을 구하려고 했습니다.

    ⓓ 저는 방학이 끝난 후에도 하숙집에서 살 겁니다.

[23~24] 다음을 읽고 질문에 답하십시오.

> 한국에는 아주 특별한 가게가 있습니다. 2002년 10월에 만들어진 이 가게는 사람들에게 기증받은 물건들을 파는 가게입니다. 물건들을 팔아서 생기는 돈은 어려운 사람들을 위해 씁니다.
>
> 가게에서 파는 물건들은 집에서 더 이상 사용하지 않는 것들을 기증받은 것인데 옷, 도서, CD, 가구, 전자 제품 등 다양합니다. 사용하는 데 아무 문제가 없고 중고 매장에서 사는 것보다 저렴한 가격으로 구입할 수 있습니다. 또한 구입한 물건을 다시 사용하기 어려울 때에는 교환이나 환불을 할 수도 있습니다. 그렇지만 물건을 구입한 지 일주일이 지나면 교환이나 환불을 할 수 없고 교환이나 환불을 할 때는 영수증도 가지고 있어야 합니다.
>
> 이 가게에는 직원도 있지만 가게를 도와주는 많은 자원 봉사자들이 있습니다. 자원 봉사자들을 '천사'라고 부르는데, 가게에서 물건을 팔고 정리하는 일을 하는 '활동 천사'와 물건을 기증하는 '기증 천사'가 있습니다.

23 이 가게에서 볼 수 <u>없는</u> 물건을 고르십시오.

    ⓐ 살이 쪄서 입을 수 없는 원피스   ⓑ 고장 난 휴대전화

    ⓒ 고등학생이 된 학생의 중학교 교복   ⓓ 아이가 더 이상 가지고 놀지 않는 인형

24 위 글의 내용과 같은 것을 고르십시오.

    ⓐ 물건이 다양하고 많지만 비쌉니다.

    ⓑ 이 가게는 새 물건을 파는 가게입니다.

    ⓒ 물건을 팔아서 생긴 돈으로 어려운 이웃을 돕습니다.

    ⓓ 이 가게에서 일하는 사람은 모두 돈을 받지 않습니다.

答案

第 **1** 课

单词

1 써세요, 볶으세요, 섞으세요

2 (1) ⓑ   (2) ⓒ   (3) ⓓ   (4) ⓐ

表达·语法

3 (1) 등산할 건가요?   (2) 돌아갈 건가요?
   (3) 가 볼 건가요?   (4) 염색할 건가요?

4 (1) 할 줄 몰라요   (2) 그릴 줄 알아요
   (3) 탈 줄 알아요   (4) 칠 줄 알아요

5 (1) 저장해 놓으세요   (2) 썰어 놓고
   (3) 켜 놓고

6 (1) 담가 놓아요   (2) 열어 놓고
   (3) 외워 놓으세요   (4) 꺼 놓았어요

7 (1) 인기가 많지요   (2) 해야 하지요
   (3) 배웠지요   (4) 무엇이지요

读和写

8 (1) 한국의 전통 상차림   (2) ×, ○, ×, ○
   (3)

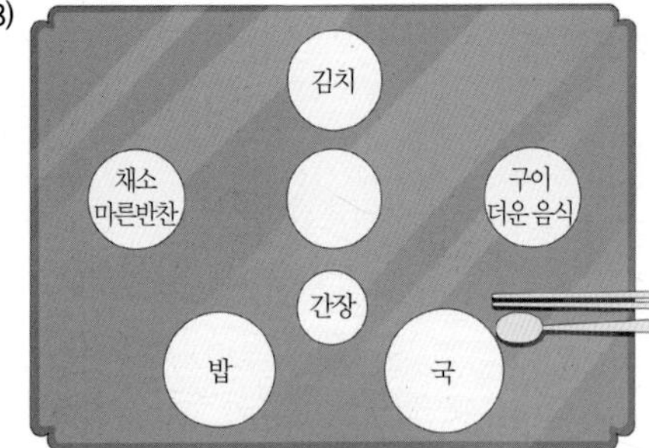

听力

9
여자   민준 씨, 혹시 약 있어요?
남자   아니요, 없는데요. 어디 안 좋으세요?
여자   네, 목감기에 걸린 것 같아요. 목이 많이 아파요.
남자   그럼 이 생강차를 드셔 보세요.
여자   생강차가 약인가요?
남자   약은 아니지만 목이 아플 때 생강, 대추, 배를 같
        이 끓여서 마시면 좀 좋아져요.
여자   아, 정말요? 약을 자주 먹지 않아도 되고 부작용
        걱정할 필요도 없고 좋네요.
남자   그럼 제가 몇 가지 민간요법을 더 알려 드릴까요?
여자   네, 병원이 무서워서 아파도 병원에 가지 않을
        때가 많거든요.
남자   음……. 체했을 때에는 매실차를 마시면 좋아져
        요. 그리고 비염에는 소금물로 코를 씻으면 좋다고
        해요. 하지만 모두 효과가 있는 건 아니에요. 그리
        고 많이 아프면 병원에 가는 것이 제일 좋아요.

---

9 (1) ⓒ   (2) ⓐ-③, ⓑ-①, ⓒ-②
   (3) ⓐ

10
    식욕이 오르기 쉬운 계절, 가을이 돌아왔습니다. 가
을은 입맛이 좋아서 살이 찌기 쉽지요? 하지만 날씨가
선선해서 운동하기에 아주 좋은 계절이기도 합니다. 운
동을 시작하고 싶어 하시는 분들을 위해 여러 가지 정
보를 알려 드리겠습니다. 먼저 아침 식사 전에 하는 운
동은 다이어트에 효과가 크기 때문에 다이어트를 위해
서 운동을 하시는 분들은 저녁보다 아침 식사 전에 운
동을 하는 것이 좋습니다. 그리고 운동 전에 바나나를
한 개 먹으면 운동할 때 근육에 도움을 줍니다. 운동할
때는 음료수나 주스보다 물을 자주 마셔야 합니다. 특
히 운동이 끝난 후에 생강차를 마시면 몸이 피곤해지는
것도 없어지고 감기도 예방할 수 있습니다. 여름철에는
생강차를 만들어서 냉장고에 넣어 놓고 시원하게 마시
면 좋습니다.

10 (1) ⓒ   (2) ⓓ

词汇应用

11 (1) 간식   (2) 채식주의자
    (3) 과식   (4) 후식

第 **2** 课

单词

1 (1) 코트   (2) 반바지   (3) 티셔츠   (4) 남방

2 (1) 할부   (2) 영수증   (3) 사이즈   (4) 할인

表达·语法

3 (1) 영화가 더 재미있어요
   (2) 형이 동생에 비해서 더 커요
   (3) 연세에 비해서 젊어 보이세요
   (4) 지난주에 비해서 떨어졌어요

4 (1) 제가 한턱낼게요
   (2) 들어 드릴게요
   (3) 보지 않을게요
   (4) 도시락을 준비해 갈게요

5 (1) 제가 여행 계획을 세울 테니까 비행기 표를 알아
      보면 좋겠어요
   (2) 제가 설거지할 테니까 청소를 하면 좋겠어요
   (3) 제가 재료를 사 올 테니까 양념을 준비하면 좋겠
      어요
   (4) 제가 농구장을 빌릴 테니까 농구공을 빌려 오면
      좋겠어요

6 (1) 달라요   (2) 몰라요
   (3) 빨라요   (4) 잘라 주세요

7 (1) ⓒ

(2) ⓐ 저고리, 바지 ⓑ 고름, 치마

(3) ⓐ 오른쪽에 있는 짧은 고름을 왼쪽의 긴 고름 위에 놓습니다.

ⓑ 짧은 고름을 긴 고름 밑으로 넣어 위로 꺼냅니다.

ⓒ 긴 고름을 왼쪽으로 둥글게 만듭니다.

ⓓ 짧은 고름으로 묶습니다.

(4) ◯, ✕, ✕, ✕

听力

8

    여러분은 옷차림에 대해 고민하신 적이 있습니까? 옷차림에서 가장 중요한 것은 때와 장소, 상황에 맞게 옷을 입는 것입니다. 중요한 면접에서는 단정하게 정장을 입어야 하고 장례식에 갈 때 밝고 화려한 옷을 입으면 안 되는 것처럼 상황에 맞게 옷차림도 달라야 합니다. 여러분도 옷차림에서 실수를 한 적이 있을 겁니다. 그런 분들을 위해 필요한 책이 드디어 나왔습니다. 이 책이 여러분의 고민을 해결해 드릴 테니까 이제 걱정하지 마세요!

8 (1) ⓐ

(2) 때, 장소, 상황

9

여자 안녕하십니까? 하나홈쇼핑입니다. 무엇을 도와 드릴까요?

남자 지금 방송 중인 속옷을 주문하고 싶어요. 상품을 받고 사이즈가 안 맞으면 교환이나 환불도 가능한가요?

여자 네, 고객님. 치수가 맞지 않으시면 교환이나 환불이 가능합니다.

남자 주문하면 언제쯤 와요?

여자 보통 2~3일정도 걸립니다.

남자 혹시 인터넷으로도 살 수 있어요?

여자 상품이 방송되는 시간에는 인터넷으로도 사실 수 있습니다. 방송이 끝난 후에는 주문하실 수 없습니다.

남자 네, 감사합니다.

9 (1) 하나홈쇼핑 (2) ⓑ

词汇应用

10 (1) ⓓ   (2) ⓐ   (3) ⓔ   (4) ⓒ

第3课

单词

1 (1) 환승역   (2) 교통 카드

(3) 콜택시   (4) 노선도

2 (1) ⓐ   (2) ⓓ   (3) ⓑ

表达·语法

3 (1) 입혀   (2) 잠겨서

(3) 쌓였으니까   (4) 팔려요

4 (1) 어디에서 하는지 몰라요

(2) 돌아오는지 알아요

(3) 어떻게 끓이는지 알아요

(4) 저도 어떻게 설치하는지 몰라요

5 (1) 한국 뉴스를 들으면 돼요/한국 친구를 사귀면 돼요

(2) 같이 갈 친구를 찾으면 돼요/아르바이트를 해서 돈을 모으면 돼요

(3) 할부로 사면 돼요/중고차를 사면 돼요

(4) 친구에게 주면 돼요/교환이나 환불을 하면 돼요

6 (1) 통화하는 중입니다./통화 중입니다.

(2) 다른 사람과 이야기하는 중입니다./다른 사람과 이야기 중입니다.

(3) 출장 중입니다.

读和写

7 (1) 지하철 노선도   (2) 충무로역

(3) 1번

听力

8

남자 메이 씨, 한국에 올 때 비행기를 타고 왔어요?

여자 네, 대한항공을 타고 왔어요.

남자 그렇군요. 전 아시아나항공을 타고 왔어요.

여자 한국에는 대한항공과 아시아나항공만 있어요?

남자 아니요, 한국의 대표적인 회사가 대한항공과 아시아나항공이지만, 다른 회사도 있어요.

여자 네, 그런데 한국에서 일본까지 배로 갈 수 있어요?

남자 물론이지요. 보통 부산에서 일본까지 배를 타고 많이 가요.

8 (1) 대한항공, 아시아나항공

(2) ⓐ

9

여자 한국의 교통수단에는 무엇이 있어요?

남자 버스, 지하철, 자동차, 기차, 비행기 등이 있어요.

여자 버스는 어떤 것이 있어요?

남자 버스는 크게 시내버스와 시외버스가 있어요. 고속버스도 있고요.

여자 시내버스와 시외버스요?

남자 네, 도시 안에서 다니는 버스를 시내버스라고 하고 도시와 도시 사이를 다니는 버스를 시외버스라고 해요. 고속버스도 도시와 도시 사이를 다니지만 시외버스보다 빠르고, 고속도로로 다니지요.

여자 그렇군요. 지하철은 서울에만 있어요?

남자 아니요, 대구, 부산, 대전, 광주 등에도 있어요.

여자 아, 그렇군요. 마이클 씨는 아는 게 많네요.
남자 아니에요. 한국에 오래 살다 보니 알게 되었어요.
여자 한 가지만 더 물어봐도 돼요?
남자 그럼요.

9 (1) ⓐ　　　　(2) ⓑ　　　　(3) ○, ×, ○, ○

10 (1) ⓐ-①, ⓑ-③, ⓒ-④, ⓓ-②

11 (1) 역　　　(2) 터미널　　　(3) 정류장　　　(4) 선착장

第4课

1 (1) 환영회　　(2) 집들이　　(3) 동창회　　(4) 송별회

2 (1) 사정　　　　　　　(2) 변경하고
　 (3) 남겼습니다　　　　(4) 취소했습니다

3 (1) 재미있어했어요　　　(2) 슬퍼했어요
　 (3) 부러워해요　　　　　(4) 귀여워하셨어요

4 (1) 미안하다고 했어요
　 (2) 고맙다고 하셨어요
　 (3) 맛있다고 하셨어요
　 (4) 비가 올 거라고 해요/했어요

5 (1) 봄이 되었어요.
　 (2) 디자이너가 될 거예요.
　 (3) 초등학생이 되었어요.
　 (4) 팥빙수가 돼요.

6 (1) 아파서　　(2) 모아서　　(3) 슬퍼서　　(4) 커서

7 (1) ⓑ
　 (2) 아이가 짜증 내지 않고 강아지를 잘 돌볼 수 있을지
　　　걱정했다.
　 (3) 정해진 시간에 강아지에게 밥을 주고 하루에 한 번
　　　산책을 시키는 것

8
남자 요즘 재미있는 영화가 뭐예요?
여자 '시간 여행'이라는 영화 알아요? 지난주에 개봉한
　　　영화인데 남자 주인공이 멋있어서 인기가 많아요.
남자 그래요? 여자 친구하고 데이트 약속이 있는데,
　　　그 영화를 봐야겠군요.
여자 저도 봤는데 정말 재미있었어요. 그런데 여자 친구
　　　가 액션 영화를 좋아하나요?

남자 아니요, 제 여자 친구는 액션 영화보다 코미디 영화
　　　를 좋아해요.
여자 그럼 그 영화는 여자 친구가 싫어할 거예요. 싸우는
　　　장면이 많고 조금 슬퍼요. 어제 같이 본 제 친구도
　　　영화를 보면서 슬퍼했어요.
남자 그렇군요. 그럼 다른 영화를 봐야겠어요.
여자 어제 새로 개봉한 영화도 있으니까 인터넷으로
　　　찾아보세요.

8 (1) 코미디 영화　　　　(2) ○, ○, ×, ○
　 (3) ⓒ

9
여자 민준 씨! 저 메이인데요. 전화를 안 받네요. 이번
　　　토요일에 제 공연에 오기로 한 약속 잊지 않았지
　　　요? 토요일 6시이고, 한국대학교 학생회관에서
　　　할 거예요. 공연 티켓은 제가 친구에게 부탁해
　　　놨으니까 제 이름을 말하고 들어오면 돼요. 공연
　　　준비하느라 바빠서 다른 친구들에게는 말 못 했
　　　어요. 민준 씨가 친구들에게 말해서 같이 와 줄
　　　수 있어요? 부탁할게요.
　　　참, 그리고 부끄러워서 말 못 했는데, 이번 공연
　　　에서 제가 여자 주인공이에요. 제목이 '춘향과 몽
　　　룡의 사랑 이야기'인데 '춘향전'의 내용을 현대에
　　　맞게 조금 바꿨어요. 연습을 많이 하고 있는데
　　　아직 부족한 것 같아서 좀 긴장 돼요. 다른 배우
　　　들 모두 연기를 잘해서 멋있는 공연이 될 테니까
　　　꼭 와서 보세요. 알았지요? 그럼 그날 만나요.

9 (1) ⓑ
　 (2) 춘향과 몽룡의 사랑 이야기, 토요일 6시, 한국대
　　　학교 학생회관

10 ⓐ 약혼식
　　ⓑ 맹세했습니다
　　ⓒ 계약을 했습니다/계약했습니다
　　ⓓ 계약금
　　ⓔ 계약서

第5课

1 ⓑ　　　2 ⓓ　　　3 ⓒ　　　4 ⓐ　　　5 ⓒ

6 ⓓ　　　7 ⓑ　　　8 ⓐ　　　9 ⓓ　　　10 ⓐ

11 인터넷에서 찾으면 돼요.

12 회의하는 중이세요.

13 네, 가족을 만날 수 없어서 슬퍼했어요.

14 우리 반이 말하기 대회에서 1등을 했다고 하셨어요.

15-16

　한국을 대표하는 음식은 무엇이 있을까요? 아마 많은 사람들이 '김치', '불고기'라고 대답할 것입니다. 오늘은 한국 전주의 대표적인 음식 '비빔밥'에 대해 이야기하겠습니다. 비빔밥은 밥에 고기와 나물을 넣고 고추장으로 비벼 먹는 음식입니다. 한국 음식은 보통 밥과 반찬, 국을 따로 먹기 때문에 비빔밥처럼 반찬과 밥을 같이 먹는 음식은 별로 없습니다.

　비빔밥은 새해가 되기 전에 지난해에 남은 음식을 모두 먹기 위해서 만들어졌다고 합니다. 간편하기도 하지만 건강에 좋은 비빔밥은 기내식으로도 인기가 많습니다.

15 ⓒ　　　　16 ⓑ

17-18

　서울시티투어버스를 이용해 주신 승객 여러분 감사합니다. 여러분이 타고 계시는 도심 - 고궁 코스는 27곳의 정류장을 다닙니다. 승객 여러분께서 원하시는 곳에서 내리셔서 구경을 하신 후에 다시 버스를 이용하실 수 있습니다. 또한, 서울시티투어버스는 야간 코스와 서울 파노라마 코스도 운영하고 있습니다. 남산과 한강 등 서울의 전체 모습을 볼 수 있는 서울 파노라마 코스는 2층 버스로 운행됩니다. 서울의 아름다운 야경을 보실 수 있는 야간 코스는 1층 버스와 2층 버스 모두 이용하실 수 있습니다. 승객 여러분의 많은 이용 부탁드립니다.

　모든 버스에는 좌석마다 한국어, 영어, 일본어, 중국어로 관광지에 대한 소개를 듣고 볼 수 있는 헤드폰과 모니터가 준비되어 있습니다. 버스를 타고 다니시는 동안 관광지에 대한 정보를 미리 보시면 더욱 즐겁게 구경하실 수 있습니다. 들어 주셔서 감사합니다. 즐거운 여행되십시오!

17 ⓒ　　　　18 ⓒ

19-20

여자	마이클 씨, 잠깐 이야기하고 싶은데 시간 괜찮아요?
남자	네, 메이 씨. 무슨 일이에요?
여자	우리 반 친구들이 방학 전에 같이 식사를 하고 싶다고 하는데 마이클 씨 생각은 어때요?
남자	그거 좋은 생각이네요.
여자	그럼, 마이클 씨가 반장이니까 반 친구들에게 시간하고 장소를 물어봐 주세요.
남자	그럴게요. 그런데 점심이 좋을까요? 저녁이 좋을까요?
여자	저녁이 좋을 것 같아요. 저녁에는 선생님도 오실 수 있으니까요.
남자	선생님은 저녁에 수업이 있지 않아요?
여자	선생님이 요즘 오전에만 수업이 있고 저녁에는 수업이 없다고 하셨어요.
남자	그래요? 그럼 빨리 선생님과 친구들에게 물어봐야겠어요.
여자	네, 방학하면 오랫동안 볼 수 없으니까 모두 좋아할 거예요.

19 ⓒ　　　　20 ⓒ

读

21 ⓒ　　　22 ⓒ　　　23 ⓑ　　　24 ⓓ

第 **6** 课

单词

1　(1) 통화 중　　　　　　(2) 부재중
　　(3) 음성사서함　　　　(4) 통화 요금

2　(1) 녹음하였습니다　　(2) 확인하고
　　(3) 연결되지　　　　　(4) 문자 메시지

表达·语法

3　(1) 회의 중이라고 해요.　(2) 학생이라고 해요.
　　(3) 아니라고 해요.　　　(4) '시에시에'라고 해요.

4　(1) 간다고 해요
　　(2) 도시락을 준비한다고 해요
　　(3) 먹는다고 해요

5　(1) 끝나는 대로　　　　(2) 가는 대로
　　(3) 만나는 대로　　　　(4) 오는 대로

6　(1) 운전해 달라고 했어요.　(2) 보여 달라고 했어요.
　　(3) 전해 주라고 했어요.　　(4) 전해 드리라고 했어요.

读和写

7　(1) 박민준 씨
　　(2) ⓐ 전화 잘못 거셨어요.
　　　　ⓑ 죄송합니다./실례했습니다.
　　(3) ⑩ 전화번호를 바꿨다고 말했습니다.

听力

8

여자	여보세요?
남자1	여보세요? 박민준 씨 댁이지요?
여자	네, 맞습니다. 실례지만 누구시지요?
남자1	안녕하세요. 저는 회사 동료 마이클이라고 합니다.
여자	잠시만요. 바꿔 드릴게요. 민준 오빠!
남자2	네, 전화 바꿨습니다.

8　(1) ⓓ　　　　(2) ✕, ◯, ◯, ✕

9

　연결이 되지 않아 음성 사서함으로 연결됩니다. 연결 후에는 통화료를 내야 합니다. 음성 메시지를 남기시려면 1번, 연락 번호를 남기시려면 2번을 누르십시오. *(삐!)*

　안녕하세요? 마이클 씨, 박민준입니다. 이 메시지를 들으면 전화 좀 해 주세요.

녹음되었습니다. 메시지 전송은 1번, 녹음 내용 확인은 2번, 다시 녹음하시려면 3번, 취소하시려면 별표(✲)를 눌러주십시오. 전송되었습니다. 지역 번호와 전화번호를 누르신 후 우물 정자(#)를 눌러주십시오. *(전화번호 누르는 버튼 소리)* 감사합니다.

9 (1) (1) → (1) → (전화번호) → (#)
  (2) 박민준
  (3) 마이클

10 (1) ⓐ   (2) ⓓ   (3) ⓒ

第 **7** 课

1 (1) 구름이   (2) 얼음이   (3) 온도가

2 (1) 쳐서   (2) 미끄러웠습니다
  (3) 사고 소식   (4) 그치고

3 (1) 눈이 오기 시작했어요
  (2) 전화 받기 힘들었어요
  (3) 예 나들이하기 좋아요
  (4) 예 제때 밥을 챙겨 먹기도 어려워요

4 (1) 한국 친구를 사귀고 나서
  (2) 끝내고 나서
  (3) 취직을 하고 나면
  (4) 양념을 만들고 나서

5 (1) 나았어요   (2) 지을
  (3) 부었습니다   (4) 웃으세요
  (5) 씻어야 합니다

6 (1) 공부하다가   (2) 학교에 가다가
  (3) 길을 가다가   (4) 예 회사 앞을 지나다가

7 (1) ⓓ
  (2) 찬바람이 불고, 눈이 옵니다.
  (3) ⓒ

8
  태풍의 이름은 어떻게 정하는 것일까요? 2차 세계 대전 이후, 미국의 공군과 해군에서 공식적으로 태풍의 이름을 붙이기 시작했습니다. 그때는 일기예보를 하던 사람들이 자신의 아내나 애인의 이름을 사용했는데 그 이유는 태풍에 여자 이름을 붙이면 태풍의 힘이 약해질 거라고 생각했기 때문입니다.

2000년부터는 아시아의 14개 나라에서 정한 이름을 사용하기 시작했습니다. 각 나라가 10개씩 이름을 만들어서 모두 140개의 태풍 이름이 정해져 있습니다. 한국에서 정한 이름은 개미, 제비, 장미, 매미 등이 있습니다. 140개의 이름을 다 사용하면 1번으로 돌아가서 다시 사용합니다. 그렇지만 너무 큰 피해를 준 태풍의 이름은 다른 이름으로 바꾸기도 합니다.

8 (1) ⓑ   (2) ⓑ

9
여자1 손톱이 정말 예쁘네요. 매니큐어를 바른 거예요?
여자2 아니에요. 봉숭아물이에요.
여자1 봉숭아물이요?
여자2 네, 꽃을 손톱에 올려놓고 시간이 지나면 이렇게 물이 들어요. 한국에서는 첫눈이 올 때까지 봉숭아물이 남아 있으면 첫사랑이 이루어진다는 이야기가 있어요.
여자1 그런 의미가 있는 줄 몰랐네요. 저도 봉숭아물을 들이고 싶어요.
여자2 어제 제가 들이고 남은 봉숭아꽃이 있는데, 시간이 있으시면 저희 집에 가시겠어요?
여자1 정말요? 좋아요! 어? 갑자기 비가 와요. 서둘러야겠어요.
여자2 어머, 호랑이가 장가를 가나 봐요.
여자1 호랑이가 장가를 간다고요?
여자2 네, 해가 떠 있는데 이렇게 비가 오면 호랑이가 장가가거나, 여우가 시집간다고 해요. 여자들이 결혼할 때면 마음이 자주 바뀌는 것처럼 여우도 변덕을 부린다고들 해요. 그래서 이런 비를 여우비라고도 해요.
여자1 그렇군요.

9 (1) ⓐ   (2) 첫눈이 올 때까지   (3) ⓑ

10 (1) 비바람   (2) 빙판길   (3) 파도
  (4) 황사   (5) 햇볕

第 **8** 课

1 (1) 동전   (2) 통장
  (3) 현금카드   (4) 지폐

2 (1) 들었습니다   (2) 계좌 이체
  (3) 환전했습니다   (4) 잔액 조회

3 (1) 가장 아름다울 거예요.
  (2) 쉬울 거예요./어려울 거예요.
  (3) 제일 잘 봤을 거예요.
  (4) 재미있을 거예요.

4 (1) 비행기를 타고　　　　　(2) 놓고 왔어요.
　 (3) 신고 오세요.　　　　　(4) 모시고 병원에 가요.

5 (1) 박민준인데요
　 (2) 주민등록증이 없는데요/주민등록증이 없고 외국
　　 인등록증만 있는데요
　 (3) 가는데요
　 (4) 다른데요
　 (5) 먹었는데요

6 (1) 바꾸나요
　 (2) 할 건가요
　 (3) 어떻게 하나요/무엇이 필요한가요
　 (4) 있나요

7 (1) ⓓ

8
남자　또 가방 샀어요?
여자　네, 지난번에 출장 갔다 오면서 면세점에서 샀는
　　　데 예쁘지요?
남자　면세점에서요? 그럼 명품이란 말이에요?
여자　네, 요즘 회사일 때문에 스트레스도 쌓이고 해서
　　　하나 장만했어요.
남자　(한숨을 쉰다)
여자　기분 나쁘게 한숨을 쉬고 그래요!
남자　이제 충동구매를 좀 줄여야 하지 않겠어요? 기분
　　　나쁘다고 사고, 기분 좋다고 사면 언제 돈을 모
　　　으려고 그래요?
여자　무슨 상관이에요. 기분 나쁘네요!
남자　입에 쓴 약이 몸에 좋다는 말 몰라요?
여자　됐거든요.

8 (1) ⓐ　　　 (2) ⓐ
　 (3) ⓐ 입에 쓴 약이 몸에 좋다
　　　 ⓑ 좋은 충고는 듣기에 나쁘다.

9
여자　여보! 우리도 이제 적금이나 보험을 좀 들어야
　　　하지 않을까요?
남자　적금이요?
여자　네, 이제 아기도 생기는데 원룸에서 살 수는 없
　　　잖아요.
남자　우리 둘 다 여행을 좋아해서 집에 많은 돈을 쓰
　　　지 않기로 했잖아요.
여자　처음에는 그랬는데, 점점 집이 작다는 생각이 들
　　　어서요.
남자　큰 집을 사면 좋겠지만 우리는 모아 놓은 돈이 없잖
　　　아요.
여자　그러지 말고 우리 적금을 드는 건 어때요? 목표를 정
　　　하고 돈을 모으면 더 빨리 모을 수 있을 것 같아요.
남자　그래요. 그럼 당신이 은행에 가서 알아봐요.

남자　고객님, 무엇을 도와 드릴까요?
여자　적금을 들고 싶은데요.
남자　네, 그러시군요. 신분증 먼저 주시겠습니까!
여자　신분증이요? 잠시만요. 집에 두고 온 것 같아요.
남자　죄송합니다, 고객님. 신분증이 없으면 안 됩니다.

9 (1) ⓓ
　 (2) 목표를 정하고 돈을 모으면 더 빨리 모을 수 있을 것
　　　같아서
　 (3) ⓑ

10 (1) ⓒ　　　　 (2) ⓓ　　　　 (3) ⓔ　　　　 (4) ⓐ

第 9 课

1 (1) 청소기　　　　　　(2) 쓰레기봉투
　 (3) 먼지떨이　　　　　(4) 얼룩

2 (1) 떨었습니다　　　　(2) 돌려서
　 (3) 닦았습니다　　　　(4) 분리수거

3 (1) 못하는 편이에요　　(2) 적응된 편이에요
　 (3) 한가한 편이에요　　(4) 유명한 편이에요

4 (1) 넣도록 하세요
　 (2) 보내도록 하세요
　 (3) 전화하도록 해/연락하도록 하세요
　 (4) 맡기도록 하세요

5 (1) 예 복잡해졌어요
　 (2) 예 건강해졌어요/날씬해졌어요/살이 빠졌어요
　 (3) 예 많아졌어요
　 (4) 예 지워졌어요

6 (1) 가자마자　　　　　(2) 다 하자마자
　 (3) 끝나자마자　　　　(4) 받자마자

7 (1) ⓐ 예 늘어나는 여성 창업, 가사 노동도 경력이다!
　　　 ⓑ 예 유행처럼 생겨나는 가사 도우미 서비스
　 (2) ×, ○, ○, ×

8
여자1　마리아 씨! 텔레비전 좀 그만 보고 같이 청소 좀
　　　　해요. 더러워서 참을 수가 없어요. 기숙사에서
　　　　우리 방이 제일 더러운 것 같아요.
여자2　뭐가 더럽다고 그래요? 제가 보기에는 깨끗한데요.
　　　　너무 깨끗하면 오히려 안 좋아요. 사람이 적당히

어지럽히고 살아야지요.
여자1 (한숨을 쉬다)
여자2 기분 나쁘게 왜 한숨을 쉬고 그래요?
여자1 저는 지저분하다고 생각하는데, 마리아 씨는 괜
찮다고만 하잖아요. 결국 항상 저만 청소를 하니
까 힘들어서 그래요. 제가 혼자 쓰는 것도 아니고
같이 쓰는 방인데 너무하다고 생각하지 않아요?
여자2 알았어요! 치울게요.

8 (1) ⓐ　　　　(2) ⓓ

9
여자 민준 씨, 오늘도 셔츠의 다림질이 잘 되어 있네
요. 민준 씨가 직접 다려 입으세요?
남자 아니요, 제가 직접 다려 입을 수 있으면 좋겠지
만 저는 다림질을 잘 못하는 편이에요.
여자 한국 남자들은 보통 다림질을 잘하는 편이에요?
남자 네, 군대에서 다림질을 많이 하거든요.
여자 어머! 정말요?
남자 네, 군대에서는 항상 다림질을 해서 군복을 입도
록 했어요.
여자 그렇군요. 재미있는 사실을 알았네요. 한국 남자
와 결혼을 하면 다림질 걱정은 안 해도 되겠어요.
남자 하하. 그런데, 요즘에는 세탁소에 다림질을 맡
기는 사람이 많아진 것 같아요. 다림질 걱정하지
말고 빨리 좋은 사람을 만나는 게 어때요?
여자 네? 하하.

9 (1) 다림질　(2) ○, ○, ×, ×

10 (1) 빨래를 개다　　　　(2) 빨래를 널다
(3) 빨래를 삶다

第 **10** 课

1 ⓑ　　**2** ⓐ　　**3** ⓓ　　**4** ⓒ

5 ⓒ　　**6** ⓒ　　**7** ⓑ　　**8** ⓒ

9 ⓐ　　**10** ⓑ　　**11** ⓐ　　**12** ⓓ

13 중국어로 '워 아이 니'라고 해요.

14 외출 중이라고 하셨어요.

15-16
여자 여보세요, 민준 씨! 일요일인데 뭐 해요?
남자 메이 씨, 가을맞이 대청소를 하고 있어요.
여자 가을맞이 대청소요?
남자 네, 계절도 바뀌고 해서 청소를 시작했는데 일이
많네요.

여자 맞아요. 집안일은 원래 손이 많이 가잖아요.
남자 빨리 끝내고 쉬고 싶은데 혼자 하니까 힘들어요.
여자 그렇겠네요.
남자 그런데 무슨 일로 전화했어요?
여자 아 날씨가 좋아서 함께 산책하자고 전화했는데,
안 되겠군요. 오늘 한가한데 제가 민준 씨 청소
하는 것 좀 도와 드릴까요?
남자 정말요? 메이 씨가 청소하는 것을 도와주면 일찍
끝날 것 같아요. 청소가 끝나고 제가 맛있는 떡볶
이를 해 드릴게요.

15 ⓐ　　　　**16** ⓒ

17-18
여자 오늘 날씨가 이상해요. 흐린 건 아닌 것 같은데
맑은 것도 아니고…….
남자 미세 먼지 때문인 거 같아요.
여자 미세 먼지요? 황사하고 다른 거예요?
남자 네, 눈에 보이지 않을 정도로 작은 먼지를 미세
먼지라고 해요. 황사는 중국에서 불어오는 모래
바람이지만, 미세 먼지는 공기 중에 있는 나쁜
먼지예요.
여자 아, 그렇군요.
남자 요즘 미세 먼지 때문에 병원에 가는 사람도 많다
고 해요. 그래서 미세 먼지가 많을 때에는 외출
을 하지 않는 것이 좋아요. 외출할 일이 있으면
반드시 마스크를 써야 하고요. 외출하고 집에 돌
아온 후에는 손도 깨끗하게 씻어야 해요.
여자 작은 먼지라고만 생각했는데 건강에 좋지 않군요.
남자 네, 심하면 죽을 수도 있다니까 메이 씨도 마스
크를 꼭 사용하세요.
여자 네, 지금 바로 마스크를 사러 가야겠어요.

17 ⓑ　　　　**18** ⓒ

19-20
여자 무엇을 도와 드릴까요, 고객님.
남자 신용카드를 만들려고 왔는데요.
여자 신분증하고 도장은 가지고 오셨지요?
남자 도장은 안 가지고 왔는데, 서명을 하면 안 되나요?
여자 도장이 없으면 서명을 하셔도 됩니다. 먼저 신분
증을 주시고, 이 신청서를 작성해 주세요.
남자 직장 주소를 꼭 써야 해요? 직장 주소를 정확하
게 모르는데요.
여자 그럼, 집 주소만 써 주세요.
남자 네 여기 다 썼습니다.
여자 잠시만 기다려 주십시오. (잠시 후)
카드는 일주일 후에 받으실 수 있습니다.
남자 어디에서 받을 수 있지요?
여자 집에서 받으셔도 되고, 은행에서 직접 받으셔도
됩니다.
남자 그럼, 일주일 후에 제가 찾으러 오겠습니다.

19 ⓓ　　　　**20** ⓒ

21 ⓓ   **22** ⓒ   **23** ⓓ   **24** ⓓ

第 **11** 课

1 (1) 증권회사   (2) 보험회사
　 (3) 구내식당   (4) 대기업

2 (1) 출장   (2) 마중
　 (3) 조퇴하고   (4) 보너스

3 (1) 한국에 오게 되었어요   (2) 승진하게 되었어요
　 (3) 만나게 되었어요   (4) 기차를 타게 되었어요

4 (1) 먹어 버렸어요   (2) 와 버렸어요
　 (3) 정리해 버려요   (4) 마셔 버렸어요

5 (1) 전해 주시겠어요
　 (2) 보내 주시겠어요
　 (3) 꺼 주시겠어요
　 (4) 돈을 빌려주시겠어요
　 (5) 찍어 주시겠어요

6 (1) 만나거든요   (2) 나가거든요
　 (3) 버렸거든요   (4) 밀렸거든요

7 (1) ⓒ   (2) ×, ×, ×, ○

8
여자　우와! 여기 정말 경치가 좋지요?
남자1　네, 진짜 좋네요. 이렇게 아름다운 곳이 있는지
　　　 몰랐어요.
여자　우리 여기에서 사진 찍어요!
남자1　그래요! 제가 먼저 찍어 줄게요. 거기 서 보세요!
　　　 하나, 둘, 셋, 김치!
여자　예쁘게 잘 나왔네요. 마음에 들어요. 그런데 같
　　　 이 찍으면 좋을 텐데…….
남자1　그럼, 제가 저 아저씨에게 부탁해 볼게요. 저, 실
　　　 례합니다.
남자2　네?
남자1　죄송하지만 사진 좀 찍어 주시겠어요?
남자2　아, 네, 찍어 드릴게요. 이것만 누르면 돼요?
남자1　네, 감사합니다.

8 (1) ⓓ
　 (2) 저, 실례합니다. 죄송하지만 사진 좀 찍어 주시겠
　　　 어요?

9
마이클　저, 사장님
사장님　네, 마이클 씨 무슨 일이죠?
마이클　부탁드릴 일이 있어서요.
사장님　무슨 부탁인데요? 어려워하지 말고 이야기해 보세요.
마이클　제가 금요일에 발표 수업이 있어서 아르바이트
　　　 를 하루 쉬고 싶은데요.
사장님　그래요? 언제 쉬려고요?
마이클　내일이요.
사장님　내일은 좀 곤란할 것 같은데요. 내일 단체 손님이
　　　 예약을 해서……. 목요일에 쉬면 안 될까요?
마이클　수요일에 다른 친구들과 발표 준비를 하기로 했
　　　 거든요.
사장님　그럼, 예전 아르바이트생한테 연락해서 도와 달
　　　 라고 해 보지요. 걱정하지 말고 내일 쉬어요.
마이클　감사합니다.
사장님　대신 발표 잘해야 해요.

9 (1) ⓒ   (2) ⓓ   (3) 화요일

10 (1) ⓐ   (2) ⓓ   (3) ⓔ   (4) ⓑ

第 **12** 课

1 (1) 무서웠어요   (2) 흐뭇해요
　 (3) 답답했어요   (4) 불안해요

2 (1) 긍정적인   (2) 풀기로
　 (3) 극복하기   (4) 원만한

3 (1) 날씬해 보여요   (2) 맛있어 보여요
　 (3) 피곤해 보여요   (4) 기분이 좋아 보여요

4 (1) 일찍 일어나려고   (2) 보려고
　 (3) 책을 사려고   (4) 만들려고

5 (1) 어머니처럼   (2) 천사처럼
　 (3) 눈처럼   (4) 평일처럼

6 (1) 예쁘게/멋지게   (2) 깨끗하게
　 (3) 뚱뚱하게   (4) 자세하게

7 (1) ⓒ   (2) ⓐ
　 (3) 존경받는 선배가 되고 싶은 사람

8

　저는 집안이 가난해서 고등학교만 졸업하고 공장에 취직했습니다. 학력 때문에 가고 싶은 회사에도 취직하지 못했고, 하고 싶은 일도 하지 못했습니다. 모든 것이 짜증이 났습니다. 왜 나만 이렇게 살아야 하는지 억울하고 속상했습니다. 그래서 매일 술을 마시고 시간과 돈을 낭비하면서 살았습니다. 그러다가 지금의 아내를 만나서 결혼했습니다. 결혼할 때, 아내의 집에서는 반대가 심했습니다. 아내의 오랜 설득으로 장인어른, 장모님께서 허락을 해 주셨고 저희는 결혼을 했습니다.
　결혼 후, 저는 고생만 하는 아내에게 미안했습니다. 불평하지 않는 아내를 보면서 더욱 속상했습니다. 아내는 적은 월급봉투를 가져다가 주어도 밝게 웃으며 고맙다고 말했습니다. 저는 그런 아내를 행복하게 해 주고 싶어서 하루하루 열심히 살기 시작했습니다.

8 (1) ⓒ
　 (2) 적은 월급에도 불평하지 않고 항상 고맙다고 말하는 아내 때문에
　 (3) ⓑ

9

남자　아! 우울하네요.

여자　왜요? 무슨 일 있어요?

남자　저도 모르겠어요. 그냥 요즘 자꾸 짜증나고 답답하고 그래요.

여자　가을은 남자의 계절이라고 하던데, 가을 타나 보네요.

남자　가을을 탄다고요? 그게 무슨 말이에요?

여자　계절에 따라서 기분이 영향을 받는다는 말이에요.

남자　아 그럼, 여자는 무슨 계절을 타는데요?

여자　봄을 탄다고 하는데, 제 생각에 여자는 모든 계절을 타는 거 같아요.

남자　하하! 그런 것도 같네요.

9 (1) ⓒ 　　　　 (2) ⓐ

10 (1) ⓓ 　　 (2) ⓑ 　　 (3) ⓐ 　　 (4) ⓒ

第 **13** 课

1 (1) 상표 　　　　　　 (2) 영수증
　 (3) TV 홈쇼핑 　　　 (4) 쇼핑 호스트

2 (1) 소재 　　　　　　 (2) 할부
　 (3) 반품하고 　　　　 (4) 배송료

3 (1) 커피밖에 　　　　 (2) 5시간밖에
　 (3) 채소밖에 　　　　 (4) 두 달밖에

4 (1) 한국어를 잘하는 대신에
　 (2) 설거지를 하는 대신에
　 (3) 노래를 잘하는 대신에
　 (4) 운동을 잘하는 대신에

5 (1) 파랗고 　　　　　 (2) 빨개요
　 (3) 노란 　　　　　　 (4) 하얀

6 (1) 버스를 타지 말고 지하철을 탑시다.
　 (2) 클럽에 가지 말고 노래방에 갑시다.
　 (3) 금요일에 가요.
　 (4) 기다리지 말고 먼저 출발하세요.

7 (1) ⓒ 　　　　 (2) ⓑ

8 (1) 소비자가 둘 이상 모여 필요한 물건을 함께 구매하는 것
　 (2) ⓓ

9

여자　네, 하나홈쇼핑입니다. 무엇을 도와 드릴까요?

남자　지금 방송 중인 노트북을 주문하고 싶은데요. 마음에 안 들면 반품도 가능한가요?

여자　죄송합니다, 고객님. 지금 방송 중인 노트북은 할인 상품이어서 반품하실 수 없습니다.

남자　그럼, A/S는 되는 건가요?

여자　네, 고객님. 2년 동안 무상으로 A/S를 받으실 수 있습니다.

남자　주문하면 언제쯤 받을 수 있지요?

여자　이 상품은 주문이 많아서 일주일 정도 기다리셔야 합니다.

남자　그래요? 하나홈쇼핑 인터넷 사이트에서도 살 수 있죠?

여자　네, 고객님. 인터넷 사이트에서도 주문하실 수 있습니다. 그렇지만 방송 중에 드리는 선물은 받으실 수 없습니다.

남자　아! 그래요? 그럼 지금 주문할게요.

여자　감사합니다, 고객님. 몇 가지 확인하고 주문 받도록 하겠습니다.

9 (1) ⓒ 　　 (2) ⓐ 　　 (3) ⓓ

10

여자1 네, 하나홈쇼핑입니다. 무엇을 도와 드릴까요?

여자2 며칠 전 방송 중에 옷을 샀는데요. 옷이 작아서 확인해 보니 제가 주문한 사이즈보다 한 치수 작은 사이즈가 왔어요.

여자1 불편을 드려서 죄송합니다. 고객님, 몇 가지 확인 후 진행하겠습니다. 메이 고객님 본인 맞으십니까?

여자2 네 맞아요.

여자1 고객님께서 주문하신 사이즈는 95로 되어 있는데요. 받으신 사이즈가 그럼 90인가요?

여자2 네.

여자1 정말 죄송합니다. 바로 교환해 드리겠습니다. 다른 문제는 없으시고요?

여자2 네, 없어요.

여자1 2~3일 안으로 새 제품으로 보내 드리도록 하겠습니다. 그리고 교환하실 옷은 택배 회사 직원이 방문했을 때 주시면 됩니다.

여자2 택배 회사 직원을 만나지 못하면 어떻게 하나요?

여자1 번거로우시겠지만 착불로 저희 회사로 보내 주시면 됩니다.

여자2 네, 알겠습니다.

여자1 좋은 하루 보내십시오. 상담원 김유나였습니다.

10 (1) ⓓ　　　(2) 착불

11 ⓐ 사이즈가 커서　ⓑ 교환권　ⓒ 택배　ⓓ 택배비

第 **14** 课

单词

1 (1) 부동산 중개소　　(2) 원룸
　　(3) 계약서　　　　　(4) 주택가

2 (1) 풀었습니다　　　(2) 남향
　　(3) 주변 환경　　　(4) 집들이

表达·语法

3 (1) 끓여　　　　　　(2) 맡기고
　　(3) 깨워　　　　　　(4) 세우세요

4 (1) 재미있을 줄 몰랐어요.
　　(2) 힘들 줄 몰랐어요.
　　(3) 어려울 줄 몰랐어요.
　　(4) 요리를 잘할 줄 몰랐어요.

5 (1) 영화를 보느라고
　　(2) 이삿짐을 싸느라고
　　(3) 음악을 듣느라고
　　(4) 같이 시간을 보내느라고

6 (1) 언제 제주도에 도착했느냐고
　　(2) 제주도 풍경은 어떠냐고
　　(3) 무엇을 먹을 거냐고
　　(4) 무슨 선물을 사 올 거냐고

读和写

7 (1) 집에 대해서 더 자세히 이야기해 줄 수 있으니까
　　(2) 관리비, 공과금, 인터넷 사용에 대한 사항 등

听力

8

남자 지난 토요일에 이사 잘했어요? 못 도와줘서 미안해요.

여자 괜찮아요. 포장 이사를 해서 편하게 이사했어요.

남자 새로 이사 간 집은 마음에 들어요?

여자 아니요, 사실은 그거 때문에 문제가 좀 있어요.

남자 무슨 문제요?

여자 집 근처에 음식점이 많이 있어서 냄새도 심하게 나고 시끄러워서요. 그리고 밤에는 술에 취한 사람이 많아서 좀 무서워요.

남자 집을 구할 때 집만 꼼꼼히 본다고 해서 좋은 집을 구할 수 있는 게 아니군요.

여자 그러니까요. 집은 햇빛도 잘 들고 주인아주머니도 좋은데 주변 환경 때문에 고민이에요.

8 (1) ⓐ　　　(2) ○, ✕, ✕, ○

9

남자 아주머니, 제가 갑자기 다음 달에 귀국을 하게 되어서요.

여자 그래요? 무슨 일로 갑자기 귀국을 해요?

남자 나쁜 일은 아니고, 제가 고향에서 일을 하게 되었어요.

여자 그렇군요. 정말 잘 됐네요. 그동안 정들었는데 서운하네요.

남자 저도 그래요. 그동안 어머니처럼 잘해 주셔서 감사해요. 저, 아주머니…….

여자 네?

남자 죄송하지만 제 하숙비 남은 것을 돌려주셨으면 해요.

여자 그건 좀 곤란한데요…….

남자 오늘이 15일이니까 이번 달 것 반은 돌려받을 수 있을 것 같은데요.

여자 오늘 당장 방을 비워 주는 것도 아니고, 하숙생을 못 구하면 우리도 손해예요.

남자 하지만 그 돈이 없으면 비행기 표를 사기가 힘들어요.

9 (1) ⓒ　　　(2) ⓓ

词汇应用

10 ⓐ 관리비　ⓑ 난방비　ⓒ 남향

单词·语法

1 ⓒ	2 ⓓ	3 ⓐ	4 ⓑ
5 ⓒ	6 ⓓ	7 ⓓ	8 ⓑ
9 ⓓ	10 ⓑ	11 ⓐ	12 ⓓ

13 서울 날씨는 좋냐고 물었어요

14 숙제를 다 했느냐고 물으셨어요

听力

15-16

남자 이번에 새로 들어온 신입 사원은 어때요?

여자 누구요? 신입 사원이 한 명은 아니잖아요.

남자 이름을 잘 모르겠는데, 남자 신입 사원이요.

여자 아! 민준 씨요? 일도 꼼꼼하게 잘하고 사교적이
어서 다들 좋아해요.

남자 그래요? 저는 너무 멋을 내서 불성실하지 않을까
생각했는데 다행이에요.

여자 민준 씨가 멋쟁이이기는 하죠. 혹시 질투하는 건
아니에요?

남자 질투는요. 그냥 궁금했을 뿐이에요.

15 ⓒ   16 ⓒ

17-18

　옛날 어느 숲 속에 엄마 청개구리와 아들 청개구리가
살았습니다. 아들 청개구리는 늘 말썽을 부리는 장난꾸
러기였고 엄마가 무슨 일을 시키면 늘 반대로 해서 엄
마를 속상하게 했습니다. 아들 때문에 걱정이 많은 엄
마 청개구리는 결국 병에 걸렸습니다. 엄마는 아들에게
죽으면 산에 묻지 말고 시냇가에 묻어 달라고 유언을
남겼습니다. 아들은 자기의 잘못을 깨닫고 엄마의 마
지막 부탁을 들어 드렸습니다. 그래서 아들 청개구리는
비가 오면 엄마 청개구리의 무덤이 떠내려갈 것이 걱정
이 되어서 개굴개굴 운다고 합니다.

17 (ⓐ) → (ⓒ) → (ⓑ) → (ⓓ)   18 ⓐ

19-20

남자 메이 씨, 무슨 생각을 하고 있어요?

여자 면접 때문에 정장을 사고 싶은데 어디에서 사면
좋을지 모르겠어요.

남자 여자들은 보통 백화점에서 옷을 많이 사지 않나요?

여자 백화점은 비싸잖아요.

남자 그럼 홈쇼핑이나 인터넷 쇼핑을 이용해 보는 게
어때요? 며칠 전에 우리 누나도 홈쇼핑으로 옷을
샀는데 잘 어울렸어요.

여자 하지만 홈쇼핑은 입어 볼 수 없어서 걱정이 돼요.

남자 흠. 그럼, 동대문시장은 어때요? 조금 복잡하기는
하지만 가격도 싸고 물건도 다양해서 저는 동대
문시장에 자주 가요.

여자 그래요? 그럼, 저도 동대문시장에 가 봐야겠네요.
민준 씨, 바쁘지 않으면 같이 가 줄 수 있어요?

남자 좋아요!

19 ⓓ   20 ⓐ

读

21 ⓐ   22 ⓓ   23 ⓑ   24 ⓒ

Practical Korean 3 Workbook
实用生活韩国语 3 练习册 **Intermediate**

著作者	赵恒录、李淑
翻译	金英子
初版发行	2015年 4月
发行人	郑圭道
编辑	李淑姬、孙如蓝、白多辉
封面设计	曹华延
内部设计	金娜敬、曹华延、咸东春
校对	卢鸿金
插图	Wishingstar
配音	辛昭玧、金来焕、于海峰

DARAKWON DARAKWON独家授权出版。
地址：韩国京畿道坡州市文发路 211，邮编：413-120
电话：02-736-2031，传真：02-732-2037
(销售部 分机：250~252，编辑部 分机：420~426)

定价　21,000 元
(组成：实用生活韩国语3主教材 + MP3光盘1张)

ISBN: 978-89-277-3138-2 18710
　　　 978-89-277-3133-7 (set)

http://www.darakwon.co.kr
http://www.darakwon.co.kr/koreanbooks
可登录DARAKWON网站查阅其他出版品及书籍介绍，附上的CD光盘可下载MP3。